Für Cathy – die an meine Tagträume glaubt

I

HANDY EINS: »Dad? ... Wo bist du jetzt?«

HANDY ZWEI: »Ungefähr eine Minute von euch entfernt. Wir haben es bei der letzten Ampel vor Rot nicht mehr geschafft. Und ihr befindet euch vermutlich an der Tankstelle in mittlerer Höhe der nächsten Straße. Stimmt's?«

HANDY EINS: »Ähm. Ja. Es ist nur so ... Wir haben da ein kleines Problem.«

HANDY ZWEI: »Was für ein Problem?«

HANDY EINS: »Ähm ... Das heißt ... Also, Margarita ist beim Einfahren in die Tankstelle zu scharf eingebogen. Dabei ist das Fahrzeug gegen den Betonfuß der Zapfsäule gestoßen und das Unterteil des Wohnwagens weggerissen worden. Was soll ich machen? Margarita ist ausgestiegen. Sie sitzt am Boden und heult.«

HANDY ZWEI: »O mein Gott!«

Da waren wir auf der großen Abenteuerreise unseres Lebens kaum eine halbe Stunde unterwegs und schon ohne Räder. Nun gut, nicht gerade ohne Räder, aber wir hatten immerhin ein ziemlich wichtiges Teil unseres Wohnwagens Marke Winnebago verloren, das nun auf dem Gelände einer Tankstelle in Mesa, Arizona, in Trümmern lag: zersplitterter Kunststoff, verbogenes Metall. Und inmitten dieser Trümmer saß meine Schwiegertochter Margarita, den Kopf in den Händen vergraben, weinend auf ölverschmiertem Asphalt.

Beim Anblick der Unglücksstelle packte mich ein Gefühl der

Verzweiflung, aber auch leises Mitleid. Ich saß am Steuer des zweiten, sehr viel größeren Wohnwagens Modell Holiday Rambler. Anhalten und zu meinen Kindern konnte ich nicht. Dafür schien diese Tankstellenzufahrt zu schmal. Vielleicht kam es mir auch so vor, weil ich zu nervös war. Die Unglücksstelle glitt vorbei wie im Kino, wenn die Filmkamera aus einem fahrenden Wagen schwenkt: Wie ein gestrandeter wunder Riesenfisch lag der Winnebago auf der Betoninsel der Zapfsäule. Es war der zweite Februar, halb fünf nachmittags, Stoßzeit. Die Leute fuhren wie verrückte Junkies. Ich steckte in einer Autoschlange, die mit jeder Minute länger wurde, und die Fahrer wurden – hauptsächlich meinetwegen – zunehmend aggressiver.

»Damit hat unsere Reise sich dann ja wohl erledigt, Jack, oder?«

Es war die Stimme meiner zweiundachtzigjährigen Mutter, die von den hinteren Sitzen im Holiday Rambler herüberdrang.

»Herrgottsakra! Marge! Reg dich nicht gleich auf! Es hat schließlich keine Toten gegeben!«

Die Stimme meines siebenundachtzigjährigen Vaters – Bannerträger des Prinzips Hoffnung.

Jack und Marge. Größere Gegensätze als diese zwei waren kaum vorstellbar, Gegensätze, die sich auch nach mehr als sechzig Ehejahren noch immer wechselseitig aufzogen. Beide irischer Abstammung, waren sie in New Jersey geboren und aufgewachsen, in ein und demselben Stadtteil sogar, sonst aber grundverschieden.

Mein Dad ist stets davon ausgegangen, dass zwischen Menschen alles so läuft, wie es sich eigentlich gehört. Er glaubt an das Gute im Menschen – in allen Menschen. Er glaubt sozusagen der Werbung, die auf der Verpackung steht, und wenn er dann nach Hause kommt, die Verpackung aufreißt und erkennen muss, dass er wieder einmal auf einen Betrüger hereingefallen ist, der das Blaue vom Himmel versprochen hat, nur um Mist zu verkaufen, ist er maßlos enttäuscht. So etwas schockiert ihn jedes Mal von neuem.

Meine Mom dagegen verschanzt sich, bildlich gesprochen, hinter ihren Mauern, wartet voller Misstrauen am Fenster und rechnet damit, dass doch wieder nur ein Betrüger auftaucht. Sie wundert sich höchstens, wenn er nicht pünktlich erscheint. Nach ihrer Einschätzung ist unser Planet zu keiner Zeit von so vielen Mistfinken und Aasgeiern bevölkert gewesen wie heutzutage. Sie ist zudem überzeugt, dass es die meisten Gauner dieser Welt auf irgendeine Weise geschafft haben, in den Besitz von Adresse und Telefonnummer meines Vaters zu gelangen. Um für diese beunruhigende Situation gewappnet, um auch für alle sonstigen Eventualitäten einschließlich verheerender Epidemien, schrecklicher Verkehrsunfälle, Flugzeugabstürze, Killerbienen und geistesgestörter Einbrecher gerüstet zu sein, hat meine Mom sich eine entsprechende Lebensphilosophie zurechtgelegt – ihr »Stinkedenken«, wie sie selbst es nennt. Und weil sie davon ausgeht, dass an allem etwas faul ist, kann es sie nicht erschüttern, wenn tatsächlich etwas zum Himmel stinkt. Kommt es wider Erwarten anders, ist sie überrascht.

Nun würde man eigentlich erwarten, dass so gegensätzliche Ehepartner einander im Laufe eines langen gemeinsamen Lebens ausgleichen. Weit gefehlt – meine Eltern jedenfalls haben sich in ihrer konträren Grundeinstellung nur noch bestärkt. Siehe folgenden typischen Wortwechsel:

JACK: »Wir sollten Fred – du weißt schon, meinen neuen ... Chef – und seine Frau Connie einmal abends zum Essen einladen.«

MARGE: »Fred ist ein Arschloch.«

JACK: »Hör mal zu, Marge. Du kannst doch Fred nicht Arschloch nennen, bloß weil er Harvard-Manschettenknöpfe trägt. Und was stört dich an Freds Frau? Du kennst sie ja überhaupt nicht.«

MARGE: »Connie tut so, als ob ihre Scheiße Sahne wäre.«

Ach ja – meine Mutter drückt sich sehr drastisch aus, wirft mit Schimpfwörtern um sich und genehmigt sich gegen Abend auch – ich will es gar nicht bestreiten – gern das eine oder andere Schlückchen. Wohingegen mein Dad in seinem ganzen Leben nie auch nur einen Tropfen Alkohol angerührt hat. Da muss man sich wirklich fragen, wie diese zwei Menschen es über sechzig Jahre miteinander ausgehalten haben.

Rational lässt es sich nicht erklären. Ein moderner Online-Ehevermittlungsdienst würde extra ein Sicherungssystem einbauen, damit solch konträre Persönlichkeiten auf ihrer Partnersuche gar nicht erst in Kontakt miteinander kämen. Auf den Bestand einer solchen Ehe wären in Las Vegas garantiert nie Wetten angenommen worden.

Nach den üblichen Kriterien könnte solch eine Ehe nur als totale Mesalliance klassifiziert werden. Um das Ausmaß der – aus rein rationaler Sicht – fehlenden Eignung dieser zwei Menschen füreinander zu veranschaulichen, sei ihr Ehematch einmal in die Welt des Boxsports übertragen:

In der linken Ecke, 1,56 Meter groß, 50 Kilo schwer, mit weißem Schlapphut, in Jeansjacke, Bluse und Hose sowie weißen Turn-

schuhen, mit 973 Siegen bei 973 Ehekämpfen, mit drei Ausnahmen alle durch k.o. ... der Stolz von Paterson, New Jersey – Meisterin im zynisch rücksichtslosen Tornado-Kampfstil – Marge Leonard.
(Donnernder Applaus vom Publikum)

Und in der rechten Ecke, ebenfalls aus Paterson, New Jersey, 1,71 Meter groß, 70 Kilo schwer, in dunkelblauem Jackett mit Donutkrümeln und Kaffeeflecken, nach sechzig Jahren im Ring noch immer ohne einen Sieg, doch unvermindert kampfbereit ... der freundlich lächelnde Preisboxer ... Sugar Jack Leonard.
(Höflicher Applaus)

Ein neuerlicher Schlagabtausch zwischen meinen Eltern fehlte mir gerade noch, als ich, die Hände am Lenkrad verkrampft, nach einer geeigneten Ausfahrt von der Hauptstraße spähte. Das sich steigernde Hupkonzert begann an meinen Nerven zu zerren. Der riesige Holiday Rambler hatte fast die Breite eines Schwertransporters, was den übrigen Verkehrsteilnehmern in Mesa, Arizona, zunehmend gegen den Strich ging. Die Stelle, an der unser Winnebago gestrandet war, lag mittlerweile zwei Straßenlängen zurück. In der verzweifelten Suche nach irgendeiner geeigneten Ausfahrt oder Parkgelegenheit hatte ich das Tempo bereits sukzessive gedrosselt und nahm es nun auf etwa fünfzehn Stundenkilometer zurück, worauf die elende Huperei einen ohrenbetäubenden Geräuschpegel erreichte. Es schien eine Herkulesarbeit, diesen Ozeandampfer durch das Gewoge eines innerstädtischen Verkehrsstroms zu lenken.

Zudem hatte ich den riesigen Holiday Rambler ja erst wenige Stunden zuvor übernommen. Er war zwölf Meter lang und drei Meter fünf hoch, mit einer gewölbten Windschutzscheibe und einem Lenkrad, wie man es eher von Omnibussen kennt. Der Winnebago war wesentlich kleiner. Das Personal der Verleihfirma hatte sich äußerst hilfsbereit gezeigt, als es darum ging, mich mit dem Vehikel vertraut zu machen. Eine ganze Stunde Zeit hatte man sich genommen, mir alles Wissenswerte zu erklären und das Fahren des Holiday Rambler beizubringen. Doch kaum hatten die Räder des Wohnwagens den Asphalt der Straße berührt, schon sah ich Fäuste, die sich mir aus den übrigen Autos entgegenreckten – und alles eben mühsam Erlernte war wie weggeblasen. Ich konnte den Leuten wegen ihrer Drohgebärden nicht einmal einen Vorwurf machen.

Woher sollten sie wissen, dass sie es beim Fahrer dieses Kolosses von Wohnwagen mit einem blutigen Anfänger zu tun hatten? Wie hätten sie wissen können, dass er sich nicht einmal mit Pkws auskennt?

Ich kann einen simplen Pkw zwar *fahren*, habe aber keinen blassen Dunst, wie er *funktioniert.* Verteiler? Zündkerzen? Was sich unter der Motorhaube tut, geht über meinen Verstand.

Als die Scheinwerfer meines Volvo-Kombi letztes Jahr den Geist aufgaben, bin ich zur Werkstatt unserer Kleinstadt gefahren und habe dem Kfz-Mechaniker dort mein Problem erklärt. Er hat mich freundlich gebeten, wieder einzusteigen und die Motorhaube zu öffnen. Ich habe nicht gewusst, wo sich der Hebel befand, wollte es aber nicht zugeben, habe selbstbewusst mit dem Kopf genickt, nach einigem Suchen auch irgendeinen Hebel gefunden und zurückgezogen – mit dem Ergebnis, dass mein Sitz sich nach hinten in die Liegeposition senkte. Den Ausdruck der Verachtung in der Miene des Kfz-Mechanikers werde ich nie vergessen. Er marschierte herüber, riss die Wagentür an der Fahrerseite auf, griff neben mein linkes Bein nach unten, drückte – oder zog – dort einen Hebel, und schon sprang die Motorhaube auf. Daraufhin begab er sich wieder vor die Motorhaube und rief: »Fernlicht einschalten!«

Ich habe die beiden Hebel taxiert, die – einer rechts, der andere links – neben der Lenkradsäule hervorragten, im Geist eine Münze geworfen und mich für den rechten entschieden, worauf eine blaue Flüssigkeit auf die Windschutzscheibe spritzte – der Kfz-Mechaniker hat mich dann ziemlich brüsk aufgefordert auszusteigen.

Und so einer saß nun am Steuer dieser S. S. *Fiasco*, die durch den tosenden Strom eines Stadtverkehrs zur Stoßzeit schlingerte, nachdem das Leitschiff, die Winnebago, bereits gestrandet war. Ich musste irgendetwas tun, um den Tag zu retten. Eine Stunde weiter erspähte ich ein Hotel der Doubletree-Kette mit breiter Zufahrt, die offenbar zu einem rückwärts gelegenen Parkplatz führte. Vor dem Abbiegen drosselte ich das Tempo auf sieben Stundenkilometer und steuerte den Holiday Rambler zur Sicherung eines ausreichend großen Wendekreises noch ein Stück weiter auf die Gegenfahrbahn, bevor ich seine Nase dann wieder scharf nach rechts lenkte.

Das Hupkonzert wurde ohrenbetäubend. Doch genug damit – als ich, aus Sorge, mit dem hohen Ende des Wohnwagens das Hotelschild abzureißen, einen Blick seitwärts tat, kriegte ich gerade noch mit, wie meine Mutter einem Pkw-Fahrer den Vogel zeigte. Irgendwie ist es mir dann tatsächlich gelungen, das Hotelschild ohne Beschädigung zu passieren, sogar ohne es zu streifen, und den Wohnwagen in eine Lücke am Rand des Parkplatzes zu manövrieren. Ich habe den Motor abgestellt und die Stirn aufs Lenkrad gelegt, um mich wieder zu fassen.

Welch himmlische Stille ringsum!

Sie währte kaum fünf Sekunden.

»Meinst du, dass der Kerl an der Tankstelle den Schaden an der Winnebago beheben kann, Jack?«

»Du weißt genau, dass diese Typen nicht mal einen kaputten Reifen wechseln können!«

Natürlich hat das auch meine Mutter gewusst! So wie ihr selbstverständlich auch völlig klar war, dass mein Dad auf ihren Köder anbeißen und sich wieder einmal als der naive Esel erweisen würde, auf dessen Rücken sie zentnerweise »Stink«-Denken ablud. Dieses eine Mal hatte er ihr allerdings eine Steilvorlage ex negativo geliefert mit der Behauptung, bei einer Tankstelle sei Hilfe nicht zu erwarten.

Das Gefühl der Erleichterung verflog. Der Optimismus war dahin. Mein Wille zu entschlossenem Handeln sackte in sich zusammen.

Ich hatte mir immer viel auf ein unerschütterlich positives Denken eingebildet, darauf, selbst in schwierigen Situationen nicht den Mut zu verlieren und sogar Schlimmstes durchstehen zu können. In dieser Situation aber wurde die Versuchung zu Selbstmitleid übermächtig. Und was könnte eine kleine Dosis Selbstmitleid jetzt schon schaden? Ich hob die Stirn vom Lenkrad, starrte trübsinnig durch die Windschutzscheibe und murmelte leise vor mich hin: »Warum muss das mir passieren?« Doch der kleine Schwächeanfall genügte, und schon waren die Dämme gebrochen. In Sekundenschnelle brach eine Sturmflut negativer Gedanken über mich herein. Ich glaubte die ganze Reise zum Scheitern verurteilt, machte mir den Vorwurf, ein Vollidiot gewesen zu sein, mich überhaupt auf einen so blöden Traum wie diese Reise eingelassen zu haben.

Dabei war es ein so schöner Traum gewesen, den ich vor ein paar Monaten, Ende November, geträumt hatte. Ich war wegen des Altwerdens meiner Eltern sehr bekümmert gewesen und tief betrübt zu Bett gegangen. Meine Eltern waren nicht reich. Sie hatten eben ihren Alterswohnsitz in der Nähe von San Diego verkauft und beschlossen, in eine günstige Mietwohnung zu ziehen, nach Phoenix, in eine ihnen vertraute Umgebung, wie sie glaubten; denn zwanzig Jahre zuvor hatten sie ja in Scottsdale, Arizona, gelebt. Nur hatte sich die gesamte Umgebung der Hauptstadt von Arizona aufgrund eines gigantischen Wachstums total verändert. Mein Vater hatte die Wohnung im Vertrauen auf die Aussage des Maklers, von dort sei alles mühelos zu Fuß erreichbar, für ein ganzes Jahr fest gemietet. Das mochte vielleicht für Kraftprotze wie die legendären Pioniergestalten à la Lewis und Clark aus der Gründerzeit des Wilden Westens gelten, aber keinesfalls für gebrechliche alte Leute wie meine Eltern, deren Enttäuschung umso größer war, als sich dann auch noch herausstellte, dass zwölf ihrer Kartons und fast der gesamte Schmuck meiner Mutter während des Umzugs gestohlen worden waren.

So etwas hatten meine Eltern einfach nicht verdient. Sie mögen schrullig sein, doch sie haben das Herz auf dem rechten Fleck. Sie haben vier Jungen großgezogen und ihnen eine glückliche Kindheit beschert. Sie haben ein anständiges Leben geführt, viele gute Freunde gehabt und anderen in Not geholfen. Nun hatte das Blatt sich gewendet, und sie waren selbst hilfsbedürftig, wie mir schlagartig bewusst wurde, als sie mich am Abend vor meinem sechsundfünfzigsten Geburtstag anriefen. Ich hatte erwartet, dass Mom das Gespräch mit einem netten Wort anlässlich meines unmittelbar bevorstehenden Geburtstags beginnen würde. Stattdessen lauteten ihre ersten Worte: »Die Gegend hier ist Mist auf Rädern.«

Das Klang zwar irgendwie komisch und lustig, aber mir tat das Herz weh bei dem Gedanken, dass meine Eltern, zwei einfache, quicklebendige Menschen, die es aus bescheidenen Anfängen in Paterson, New Jersey – trotz Weltwirtschaftskrise, eines Weltkriegs und einer ganzen Reihe unverdienter Rückschläge –, zu etwas gebracht hatten, nun mit ihren brüchigen alten Lebenskahn im falschen Hafen gelandet waren. Sie hatten nicht mehr die Kraft, ihn noch einmal flottzumachen, und mussten plötzlich erkennen, dass sie festsaßen – nur noch einen Schritt vom Altersheim entfernt und ohne Nachbarn, mit denen sie reden konnten.

In jener Nacht hatte ich kaum ein Auge zugetan. Ich wohne tausend Kilometer von meinen Eltern entfernt, habe selbst vier Kinder, eine hohe Hypothek abzuzahlen und bin als Feature-Korrespondent für die Tagesschau des Fernsehsenders NBC vollauf beschäftigt. Was könnte ich bloß tun, um meinen Eltern in dieser Situation zu helfen?

Um drei Uhr früh war ich mit einem Mal hellwach. Mitten in der Nacht hatte ich, weiß Gott von woher, eine zündende Idee

Die vier Kinder der Leonards 1995.

und damit eine Lösung des Problems: ein riesiger Wohnwagen mit mir am Steuer. Aus dem Traum wurde sogleich ein Plan: einen – nein, zwei – Wohnwagen mieten, das eine oder andere meiner erwachsenen Kinder einspannen, nach Arizona fahren, meine Eltern auflesen und ihnen eine letzte große Reise durch die Vereinigten Staaten spendieren. Sie sollten Städte und Landschaften zu Gesicht bekommen, die sie nicht kannten: die Gebirgslandschaften New Mexicos, die Bayous von Louisiana, die Meeresklippen von Long Island. Sie sollten ein letztes Mal die alte Heimat sehen, wo sie aufgewachsen waren; die Schulen und Colleges, die sie besucht hatten; die Grabstätten ihrer Eltern. Und bevor wir dann umkehrten und ich sie wieder sich selbst überließ, würde ich Mom und Dad noch nach Chicago kutschieren, damit sie die Geburt des ersten Kindes meiner Tochter Megan miterleben könnten – die Geburt meines ersten Enkelkindes, ihres ersten Urenkels.

Am Morgen bin ich unendlich erleichtert aufgestanden. Wenn ich schon nicht alle Probleme zu lösen vermochte, die meine Eltern sich mit ihrem schlecht beratenen Umzug eingehandelt hatten, so konnte ich wenigstens *etwas* tun – ihnen das Erlebnis eines Abenteuers bieten, ein Gefühl von Freiheit und Mobilität –, ich könnte ihnen einen Monat meiner Zeit schenken.

Den Teufel konnte ich tun!

Wie war ich überhaupt auf so einen Gedanken gekommen? Ich hatte doch noch nie einen Wohnwagen gefahren. Und wie sollte ich an so einen Wohnwagen gelangen? Was würde es kosten? Und wenn ich einen Unfall baute? Wenn mein Vater, meine Mutter oder gar beide auf der Reise stürzten oder erkrankten? Würde die NBC mir überhaupt einen Monat freigeben? Und wenn Megans Baby eine Frühgeburt würde?

Es war ein unmöglicher Traum!

Ich musste ihn trotzdem verwirklichen.

Am Frühstückstisch hat Cathy, meine Frau, mich zur Vernunft zu bringen versucht. Ihre Argumente waren rational und nachvollziehbar. Sie zählte alle potenziellen Risiken und Gefahren einer solchen Unternehmung auf, vom hohen Alter meiner Eltern bis zu den finanziellen Folgen für unsere Kinder, falls sie sich an dieser Reise beteiligen sollten. Matt, unser Ältester, und seine Frau

Margarita, unsere Tochter Kerry sowie Megans Mann Jamie sind im Familienbetrieb tätig, der Videos herstellt – kämen sie mit auf die Reise, würde die Firma praktisch für einen Monat stillstehen und ihre Einnahmequelle versiegen. Brendan – unser Jüngster – würde ein Semester seines Collegestudiums verlieren.

Doch Cathy wusste genau, dass ihre durchaus logischen Einwände auf Granit stießen. Wir waren schließlich seit fünfunddreißig Jahren miteinander verheiratet. Sie sah diesen merkwürdigen Ausdruck meiner Augen also nicht zum ersten Mal. Sie erlebte es auch nicht zum ersten Mal, dass mir wie aus heiterem Himmel die Idee zu einem beruflichen Wechsel oder einer Veränderung unserer Lebensumstände in den Sinn kam und ich zu einem Wagnis bereit war. Von solchen Ideen waren etliche in die Hose gegangen, und manchmal musste ich echt draufzahlen. Aber meist hatte es geklappt, sich gelegentlich sogar richtig ausgezahlt. Schön, es juckt mich sozusagen von Zeit zu Zeit, einfach etwas Neues auszuprobieren. Es war aber nicht nur das, sondern – auch wenn die Formulierung nach dem grässlichen New-Age-Selbsthilfekram klingen mag –, als ob ich einer inneren Stimme gehorchte.

Der Trieb zu solch gewagten Entscheidungen und Aufbrüchen kam freilich nicht von ungefähr, sondern hatte mit den Zeitumständen meiner Geburt und meines Aufwachsens zu tun. Unmittelbar nach Ende des Zweiten Weltkriegs war in den Familien Nachwuchs gefragt. Auf Jack jr. folgten rasch ich und Tim. Danach trat eine Zeugungspause ein, bis fünf Jahre später Kevin geboren wurde. Wir Leonard-Jungen waren wie aus einem Holz geschnitzt: durchschnittlich in Größe, Körperbau, Aussehen und geistiger Begabung. Als Kevin – die Ausnahme – mit guten Schulleistungen aufwartete, gab es bange Fragen. Meine Mutter befürchtete lange, das Hospital könnte ihr ein falsches Baby untergeschoben haben, bis Kevin schließlich ganz nach ihrem Vater kam, was einerseits Erleichterung, andererseits aber neue Besorgnis auslöste.

Damals arbeiteten die Krankenhausärzte und -schwestern in den gynäkologischen Stationen im Akkord. So konnte es passieren, dass versehentlich Namensschilder vertauscht wurden oder Babys im falschen Bettchen landeten und völlig überraschte Eltern ein bildhübsches Mädchen mit strubbeligem Haar oder ein strammes Knäblein mit der Stimme eines Backenhörnchens ihr Eigen nannten.

Kevin, Mike, Tim und Jack gegen Ende der 1950er Jahre.

In der Hektik des Jahres 1947 muss einiges durcheinander geraten sein; was mich persönlich anging, so hatte ich einen maßlosen Lebensdrang, wie man ihn sonst nur von Zikaden kennt, denen ein einziger Lebenstag vergönnt ist, bei denen eine Generation unverzüglich von der nächsten abgelöst wird. Bei solch kurzlebigen Geschöpfen ist es verständlich, wenn sie wie irre herumsausen, um jede Sekunde voll auszukosten. Sie haben ja keine Zukunft. Sie kommen nach siebzehn Jahren unterirdischer Gefangenschaft auf die Welt, und am nächsten Tag sind sie tot.

Mein zikadenhafter Drang, bloß nichts zu verpassen, begann sich schon früh zu manifestieren. Aus Angst, der Schnee könnte schmelzen, redete ich so lange auf meine Brüder ein, bis sie endlich mit mir zum Schlittenfahren den Hügel hochkraxelten. Ich trieb sie gnadenlos an, mich auf den Sportplatz zu begleiten, damit uns nicht etwa der Regen zuvorkam und das Spiel vermasselte. Anfangs schien es ein Fluch, dauernd mit dem Gefühl einer tickenden Zeitbombe zu leben. Allmählich wurde mir jedoch bewusst, dass solch instinktive Angst vor dem Ende auch ihr Gutes hatte. Sie führte nämlich dazu, die Stunden und Minuten vor Tagesende sinnvoll zu nutzen. Der Fluch wandelte sich zu einem Segen. Es war dieses Bewusstsein, das mir nun, da die Lebensuhr meiner Eltern ihrem Ende entgegentickte, keine Ruhe ließ, etwas zu tun, bevor es zu spät war, einen Anruf zu tätigen und die Wohnwagen zu mieten.

Es war ungefähr zwei Monate nach meinem Traum, als ich meiner Frau noch vor Anbruch der Morgendämmerung einen Abschiedskuss gab und nach draußen zu dem Winnebago eilte, den man über Nacht in der Einfahrt unseres Hauses in Winnetka, Illinois, abgestellt hatte. Es war der kälteste Tag des Jahres, minus zwölf Grad, weshalb Margarita, Kerry und Brendan sich beim Einladen der letzten Vorräte sputeten. Aus ihren Mündern kamen große Atemwolken. Mein Drang, Gutes zu tun, schlug in Nervosität um. Da standen wir nun im Dunkeln, abfahr-

Kerry.

bereit, doch keiner von uns hatte auch nur den blassesten Schimmer vom Lenken eines Wohnwagens. So muss Kolumbus zumute gewesen sein, als er seine Seeleute beim Hissen der Segel beobachtete, schoss es mir durch den Kopf, um mich aber gleich zu korrigieren: Kolumbus hatte es nicht nötig, sich von seiner Mannschaft erklären zu lassen, warum solch große weiße Tücher an den hohen Masten hingen, so wie er sich, während er mit dem Wellengang kämpfte, auch nicht das unaufhörliche Gequassel seines Vaters oder die boshaften Kommentare seiner Mutter über den Steuermann eines vorbeifahrenden Piratenschiffs anhören musste.

Der Motor sprang trotz der Kälte sofort an. Mit einem Gefühl der Dankbarkeit setzte ich den Winnebago, langsam, ganz langsam, rückwärts auf die Straße, drückte zum Abschied noch ein paarmal kurz auf die Hupe – und los ging's. In vier Tagen würden wir Arizona erreichen, wo uns meine Eltern und der zweite Wohnwagen erwarteten. Von Phoenix würden wir dann auf New Mexico zusteuern, anschließend in östlicher Richtung durch Texas und Louisiana fahren, bevor wir uns nach Norden und dort schließlich wieder ostwärts wenden würden. Der Fahrplan war knapp berechnet. Unseren Kalkulationen zufolge musste es jedoch möglich sein, Neuengland zu erreichen, um in genau einem Monat zur Geburt von Megans Baby rechtzeitig in Chicago einzutreffen. Ich hegte die Hoffnung, dass die Freude über das Miterleben der Ankunft ihres ersten Urenkels und die Erinnerungen einer langen Reise meine Eltern hinreichend aufmöbeln würden, um ihnen die

Margarita.

restliche Zeit in der Wohnung in Phoenix erträglicher zu machen. Um einen anderen, geeigneteren Wohnsitz für sie könnten wir uns später kümmern.

Die Wolkenkratzersilhouette Chicagos in der Ferne begann in der eben am Horizont aufgehenden Sonne zu verblassen. Auf der Fernstraße herrschte ruhiger Verkehr in beiden Richtungen. Matt, der auf dem Beifahrersitz saß, schaute schweigend aus dem Fenster. Kerry und Margarita blätterten am Esstisch durch Zeitschriften. Brendan hatte unmittelbar nach unserer Abfahrt einen Fuß auf den Rücken meines Sitzes gestellt, um sich in das über dem Fahrersitz gelegene Bett zu hieven. Ich nahm mein Handy von der breiten Konsole vor dem Armaturenbrett und wählte Megan an, die eigentlich schon auf den Beinen sein musste. Eine Frau, die ihr erstes Kind erwartet, steht doch im letzten Schwangerschaftsmonat mit der Sonne auf!

»Hi, Dad, was gibt's?«

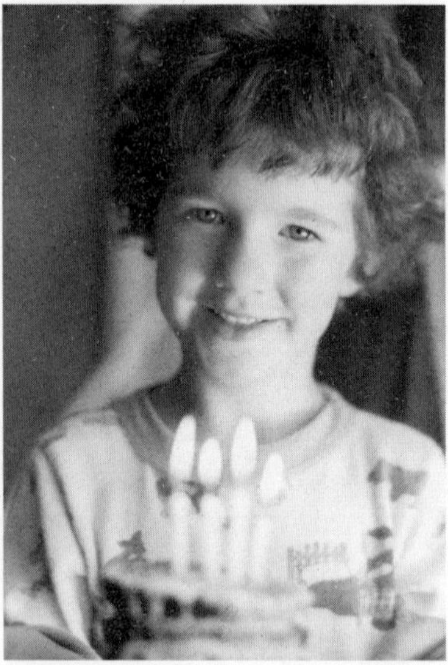

Megan im Alter von vier Jahren.

»Du bist tatsächlich schon aus den Federn! Solange du bei uns gewohnt hast, ist das nie vorgekommen!«

»Lass die Scherze«, erwiderte Megan. »Ich muss doch alles tun, damit das Baby pünktlich zur Welt kommt. Strapazieren tut es einen aber schon.«

»Du rechnest hoffentlich nicht damit, dass du deine Schlafdefizite nach der Geburt ausgleichen kannst!«

»Nein. Aber so habe ich jedenfalls einen Grund aufzustehen, obwohl es ja momentan nicht viel zu tun gibt. Ich habe gerade auf einem billigen Kabelkanal einen Tele-Evangelisten predigen hören.«

»Oh, lá, lá«, sagte ich. »Das erinnert mich an eine lustige Geschichte. Du warst etwa vier Jahre alt und spieltest mit einem Heiligenbild, da hast du dich plötzlich an Cathy gewandt und sie gefragt: ›Mom, liebst du Gott!‹ Und Cathy hat geantwortet: ›Klar liebe ich Gott. Und du?‹ Worauf du erklärt hast: ›Ja, ich liebe Gott auch. Aber seinen Bart mag ich nicht.‹«

Megan lachte. Ich fuhr mit meinen Erinnerungen fort. »Kurz bevor deine Schwester Kerry zur Welt kam, bist du einmal mit Cathy einkaufen gegangen und hast sie gedrängt, Babyflaschen zu besorgen. Cathy hat dir erklärt, dass sie keine brauche, weil sie das Baby stillen wolle. Du hast aber nicht gewusst, was ›stillen‹ bedeutet. Ihr wart gerade in der Lebensmittelabteilung des Supermarkts, als sie es dir erklärte. Darauf bist du, wie Cathy mir später erzählte, für eine Minute still geworden, bis es aus dir herausplatzte: ›Geben deine Dinger denn Fruchtsaft?‹«

Megan ist ein humorvolles, großherziges, äußerst lebhaftes und mitfühlendes Wesen. Sie ist einen Meter achtzig groß und hat blaue Augen. Das lockige braune Haar fällt ihr bis auf die Schultern – eine modische und doch zeitlose Frisur. Kurz vor der Abreise fiel mir zufällig ein altes Foto aus den zwanziger Jahren in die Hände. Es zeigte eine hübsche junge Frau, die ihr Haar genauso trug wie Megan – es war ein Foto meiner Mutter.

»Ich habe gestern Abend mit Moose und Spoose telefoniert ...«, sagte Megan – Spitznamen, die mein Bruder Tim den Eltern verpasst hat. Mom wurde zur *moose*, weil sie mit ihrer »Größe« von einem Meter sechsundfünfzig das genaue Gegenteil eines riesigen Elchs darstellt. Dad wurde zu *spoose*, weil sich's auf *moose* reimt und fast wie *spouse** klingt. Die beiden Ulknamen sind an ihnen hängen geblieben und ein fester Bestandteil der Familienfolkore geworden. Mom »besiegelt« jeden ihrer Briefe mit der Zeichnung eines Elchs mit mächtigem Geweih.

»... und ich habe zu Spoose gesagt«, fuhr Megan fort: ›Das nächste Mal siehst du mich aber in einem Krankenhausbett.‹ Und er sagte: ›Da habe ich dich doch schon einmal gesehen‹ – er meinte, nach meiner Geburt. Moose und Spoose sind nämlich nur ein paar Stunden nach meiner Geburt ins Hospital gekommen, um mich zu bewundern. Die beiden fänden es großartig, dass sie nun auch mein Kind sehen können, wenn es erst ein paar Stunden auf der Welt ist.«

»Und was hat meine Mom gesagt?«

»Ach, weißt du, ein paarmal hab ich sie ja zum Lachen bringen können. Über das Baby hat sie aber nicht ein Wort verloren. Merkwürdig. Und ich hatte geglaubt, dass sie sich echt darauf freut.«

»Das hatte ich auch gedacht«, erwiderte ich. »Vielleicht ist sie einfach bloß nervös. Und du – hast du Angst?«

»Nein. Ich bin nur aufgeregt. Der Arzt sagt, es sei alles in Ordnung. Das Baby verhält sich in letzter Zeit ruhig, aber so etwas scheint zum Ende der Schwangerschaft hin nicht ungewöhnlich zu sein. Ich hoffe nur, dass es nicht zu früh zur Welt kommt und ihr die Geburt verpasst.«

»Wir werden alles tun, damit wir rechtzeitig da sind, Meg.«

Nach dem Gespräch mit Megan war mir richtig wohl ums Herz bei dem Gedanken, meinen Eltern zu Hilfe zu eilen – vielleicht

* Alter englischer Ausdruck für »Ehemann«. (Anm. d. Übers.)

umso mehr, weil unter uns Geschwistern gerade ich es in der Vergangenheit daran hatte fehlen lassen. Ich bin kein Heiliger und bestimmt kein idealer Sohn gewesen. Wie oft hatte ich mich davor gedrückt, sie anzurufen, nur weil ich einfach keine Lust hatte, mir Moms Geschichten über das Gallenblasenleiden einer völlig fremden Person anzuhören! Und wozu Dad zum hundertsten Mal über all die gesellschaftlichen Probleme schwätzen lassen, die angeblich daraus resultieren, dass Leute die Baseballmütze verkehrt herum aufsetzten? Dabei hatte ich nichts gegen meine Eltern persönlich. Was mich irritierte, war ein generelles Problem – dass alternde Menschen physisch schrumpfen, während ihre sonstigen Eigenschaften sich in erschreckender Weise verstärken. Wer kritisch war, entwickelt sich zum Nörgler. Kleine, im Grunde unbedeutende Ticks wachsen sich zu verrückten Marotten aus.

Moms ohnehin unkonventionell spontanes Wesen legte Jahr um Jahr neue Schichten von Schrulligkeit zu. In Kalifornien hatte sie eines schönen Tages auf Lärm seitens der Nachbarn damit reagiert, dass sie ihnen vom Balkon ein rohes Ei durchs offen stehende Fenster in die Wohnung warf. Oder: In ihrem Wohnzimmer hing ein gerahmtes, großformatiges Foto, das sie und Dad inmitten einer Gruppe von Bekannten zeigte, darunter ein Herr, den sie nicht ausstehen konnte – worauf Mom eines schönen Tages den Kaugummi aus dem Mund nahm und aufs Gesicht dieses Herrn pappte. Das solchermaßen verunzierte Bild blieb dann aber noch jahrelang an der Wand hängen.

Vor Dad gingen die Leute in Deckung, weil er ihnen die Ohren voll laberte. Er redet und redet – ob im Supermarkt, in einer Bankfiliale, auf der Straße, ganz gleich, wo er sich befindet und wen er trifft – wie ein uraltes, defektes Radio, das sich, einmal eingeschaltet, nicht mehr ausschalten lässt; und was immer der Anlass des Gesprächs war, es endet unweigerlich mit einer Philippika über die Ungerechtigkeit der Welt gegen den kleinen Mann. Es ist zu *dem* Thema seines Lebens geworden, dass der gewöhnliche, einfache Erdenbürger gnadenlos ausgenommen und benachteiligt wird. Wir haben Dad immer wieder klarzumachen versucht, dass er damit keineswegs auf eine sensationell neuartige Erkenntnis gestoßen ist; dass der kleine Mann seit den Anfängen der Menschheit übers Ohr gehauen worden ist; dass es schon so war, als der Mensch noch auf Bäumen im Urwald hockte und in Höhlen hauste; dass der Stärkere dem Schwächeren seit eh und je das saftigste Stück Fleisch entreißt. Es war alles umsonst. Dad ist felsenfest überzeugt, hier seine Lebensaufgabe, seine Mission gefunden zu haben und das Gesetz des Dschungels außer Kraft setzen zu können, indem er jedem, der ihm über den Weg läuft, mit seinem Gelaber in den Ohren liegt. Da war Hopfen und Malz verloren.

Dennoch saß ich nun am Steuer dieses Mietwohnwagens, um mich sozusagen in die Höhle des Löwen zu begeben beziehungsweise mich für die Dauer eines ganzen Monats mit diesen meinen Eltern in eine rollende Blechkiste einzusperren, obwohl es mich möglicherweise an den Rand des Wahnsinns treiben würde. Aber der Zeitpunkt war gekommen, ihnen das zurückzugeben, was ich ihnen glaubte schuldig zu sein; denn ich habe ihnen weiß Gott viel zu danken. Mit Geld ist eine glückliche Kindheit und Jugend gar nicht aufzuwiegen. Sie sind ein unbezahlbares Geschenk.

Als kleiner Junge bin ich spätnachmittags immer in die Stadt zum Bahnhof gelaufen, habe die vielen von der Arbeit erschöpften Pendler aus dem Zug steigen sehen. Unter all den Leuten war nur einer nie zu kaputt, um mit seinem Sohn nach Hause zu sprinten: mein Vater. Er ist zwischen Bürgersteig und Straße hin- und hergesprungen, um andere Passanten zu überholen. Selbst an den heißen Sommertagen ist er gerannt, als ob es darum ginge, bei den Olympischen Spielen eine Goldmedaille zu gewinnen. Mein Dad war sehr sportlich, ein unglaublich schneller Läufer, doch obwohl ich damals erst acht oder neun Jahre alt war, bin ich im dramatischen Endspurt auf unerklärliche Weise stets als Erster ans Ziel gelangt. Ich hatte wirklich einen wunderbaren Vater.

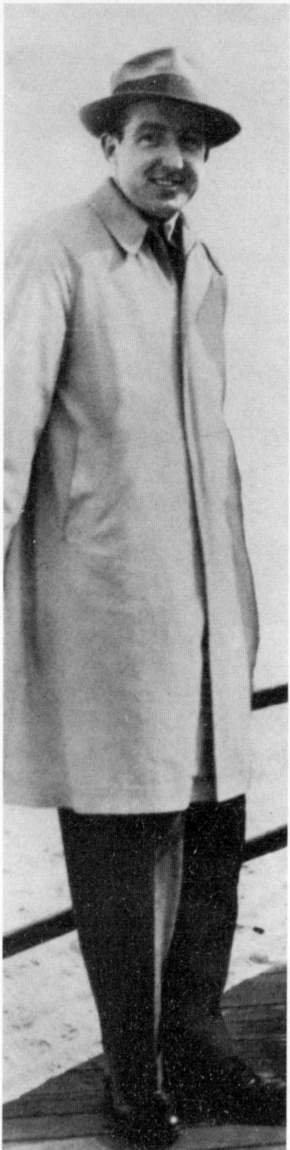

Wenn Dad – was ziemlich selten vorkam – auf Geschäftsreise unterwegs war, hat Mom uns nach dem Abendessen manchmal in einem uralten Vehikel, das ein ausrangierter Streifenwagen gewesen sein musste, durch die nähere Umgebung kutschiert. Auf dem Dach befand sich ein starker Suchscheinwerfer, den man per Knopfdruck am Armaturenbrett zum Rotieren bringen konnte. Jack jr., Timmy und ich nahmen nach dem Abendessen meist unsere üblichen Beschäftigungen wieder auf – zum Beispiel versuchten wir zum x-ten Mal Kerry Murmeln in die Nasenlöcher zu stopfen. Und dann kam Mom ins Zimmer und rief: »He, Jungs, habt ihr Lust auf eine Spritztour durch die Nachbarschaft? Was würdet ihr davon halten, den Suchscheinwerfer auf die Wohnung der Nevadas zu richten? Vielleicht kriegen wir Hugo nochmal in Unterwäsche zu sehen!« Ein paarmal haben wir sogar einen Blick auf den fast mit nichts bekleideten Hugo erhascht; dann ist im Fond des Wagens ein infernalisches Gelächter ausgebrochen,

Jack Leonard als Geschäftsmann.

und etwaige Passanten müssen sich an den Kopf gefasst haben, wenn sie dies alte Vehikel durch die Vorstadtallee gondeln und die rothaarige junge Frau am Steuer hysterisch lachend mit den Fäusten aufs Armaturenbrett trommeln sahen.

Das alles lag fast ein halbes Jahrhundert zurück, als der Winnebago sich vom umliegenden Gebirge her der Stadt Phoenix näherte. Die Gespräche waren versiegt. Ich legte eine neue CD ein. In die Stille hinein erklangen Verse von John Prine:

»The scientific nature of the ordinary man
Is to go on out and do the best you can.«

Der Song war relativ neu, die Stimme John Prines aber weckte Erinnerungen an die Zeit, als Cathy und ich im Anschluss an unsere Eheschließung nach Phoenix gezogen waren. In dieser Stadt waren drei unserer vier Kinder zur Welt gekommen. Zehn Jahre hatten wir dort verbracht, zehn Jahre, in denen wir gerade so über die Runden kamen und uns Songs von John Prine anhörten. Sie handelten von Menschen wie uns. In diesen Songs habe ich mich wiedererkannt als der einfache, kleine Mann mit einfachen, kleinen Jobs: im Baugewerbe, im Vertrieb eines Unternehmens, als Verkäufer im Einzelhandel. John Prine war Postbote gewesen, bevor er als Songschreiber Karriere machte. Von ihm fühlten wir uns verstanden. Er drückte unsere eigenen Empfindungen aus. Eines Tages sollte dann auch ich ein gutes Plätzchen für mich finden. Ich war freilich schon dreißig, als ich meine erste Stelle beim Fernsehen bekam. Anderthalb Jahre später, nach einem Anruf und Angebot von NBC, ging es mit uns bergauf.

Auf der Fahrt die Serpentinen bergab hat mich dann noch etwas stark beschäftigt, eine Erinnerung an unser zweites Kind, unser erstes Mädchen. Sie hatte krauses, lockiges Haar und strahlend blaue Augen und brachte mit ihrem fröhlichen Wesen und ihrem

Sinn für Humor schon als Kleinkind Sonnenschein in unser Leben. Sie war zwei Jahre alt, als ein befreundetes Ehepaar uns zu einem Grillfest einlud. Zu dem Anwesen gehörte auch ein Swimmingpool, in dessen flacherem Teil ein paar Männer später Wasserball spielten. Ich schloss mich ihnen an. Cathy blieb mit den anderen Frauen und einer Riesenschar Kinder im Haus. Es dunkelte bereits, als mir der Ball zugeworfen wurde, jedoch in hohem Bogen über mich hinwegflog und im tieferen Teil des Schwimmbeckens landete. Ich tauchte und schwamm dem Ball unter Wasser nach, als mir ein Gegenstand auffiel, der vor einem der Unterwasserbeleuchtungskörper lag. Ich glitt näher heran. Der Gegenstand nahm Formen an. Es war ein Kleid, das sich in der Strömung blähte. Dann sah ich kleine rote Sandalen, schließlich ein Gesicht – das Gesicht meiner Tochter. Ich griff nach ihr und zog sie an die Oberfläche. Aus ihrem Mündchen schoss Wasser. Sie begann zu weinen. Niemand hatte sie aus dem Haus kommen sehen, niemand bemerkt, dass sie in das Schwimmbecken gefallen war. Was wäre gewesen, wenn der Ball mir genau zugespielt worden wäre und ich ihn gefangen hätte? Diese Gedanken schossen mir damals durch den Kopf, als ich am ganzen Körper zitternd im Dunkel stand und mein kleines Mädchen fest umschlungen hielt.

Und nun war die nächste Generation unterwegs.

Wir waren in Phoenix angekommen. Unser Wohnwagen schob sich langsam durch die enge Gasse in Phoenix, wo wir von einem alten Ehepaar neben einer Reihe Koffern und Gepäckstücken schon erwartet wurden. Wir hatten keine Zeit zu verlieren. Wenn alles nach Plan lief, würden diese beiden Alten genau rechtzeitig in Chicago eintreffen, wenn das kleine Mädchen, das in den Swimmingpool gefallen war, wenn meine Tochter Megan das erste Urenkelkind der beiden zur Welt brächte.

Diese Geburt mitzuerleben – das sollte mein Geschenk für die beiden sein.

Sie sollten noch einmal etwas erleben.
Ihr letztes Abenteuer.
Die große Reise ihres Lebens.
Eine halbe Stunde später lag der Winnebago in Trümmern.

2

Ich ließ meine Eltern im Holiday Rambler allein und machte mich auf den Weg zu der Tankstelle. Dort hatte Matt den Winnebago mittlerweile aus seiner eingeklemmten Lage zwischen den Zapfsäulenreihen befreit und auf einen leeren Platz seitlich des Tankstellenshops bugsiert. Der Wohnwagen schien immerhin fahrtüchtig. An der unteren linken Seite waren nur Teile der Gepäckfächer aus Kunststoff weggerissen worden, und ein paar Metallverstrebungen ragten daraus hervor. Die verstreut herumliegenden Teile waren von Kerry und Brendan beiseite geräumt, unsere Koffer und Gepäckstücke ins Innere des Fahrzeugs geschafft worden. Margarita hatte sich von dem von ihr verursachten Unfall noch immer nicht ganz erholt. Sie lief ziemlich verstört hin und her. Ich versuchte sie zu trösten: So ein Missgeschick hätte doch jedem von uns passieren können. Dann stieg ich in den Winnebago, um über die nächsten Schritte nachzudenken.

Dort fand ich Kerry, meine fünfundzwanzigjährige Tochter, die auf dieser Reise als Navigatorin fungierte. Sie hatte eben eine neuerliche telefonische Verbindung mit der Zentrale der Leihwagenfirma hergestellt und reichte mir das Handy. Die Dame am anderen Ende der Leitung hatte die Schadendetails dem Mechaniker einer nahegelegenen Werkstatt durchgegeben; nach dessen Auffassung ließe das herausgerissene Teil sich provisorisch abdecken, so dass einer Fortsetzung unserer Reise am morgigen Nachmittag nichts im Wege stünde, sofern er gleich in der Frühe mit den Reparaturarbeiten beginnen könne. Zu den Kosten hatte er sich nicht geäußert. Ich rechnete damit, dass sie sich auf einige tausend Dollar belaufen würden. Das war momentan allerdings belanglos. Hauptsache, unsere Reise war gerettet.

Es war kurz vor achtzehn Uhr. Wir beschlossen, noch am Abend mit den Wohnwagen in Werkstattnähe zu fahren und uns dann nach dem erstbesten Campingplatz umzusehen. Meine Kinder hatten noch ein paar Aufräumarbeiten zu leisten, also marschierte ich zum Holiday Rambler zurück, weil ich beim Gedanken an meine Eltern unruhig wurde. Es war etwa eine Stunde vergangen, seit ich sie verlassen hatte. In der Zwischenzeit hätte sich allerhand ereignen können, vor allem, falls Mom entdeckt haben sollte, wo die Weinflaschen verstaut waren. Hier muss ich einfügen, dass meine Mom keineswegs zu den Menschen gehört, die trinken, wenn sie Probleme haben; die Schwierigkeit besteht eigentlich auch nicht darin, dass Mom sich gern einen Schluck genehmigt, sondern vielmehr in den Reaktionen meines Vaters. Moms frischforsche Art kann Dads Stresspegel schon unter normalen Umständen in die Höhe treiben; kommen bei ihr jedoch Wein, Bier oder Wodka ins Spiel, schießt er förmlich nach oben. Auf eine Formel lässt sich der Einfluss von Alkohol auf Moms Verhalten nicht bringen. Aufgrund unserer langjährigen Beobachtungen sind meine Brüder und ich aber auf die Faustregel gekommen:

Nach einem kräftigen Schluck ist Mom hoch zwei.
Nach zwei kräftigen Schlucken ist Mom hoch drei.
Nach drei Schlucken ist Mom nicht mehr zu bremsen.

Dad, der sein Leben lang Abstinenzler gewesen ist, steht Moms alkoholisierten Zuständen völlig hilflos gegenüber. Er kann damit schlicht nicht umgehen. Bestenfalls verschanzt er sich hinter seiner Normalität und wartet einfach ab, bis alles vorbei ist.

Ich war also riesig erleichtert, als ich feststellte, dass meine Mom die Alkoholvorräte noch nicht entdeckt hatte – was sie sich freilich auch selbst zuschreiben musste. Es wäre nämlich für sie nahezu unmöglich gewesen, auch nur bis zu dem Schrank vorzudringen, wo sie lagen, weil der gesamte Innenraum des Holiday Rambler mit Zeug von Mom und Dad vollgestopft war. Ich hatte die beiden mehr als einmal angefleht, nur das Notwendigste mitzunehmen. Als wir dann in Phoenix ankamen und sie vor ihrer Wohnung neben Bergen von Koffern, Reisetaschen, Schachteln, Plastiktüten und sogar einem fast leeren Karton mit Milch auf uns warteten, ist mir das Herz fast in die Hose gerutscht.

Wie viele Paar Straßenschuhe benötigt eine ältere Dame für eine Überlandfahrt im Wohnwagen? Mom hatte mindestens sieben Paar eingepackt, dazu mehrere Sportmäntel. Und Dad hatte Unmengen von Krawatten sowie drei Aktenkoffer dabei, ganz als ob er – anders konnte ich es mir nicht erklären – an einer wichtigen Konferenz teilzunehmen gedächte; obwohl wir auf dieser Reise meist nur am Rande entlegener Ortschaften in ländlichen Gegenden kampieren würden. Die Aktenkoffer enthielten übrigens vergilbte Unterlagen über geschäftliche Transaktionen, die drei Jahrzehnte zurücklagen.

»He, mein Junge«, begrüßte Dad mich überschwänglich, »schau dir mal die Hosen an, die ich gekauft habe! Ein Schnäppchen! Drei Paar für nur siebenundzwanzig Dollar!«

Dad hatte einen Kleiderkoffer geöffnet und hielt einen Stapel zusammengefalteter hellblauer Stoffe hoch.

Mom, die hinter ihm stand, verzog das Gesicht. »Aber das sind doch Bettlaken, Jack!«

»Weiß ich schon, Marge!«, entgegnete Dad. »Ich hab nur aus Versehen den falschen Packen erwischt. Hier, da sind die Hosen! Was sagst du dazu, mein Junge!?«

Moms Miene umwölkte sich. »Aber Jack! Das sind wieder Bettlaken!«

Worauf Dad mich mit einem hilflosen Grinsen anschaute und mir in einem leisen, konspirativen Ton zuflüsterte: »Siehst du, mein Junge, man sollte nicht alt werden. Das Alter spielt einem übel mit.«

In diesem Augenblick ertönte ein Hupen.

Ich blickte aus dem Fenster und sah neben uns den Winnebago einparken. Die Metallverstrebungen waren entfernt oder nach oben gebogen worden, damit sie nicht mit der Fahrbahn in Kontakt kämen. Matt, der am Steuer saß, gab mir durch ein Zeichen zu verstehen, er brauche meine Hilfe.

Die Stoßzeit war vorbei. Es herrschte nur noch wenig Verkehr, weshalb wir keine Mühe hatten, den Winnebago in einem großen weiten Bogen wieder auf die Straße zu lenken. Eine Viertelstunde später lag die Werkstatt vor uns. Wir begannen, nach einem Platz Ausschau zu halten, wo wir den Wohnwagen die Nacht über abstellen könnten.

Wir mussten nicht lange suchen, denn am Ende der Straße, wo sich unsere Werkstatt befand, sahen wir – im wahrsten Sinn des Wortes – vor uns ein Himmelszeichen: ein großes Schild, das hoch über einer Palmenreihe hing: CAMPING WORLD.

Nun hatte die Familie Leonard mit der Campingwelt bis dato noch nie etwas zu tun gehabt, also konnten Matt und ich auch nicht wissen, dass CAMPING WORLD eine landesweit verbreitete Campingplatzkette war, die sich alle Mühe gab, ihrer betuchten Kundschaft – einer Klientel, deren Mitglieder es nicht nötig hatten, eine Spinne in der Küche ihres Familiendomizils eigenhändig mit dem Besen zu entfernen – jegliche unangenehme Begegnung mit der Natur zu ersparen.

Die CAMPING WORLD war für uns ein absoluter Glücksfall, denn die Leonards sind alles andere als Naturfreaks. Keines ihrer Mitglieder würde je auf die Idee kommen, barfuß in ein Gewässer zu steigen, wenn sich unter der Wasseroberfläche nicht ein reinsandiger oder betonierter Boden befände. Mich graust's noch heute, wenn ich daran denke, wie ich in einem Jugendlager in Wisconsin einmal notgedrungen mit den anderen Kindern zusammen in einem See mit schlammigem Grund baden musste. Um mich keinen Hänseleien oder gar Drangsalierungen seitens meiner Kameraden auszusetzen, habe ich den Eindruck zu erwecken versucht, es gäbe für mich nichts Schöneres auf der Welt, als in diesem Gewässer zu schwimmen, wo es nur so von Egeln wimmelte, weshalb ich meine Beine in Überschallgeschwindigkeit bewegte, um möglichst rasch wieder ans Ufer zu gelangen. Huckleberry Finn hätte mir mit seinem Kanupaddel gewiss den Hintern versohlt.

Danach habe ich mit der Natur einen stillschweigenden Pakt geschlossen: Bleib mir aus dem Weg, dann werde ich dir aus dem Weg gehen. Ich habe das Abkommen auch striktestens eingehalten, was sich von der freien Kreatur leider nicht behaupten lässt. So ist beispielsweise vor einigen Jahren ein Vogel in den Keller unseres Hauses eingedrungen, von wo aus er uns alle miteinander terrorisierte. Ein Familienmitglied nach dem anderen weigerte sich, nach unten zu gehen, um dem Spuk ein Ende zu machen – was insofern eine Notlage auslöste, als sich unsere Waschmaschine und der Trockner im Keller befanden und uns allmählich die saubere Wäsche ausging. Der Vogel hatte uns in Geiselhaft genommen. Da ich – sozusagen – die Rolle des Patriarchen innehatte, fiel schließlich mir das bittere Los zu, die Treppe hinabzusteigen, um mit dem Tier in Verhandlung zu treten nach der Maßgabe: Vogelfutter und freier Abflug gegen saubere Unterhosen. Nun hatte ich aber keine Ahnung, ob und inwieweit das Tier überhaupt zu Verhandlungen bereit war, weshalb ich äußerste Vorsicht walten ließ. Ich zog mir also einen dicken Mantel über, setzte Eishockeyhelm und -gesichtsschutzmaske auf, steckte die Hände in grob gefütterte Eishockeyhandschuhe und bewaffnete mich beidhändig mit einem Eishockeyschläger. Der Vogel gab keinen Ton von sich. Mit ihm war einfach nicht zu reden. Plötzlich setzte er zum Sturzflug auf mich an. Ich bin die Treppe wieder hochgerannt und holte Verstärkung. Ein Beamter der örtlichen Polizei kam vorbei, öffnete das Kellerfenster, und der Vogel flog flugs davon – vermutlich, weil er mit einem Blick das Pistolenhalfter des Polizisten erkannt hatte.

Ein andermal hatten sich Eichhörnchen durchs Gebälk unseres Hauses gearbeitet und es sich auf dem Dachboden gemütlich gemacht, offenbar in der Absicht, dort in Dauermiete zu bleiben. Als nämlich meine Frau nach oben ging, um nach dem Rechten zu sehen, entdeckte sie in einer halb geöffneten Schublade Eicheln. Sie erstattete Bericht. Ihre Mitteilung versetzte mich in maßlose Wut. Ordnung muss sein: Eichhörnchen haben ihre Bäume, so wie wir Menschen eben unsere Wohnungen. Ich lagere meinen Wochenbedarf an amerikanischen Käsescheibletten ja auch nicht in einem Astloch dieser Viecher.

Das Eindringen der Eichhörnchen ließ mich wieder einmal nach dem örtlichen Vertreter von Recht und Ordnung rufen. Wir haben uns inzwischen angefreundet. Er heißt Kevin – ein Hüne von einem Kerl mit Ziegenbärtchen, der neuerdings in Western-Outfit mit Cowboyhut auftritt. Kevin machte den Vorschlag, das Holz des Dachs durch ein dickeres, gegen Nagetiere immunes Material zu ersetzen und den Dachboden im Übrigen neu und besser zu isolieren. Die Eichhörnchen hatten nämlich auf den leichten Isolierstoff uriniert, was Kevin zufolge – wegen der Duftmarke – weitere Eichhörnchen anlocken würde.

Wie gesagt, bis dahin hatte keiner von uns je einen Campingplatz betreten, und wir waren heilfroh, zufällig auf ein Gelände zu treffen, das die Berührung mit der freien Natur auf ein Minimum beschränkte. Meine Freude darüber sollte jedoch schon bald getrübt werden.

Wir hatten beide Wohnwagen am Rand der Parkzone dieser CAMPING WORLD platziert, und die Sonne begann sich eben vom Himmel zu verabschieden, als mein Ohr ein Geräusch wahrnahm – ein dumpfes Sausen, in das sich dann ein helleres rhythmisches Rattern mischte. Ich öffnete die Tür des Holiday Rambler, um dem Geräusch nachzugehen, das zu einem Dröhnen anschwoll. Ich musste feststellen: Wir hatten unterhalb einer Fernstraßenüberführung geparkt, die diagonal zu einer Eisenbahnbrücke lag. Es war ein Güterzug, der vorbeidonnerte – ein Güterzug mit einer schier endlosen Reihe von Waggons, und nun gab die Lok auch noch unablässig pfeifende Töne von sich. Ich zog mich wieder in den Holiday Rambler zurück und schloss die Tür hinter mir.

»Wo ist der Wein?«

»O mein Gott!«

Der Notruf meiner Mom. Gefolgt vom Stoßseufzer meines Dad. Das übliche Ritual. In der Kirche von St. Leonard dem Absurden hatte der Abendgottesdienst begonnen.

Die Flasche mit dem Messwein stand bereit.

»Wo ist der Korkenzieher!?«, fragte meine Mom.

»Weiß ich nicht.« Dad kratzte sich verlegen am Kopf. »Vielleicht habe ich ihn aus Versehen mit dem Milchkarton entsorgt. Mike hatte mir befohlen, den Karton aus dem Wohnwagen zu schaffen.«

»Du bist wohl nicht bei Trost«, stöhnte Mom auf. »Na gut, dann musst du die Flasche eben mit den Zähnen öffnen.«

Der gute alte Jack begann sich heftiger am Kopf zu kratzen.

Marge fing an, ihre Handtasche nach einem Korkenzieher zu durchwühlen.

Die beiden saßen sich am Esstisch des Küchenbereichs gegenüber.

Der Holiday Rambler ist ein Freizeitvehikel der Spitzenklasse mit einem speziellen Hydrauliksystem, dank dessen sich der Esstisch ausziehen und der Wohnbereich während Parkzeiten verdoppeln lässt. Das Schlafzimmer im rückwärts gelegenen Teil hat ein Doppelbett, einen großen Schrank mit verspiegelten Schiebetüren und eine Fernsehkonsole mit vielen Schubläden und Ablagefächern. In der Mitte des Wohnbereichs befinden sich Waschbecken, Duschkabine und (ein kleines) Badezimmer. Sie sind durch eine Wand vom vorn gelegenen Hauptteil abgetrennt, zu dem eine komplett eingerichtete Küche, ein Esstisch, eine breite Schlafcouch und zwei bequeme Drehsessel gehören. Oberhalb der gewölbten Windschutzscheibe befindet sich ein TV-Flachbildschirm, der an ein DVD-Abspielgerät angeschlossen ist.

Meine Mom suchte noch immer verzweifelt nach ihrem Korkenzieher, als die Wohnwagentür aufging und Kerry mit einer riesigen Einkaufstasche voller Lebensmittel für das Abendessen hereinkam.

Kerry ist fünf Jahre älter und zehn Zentimeter kleiner als Megan – ein Energiebündel mit blonden Locken, blauen Augen, hübschem Gesicht, und sie hat immer gute Laune.

»Wow! Ist das aber geräumig hier!«, rief Kerry aus. »Ihr lebt hier wirklich wie die Fürsten!«

»O ja!«, gab Mom zurück. »Ich komme mir auch schon wie Puff Daddy vor!«

Kerry brach in schallendes Gelächter aus, so dass der ganze Raum vibrierte. Es ist ja auch komisch, wenn eine zweiundachtzigjährige Frau mit den Namen von Hip-Hop-Impresarios, Modedesignern, Rockstars und sonstigen Größen der Popkultur um sich wirft, was bei meiner Mom gang und gäbe ist. Sie ist sogar meist auf dem neuesten Stand.

Brendan.

»Puff Baby? Wer, zum Teufel, ist dieses Puff Baby?«, schaltete sich mein Dad ein.

»Die Rede ist von Puff Daddy, Jack«, wurde er von Mom belehrt. »Von dem Typen, der mit J-Lo ausgegangen ist.«

»Wer interessiert sich schon für Typen mit Namen wie Puff Man oder Jell-O!?«, polterte Jack. »Ist die Welt denn total verrückt geworden?«

»Die Frau heißt J-Lo«, korrigierte ihn Kerry lachend. »Und Puff Daddy nennt sich übrigens inzwischen P. Diddy. Weiß Gott, welchen Namen der sich demnächst zulegen wird. He, Moose, falls du einen Korkenzieher suchst – ich habe einen dabei.«

»Großartig!«

»O mein Gott!«

Der zweite liturgische Wechselgesang der Kirchenältesten von St. Leonard dem Absurden erklang just in dem Moment, als Matt, Margarita und Brendan – auch sie mit Einkaufstüten beladen – den Holiday Rambler betraten.

»Hallo, ist das eine Traumwohnung!«, rief Brendan. »Wer schläft hier wo?«

»Deinen Großeltern gehört das Schlafzimmer im hinteren Teil«, gab ich zurück. »Ich mache es mir hier bequem, diese Couch lässt sich nämlich zu einem Bett umklappen. Prima, nicht?«

Kerry entkorkte eine Flasche Rotwein. Meine Mom gab ihr mit einem Kopfnicken zu verstehen, wie sehr sie die gute Tat zu schätzen wusste, bevor sie sich meinem neunzehnjährigen Sohn zuwandte.

»He, Brendan, sieh mal! Schau deinen Großvater und mich genau an, damit du uns bewundern kannst. Wir sind nämlich zwei Filmstars, weißt du. Ich bin Puff Daddy, er ist Michael Jackson!«

»He, der Typ hat seinen Namen geändert, er heißt jetzt P. Diddy«, korrigierte ich Mom. »Und was Michael Jackson angeht, so habe ich erst vor ein paar Tagen gelesen, dass er ein Fan von den Three Stooges ist. Da kann er so übel doch nicht sein.«

»Die drei Stooges haben wirklich tolle Stimmen«, warf Dad ein. »Mir persönlich gefallen aber die irischen Tenöre besser«, und schon begann er wieder zu singen:

»Oh Danny Boy, the pipes, the pipes are calling
From glen to glen and down the mountainside ...«

»Jack!«, fuhr ihn Mom an. »Mike hat nicht die Drei Tenöre gemeint, sondern die Popgruppe Three Stooges. Du wirst schwerhörig! Nach dieser Reise gehst du sofort zum Arzt und besorgst dir einen Gummipropfen!«

Margarita, der meine Eltern noch wenig vertraut waren – sie ist erst seit drei Jahren mit Matt verheiratet –, warf mir einen Blick zu, dass sie jetzt überhaupt nichts mehr kapiere.

»Meine Mutter findet«, erklärte ich ihr, »dass jemand, der ein Hörgerät trägt, so aussieht, als ob er sich einen Gummipropfen ins Ohr gesteckt hat. Und Dad hat wirklich zunehmend Hörprobleme.«

»Hauptsächlich auf dem Ohr«, bemerkte mein Vater und deutete auf sein rechtes Ohr, »weil Marge in letzter Zeit den linken Haken übt. Es ist ganz schön lädiert.«

»Ich denke, dein rechtes Ohr ist bloß verstopft«, fuhr ihm Mom in die Parade. »Denk mal an den Champagnerkorken, der vor ein paar Monaten spurlos verschwunden ist. Er ist dir wahrscheinlich ins rechte Ohr gepoppt, und da sitzt er nun.«

»Aber Marge! Flaschenkorken bin ich mein Lebtag aus dem Weg gegangen«, erwiderte Dad verzweifelt. »Besonders in den letzten Monaten, als sie nur so durch die Gegend flogen. Ich hatte manchmal den Eindruck, in einen Meteorhagel geraten zu sein.«

»Da fällt mir eine Geschichte mit Megan ein«, versuchte ich abzulenken. »Sie muss ungefähr vier Jahre alt gewesen sein, als bei uns das Telefon läutete. Sie hat den Hörer abgenommen. Es war ein Anruf für mich. Megan wollte wissen, wer ihren Dad sprechen wollte. Sie hat immer wieder gefragt, wer am Apparat sei. Aus irgendeinem Grund wollte der Anrufer sich ihr gegenüber aber nicht zu erkennen geben, so dass Megan schließlich böse wurde und in den Hörer schrie: ›Was ist mit dir los? Hast du eine Banane im Ohr?‹«

»Megan war schon immer ein vorwitziger Naseweis!«, rief Brendan.

»Von wem sie das wohl hat!« Mein Dad verdrehte die Augen und deutete mit dem Kopf auf Mom.

So ging das während der ganzen Mahlzeit. Wir haben Anekdoten und Erinnerungen ausgetauscht und viel gelacht. Das Abendessen war einfach, es gab Pasta, die wir von Papiertellern aßen. Die Frauen tranken Wein. Matt trank Bier, Brendan Sprite, ich Wodka – Dad hielt sich an Mineralwasser. So breitete sich allmählich eine völlig entspannte Atmosphäre aus, in der Mom schließlich eine Geschichte aus ihrer Collegezeit an der Columbia-Universität zum Besten gab. Es ging um einen Ausflug der Hauswirtschaftsklasse in ein Landheim, wo die Mädchen sich an einer ungeliebten, strengen Lehrerin rächten. In dem Ulk übernahm meine Mom die Hauptrolle. Die Mädchen hatten fürs Abendessen zum Dessert einen Kuchen backen müssen, und, so erzählte Mom, »einen Teil des Kuchens habe ich dann mit einem starken Abführmittel glasiert, den Kuchen anschließend aufgeschnitten und auf Teller

Marge auf dem College.

verteilt. Die Sullivan kam in die Küche stolziert und hat mich unwirsch angefaucht: ›Man verteilt einen Kuchen doch nicht vorher in Stücken auf Tellern!‹ Alle haben die Luft angehalten, um sich ein Kichern zu verbeißen, und den Teller mit dem Abführmittel fixiert. Jede von uns hat sich dann ein Tellerchen genommen, das mit dem besonderen Stück war natürlich für die Sullivan bestimmt. Sie hat es gegessen und dazu drei Tassen Kaffee getrunken. Ich hatte erwartet, dass sie gleich zum Klo stürmen würde. Es ist aber erst losgegangen, nachdem sie sich schlafen gelegt hatte. Die ganze Nacht über war die Toilettenspülung zu hören. Einmal hat Franny mir zugeflüstert: ›Und was ist, wenn sie nun stirbt, Margie?‹ Und ich habe zurückgeflüstert: ›O je, daran hab ich gar nicht gedacht‹, und es plötzlich selbst mit der Angst zu tun bekommen.«

Bei der Erinnerung musste Mom plötzlich losprusten. Die verrückte Vorstellung, Mom hätte als kleine Studentin ihre Hauswirtschaftslehrerin mit einem Abführmittel umbringen können, hat auch uns zum Lachen gebracht.

»Morgens beim Frühstück«, fuhr Mom dann fort, »hat die Sullivan ausgeschaut wie ein Gespenst und gefragt: ›Ist gestern Abend jemandem schlecht geworden? Ich fühle mich furchtbar elend.‹ Ich hab sinngemäß etwas gemurmelt, wie: ›Also, mir ist das Essen auch nicht so toll bekommen. Ich glaube, es lag am Fisch.‹ Die Sullivan hat keinen Verdacht geschöpft. Wir Studentinnen hatten an dem Tag noch einen Termin in der Columbia-Universität und sind darum bald mit dem Zug nach New York gefahren. Es gab eine Bahnstation ganz in Campusnähe, wir wohnten gleich nebenan. Ich wusste, dass die Sullivan noch am selben Tag zurückkehren wollte, und so haben ein paar von uns sich ans Fenster gestellt und gewartet. Der Zug traf gegen sechzehn Uhr ein. Sie steigt aus und saust über die Wiese, um auf schnellstem Weg zum nächsten Klo zu kommen. Ich hab keine Ahnung, ob sie es noch rechtzeitig geschafft hat.«

Mom hat sich gekrümmt vor Lachen. Dad ist von seinem Stuhl aufgesprungen. Bei der Erwähnung der Toilette hatte seine innere Jukebox geklickt und sich die Nadel auf eine weitere alte Platte aus seiner Jahrhundertsammlung von Liedern für besondere Anlässe gesenkt:

»Passengers will please refrain from flushing toilets on the train
While train is standing in the station, I love you.
We encourage constipation while the train is in the station.
Moonlight always make me think of you
If you really must pass water kindly call the Pullman porter.
He'll place a vessel in your vestibule.«

Dads Gesang ließ das Gelächter in der Runde einen neuen Höhepunkt erreichen.

»Was sind das bloß für Verse!«, schrie Matt. »Wie kann man von der Toilette gleich zur Liebeserklärung übergehen? Wo ist da die logische Verbindung? Das ist wirklich die tollste Volte seit dem Film *Usual Suspects.*«

»Was für ein Lied ist denn in deinem Film gesungen worden?«, erkundigte sich Dad.

»Mit Musik hatte das nichts zu tun«, erläuterte Matt. »Es war die Handlung, die plötzlich umgekippt ist. Der Film kam vor ungefähr zehn Jahren ins Kino. Kurz vor Schluss hatte er dann einfach diesen absolut unerwarteten Dreh, als ... also, es war einfach ... ihr wisst schon, wie ein Blitz aus heiterem Himmel ... ist ja auch egal ... Ich war nur nicht darauf vorbereitet, dass ein Lied von der Klospülung übergangslos zu einer Liebeserklärung führt.«

Dad lehnte sich lächelnd in seinem Stuhl zurück. »War das heute ein Erlebnis!«, schwärmte er. »Erst das Malheur unterwegs bei der Tankstelle und nun dieser schöne Abend. Morgen wird alles glattgehen. Was steht auf dem Plan?«

»Nun ja, am Morgen werden die Kinder als Erstes den Winnebago zur Werkstatt bringen«, erklärte ich. »Am frühen Nachmittag sollten wir dann schon auf dem Weg nach New Mexico sein. Kerry meint, wir könnten Las Cruces vor dem Abend erreichen. Dort soll es einen besonders schönen Rastplatz geben. Am Morgen drauf geht es dann weiter nach Texas. In den ersten Reisetagen haben wir uns ziemlich lange Fahrzeiten vorgenommen, weil es in der Wüste ja nicht viele Orte zum Anhalten gibt. Danach werden wir nur etwa vier Stunden pro Tag unterwegs sein.«

»Werden wir über Berge fahren müssen?«, erkundigte sich Mom mit besorgter Miene.

»Aber nein, Mom«, meinte Dad. »Bei Bergen fahren wir selbstverständlich durch den Tunnel.«

»Mist!«

Die Einsilbigkeit von Moms Kommentar löste eine neue Lachsalve aus. Uns war bewusst, dass Mom schon immer Angst vorm Fliegen hatte und diese Angst sich mittlerweile zu einem Horror vor jeder Art von Geschwindigkeit über fünf Stundenkilometer ausgeweitet hatte. Aber nicht nur das. Sie setzt sich gelegentlich noch selbst ans Steuer, biegt bei Kreuzungen jedoch nur noch rechts ab – eine Taktik, um die Gefahr des seitlichen Gerammtwerdens durch einen schwer beladenen Brummi in voller Fahrt zu mindern. Das Lebensmittelgeschäft, in dem sie einkaufen geht, mag auf direktem Weg nur zwei Fahrminuten entfernt liegen. Falls die Direktroute jedoch ein Abbiegen nach links erfordert, fährt Mom stattdessen – bei Rot! – an der Ampel nach rechts, an der nächsten Kreuzung wieder rechts, über die Straße, von wo sie gekommen war, hinaus bis zur nächsten Kreuzung, wo sie dann erneut und danach noch zweimal rechts abbiegt, bis sie schließlich die Straße mit dem Lebensmittelladen erreicht – nur dass dieses Geschäft jetzt natürlich an der falschen, nämlich der gegenüberliegenden Seite liegt. Ganz abgesehen davon, dass Mom für den Umweg ganze zwanzig Minuten gebraucht hat.

Und das ist noch das günstigste Szenario. Denn für den Fall, dass auf dem Umweg zudem Einbahnstraßen, Brücken, Überführungen oder sonstige Eigentümlichkeiten moderner Verkehrssysteme hinzukommen, kann eine Fahrt zum Lebensmittelgeschäft, die eigentlich nur zwei Minuten dauert, bei Mom zu einer Nachtfahrt ausarten. Als Beifahrerin ist sie noch ängstlicher und folglich noch viel nervenaufreibender. Da kann es vorkommen, dass sie vor Schreck aufschreit, wimmert oder lauthals schimpft, während sie völlig verkrampft auf dem Boden im Fond kauert – bis wir die Schnellstraße verlassen.

Mich erstaunt das alles sehr. Es passt so gar nicht zu meinem frühen Bild von Mom. In meiner Jugend ist sie mir ziemlich furchtlos erschienen, wenn sie aus dem Haus gerannt kam, um sich in die oft wilden Spiele ihrer Jungs zu stürzen. Da hat sie sich dann einen Baseballschläger geschnappt oder bei unseren Räuber-und-Gendarm-Spielen mitgemacht. Bei einer Gelegenheit kämpften wir Buben gegen unseren Dad und einen seiner Arbeitskollegen, der in jüngeren Jahren der Mannschaft einer unteren Baseballliga als Werfer angehört hatte und noch immer über eine beachtliche Wurfkraft verfügte. Der Ball flog tüchtig hin und her, als uns plötzlich Mom zu Hilfe eilte. Sie stülpte sich einen Fanghandschuh über. Der Exligaspieler warf den Ball in ihre Richtung. Es dämmerte bereits. Der vom langen Spielen auf dem Gras grün gewordene Ball verschmolz mit dem Hintergrund von Bäumen und Buschwerk, weshalb Mom den Ball erst im letzten Moment sah und ihren Fanghandschuh nicht mehr rechtzeitig hochbekam. Der Ball knallte ihr mitten ins Gesicht. Die ganze Augenpartie hat sich schwarz verfärbt, ihre Nase war gebrochen. Doch kaum war die Nase versorgt und mit einem Pflaster versehen, wagte Mom sich von neuem aufs Spielfeld und schlug den Ball mit aller Kraft in die linke Ecke. Und diese Frau litt nun unter panischer Angst vor dem Linksabbiegen auf der Straße! Was hatte sie wohl erlebt, was war ihr nur widerfahren, dass sie sich so verändert hatte?

Aufgrund dieses uns alle beunruhigenden und verunsichernden

Unsere Wiffle-Ball-Phase im Vorgarten.

Verhaltenswandels von Mom war ich erleichtert, sie auf unserer Fahrt zum Parkplatz lachend und in aufgeräumter Stimmung zu erleben – und das, obwohl sie ja hinten saß, also Beifahrerin war, noch dazu in einem für sie ungewohnt großen Vehikel. Ich hegte die Hoffnung, dass die durch altersbedingte Vereinsamung hervorgerufenen Ängste, Phobien und Leiden auf der langen Reise in Gesellschaft von Kind und Kindeskindern gemildert oder gar verdrängt würden. Ich machte mir Mut: Vielleicht würde sich meine Furcht davor, die Altersschrullen und -marotten meiner Eltern einen ganzen Monat lang ertragen zu müssen, sich dank eines ungewöhnlichen Familienerlebnisses ja doch als unbegründet erweisen.

Matt, Margarita, Kerry und Brendan wünschten uns eine gute Nacht und begaben sich auf den Weg zum Winnebago, der hinter meinem Holiday Rambler stand.

Meine Eltern verabschiedeten sich mit endlosen Dankesbekundungen, dass wir sie aus der Isolierung ihrer Mietwohnung befreit hatten, und schlossen die Tür ihres Schlafzimmerabteils hinter sich.

Ich zog meine Schlafcouch aus.

Ich fühlte mich wohl. Ich vermag gar nicht in Worte zu fassen, wie wohl mir ums Herz war.

Während der Nacht wurde mir dann plötzlich heiß, und zwar so heiß, dass ich aufstand, um den Thermostat zu überprüfen.

Der Schalter stand auf dreißig Grad Celsius.

Ich erinnerte mich: Meiner Mom war eigentlich immer kalt. Trug sie nicht sogar im Hochsommer dicke Pullover?

Keine Frage: Diese Regulierung des Wohnwagenthermostats war ihr Werk.

Ich hatte mich auf einen langen Kampf gefasst zu machen.

3

Ich rieb mir die Augen. Linste zum Zifferblatt der tragbaren Digitaluhr auf der Schlafcouchlehne – 7.08 Uhr. Eine Sorge weniger! Meine Befürchtung, in einem Wohnwagen keinen Schlaf finden zu können, war unnötig gewesen. Offenbar auch, was meine Eltern betraf. Die Tür zu ihrem Schlafzimmer war noch fest geschlossen; kein Laut war zu hören, nicht ein Mucks.

Draußen regnete es, im Hintergrund leichtes Donnergrummeln.

Ich beugte mich vor und schlug – rein gewohnheitsmäßig – mit der flachen Hand aufs Weckerdach.

Der Regen hörte auf.

Ach ja, bei dieser Digitaluhr war der Weckmechanismus ja mit einem Geräuschsimulator verbunden.

Ich kuschelte mich wieder in die Kissen.

Bei diesem Wecker ließen sich, fiel mir ein, auch noch andere Geräuschkulissen einstellen. Zum Beispiel Grillengezirpe mit gelegentlichen Eulenrufen im Hintergrund. Warum sollte man beim Weckruf Grillen zirpen hören wollen? Um das Gefühl zu haben, im Wald und auf der Heide zu schlafen? Wer würde da schon schlafen wollen!? Ich bestimmt nicht. Aber was war das nur für ein merkwürdiges Surren? Eine Mücke im Ohr? Und woher rührte plötzlich dieses unheimliche Getapse? Keine Sorge, beruhigte ich mich, einer, der aus dem nächsten Bezirksgefängnis ausgebrochen ist, wird ja wohl nicht gleich ein brutaler Serienmörder sein. Eher schon ein Wirtschaftskrimineller, der schlimmstenfalls die Lebensersparnisse vom angeblich absolut sicheren Konto im ausländischen Steuerparadies abräumt. Und was soll's – notfalls kann man ja bei den Eltern unterkriechen.

»Oh, it's nice to get up in the morning
in the good old summertime ...«

Die Morgenserenade meines Dad!

Ich reckte den Kopf aus den Kissen. Da stand er in der geöffneten Schlafzimmertür. Angekleidet. In voller Montur: Blitzblank geputzte Mokassins aus Krokodilkunstleder, dicke gelbe Sportsocken, kobaltblaue Hose mit Aufschlag, marineblauer Pullover mit V-Ausschnitt, kariertes Hemd, und – jawohl – Dad hatte sich doch tatsächlich eine Krawatte umgebunden. Er setzte seinen Morgengesang fort:

»... but when the snow is snowing, and it's murky overhead,
it's nice to ge up in the morning, but it's better to lie in your bed.«

»Einen schöööööööönen guten Morgen, Mike«, tirillierte Dad. »So fest und tief hab ich mein Lebtag noch nie geschlafen. Augen zu und zack, schon war ich hinüber und hab mich die ganze Nacht über nicht gerührt, nicht *einen* Zentimeter.«

»Wieso trägst du eine Krawatte?«, wollte ich wissen.

»Aber Mike! Man muss sich doch sehen lassen können! Man kann doch nicht ...«

Er brachte den Satz nicht zu Ende; denn bevor er auszuführen vermochte, warum sich ein Mann im Laden einer Autobahntankstelle beim Kauf von Schokoriegeln einer Verkäuferin mit tätowierten Oberarmen unbedingt mit einer Krawatte zu präsentieren hat, kam meine Mutter aus dem Schlafzimmer geschlurft. Anscheinend hatte sie Dads Aktennotiz zur Kleiderordnung in Wohnwagen nicht zur Kenntnis genommen. Sie erschien nämlich in einem abgewetzten hellblauen Morgenmantel über rosarotem

Pyjama und weißen Sportsocken. Das fuchsrote, vom Schlaf noch platt gedrückte Haar klebte ihr feucht am Kopf. Ein Anblick für die Götter – um sich mit Entsetzen abzuwenden.

»Aber Marge!«, rief Dad. »Wenn dich die Kinder sehen …«

»In guten wie in schlechten Zeiten!«, erinnerte Mom ihn an sein Hochzeitsversprechen.

»Auf die ›guten Zeiten‹ warte ich schon seit sechzig Ehejahren vergebens, Marge.«

Mom warf mir einen vielsagenden Blick zu und watschelte zum Kühlschrank. Dad griff nach dem Sportteil der Zeitung vom Vortag und ließ sich, einen Militärmarsch summend, in einem der Klappsessel am Esstisch nieder. Ich hatte im ärmellosen T-Shirt und ausgebeulten Sporthosen geschlafen, brauchte mir also nur noch Socken und Laufschuhe anzuziehen, das Springseil zu schnappen, und die Morgengymnastik konnte beginnen.

»Solltest du nicht erst frühstücken?«, fragte Mom vorwurfsvoll, während sie zwei Scheiben Weißbrot in den Toaster schob.

»Ausgeschlossen! Das Tagespensum an Kniebeugen, Jogging und Seilspringen geht vor.«

Dad – einen Donut mampfend – blickte von seiner Zeitung auf. »Im Zeughaus von Paterson bin ich als kleiner Bub vorm Boxen auch immer erst Seil gesprungen«, sagte er. »Wie lang wirst du fort sein?«

»Dreißig Minuten Seilspringen, dann fünf bis sieben Kilometer joggen, anschließend Kniebeugen«, antwortete ich. »Macht zusammen ungefähr anderthalb Stunden.«

»*Anderthalb* Stunden!? Bist du verrückt? Du wirst kollabieren. Du wirst …«

Moms Proteste wurden durch Klopfen an der Wohnwagentür unterbrochen. Am Eingang standen Kerry und Brendan. Matt – neben ihm Margarita – saß bereits am Steuer des Winnebago.

»Sie bringen den Wohnwagen zur Werkstatt«, erklärte Kerry und trat, gefolgt von Brendan, in den Holiday Rambler ein.

»Hallo!«, rief Dad. »Schaut mal, wer da kommt! Kerry und Brendan! Welch eine Überraschung!«

»Euer Papa hat einen Knall«, murrte Mom, während die beiden im Schrank nach Frühstücksflocken suchten. »Tut so, als ob er noch ein Teenager wäre, dabei ist er sechsundfünfzig. Hat er das nötig? Er muss doch niemandem mehr etwas beweisen. Er wird noch einen Herzinfarkt bekommen.«

Ich nahm mein Seilspringen auf. Es war ein herrlicher Morgen. Der Laden des Campingplatzes war noch geschlossen, der Parkplatz nahezu leer. Oben auf der Überführung brauste die erste Welle des Stoßverkehrs vorbei. Darunter bewegte sich ein Ministaubtornado auf ein riesiges Feld zu. Der längste Güterzug der Welt war in Richtung der fernen Berge unterwegs.

Das Seitenfenster des Wohnwagens stand offen. Ich verstand jedes Wort, das drinnen gesprochen wurde. Das Gespräch drehte sich hauptsächlich um mich.

»Was ist bloß mit ihm los?«, jammerte Mom. »Warum kann er nicht einfach mal stillsitzen und richtig entspannen?«

»Du machst wohl Witze«, sagte Kerry. »Mike und stillsitzen! Der gibt doch nie Ruhe. Er muss immer mindestens zwei Dinge gleichzeitig tun.«

»Mich wundert nur, dass er noch nicht herausgefunden hat, wie man beim Lenken eines Autos Kniebeugen machen kann«, meinte Brendan. »Er muss immer alles übertreiben und alles noch besser machen. Er ist wie ein Comicsuperheld. Allzeit super bereit, darum aber auch super schwer erträglich, weil er außerdem nämlich super ungeduldig ist. Er erinnert mich irgendwie an Lion-O.«

»Donner ... Donner ... Donnerkatzen ... Huuuuh!«, imitierte Kerry den Schrei zum Auftakt der Comicserie *Thundercats*. Diese Comichefte waren seit mindestens anderthalb Jahrzehnten aus unserem Haushalt verschwunden, und doch intonierten Kerry und Brendan den Eingangssong, als ob sie ihn eben erst gehört hätten. Fragt man meine Kinder aber nach einem Zitat aus der Literatur, herrscht betretenes Schweigen.

»Ich glaube, ich bin mit drei Jahren in *Thundercats* eingestiegen«, sagte Brendan. »Mike erinnert mich irgendwie an Lion-O, weil er super stark und trotzdem ein Kindskopf ist.«

»Und ein Dickschädel dazu«, fügte Mom hinzu.

»Ich glaube, er kämpft verzweifelt gegen die Zeit an«, meinte Kerry. »Er hat das mittlere Alter erreicht ... Quatsch, darüber ist er längst hinaus, er hat seinen Zenit überschritten, will es aber nicht wahrhaben und weiterhin spitzenmäßig sein. Also rennt er den Berg hoch, fällt hin, rappelt sich wieder auf, und je schneller er den Berg hinaufwill, desto schneller geht's wieder bergab. Er ist ein richtiger Sisyphos.«

»Die abschüssige Seite des Lebens«, sinnierte mein Dad. »Ist uns beiden wohl vertraut, oder, Marge? Siebenundachtzig ... zweiundachtzig ... wir zwei sind wirklich in die Jahre gekommen.«

»Altwerden ist eine böse Sache«, jammerte Mom. »Man kriegt Falten. Das Haar wird schütter. Alles geht den Bach runter. Die Fußnägel lassen sich nicht mehr schneiden. Meine sind so hart wie Stahl.«

Meine Kinder brachen in fröhliches Lachen aus, das auch meine Eltern ansteckte. Ich sprang weiter Seil und musste grinsen.

Die Familie ist sich einig, dass ich mir aus übertriebenem Ehrgeiz zu viel abverlange. Was überhaupt nicht stimmt. Hürden, die sich mir in den Weg stellen, suche ich zunächst zu umgehen. Wenn etwas misslingt, denke ich erst mal darüber nach, was ich falsch gemacht haben könnte, um es dann auf neue Art und Weise zu probieren. Und solches Verhalten ist mir keineswegs angeboren, sondern eine Lektion, die mich das Leben gelehrt hat. Ich bin nicht sonderlich begabt. Darum ist mir auch nichts besonders leicht oder in den Schoß gefallen, und ich habe viel Mist gebaut. So bin ich schon früh zu der Erkenntnis gelangt: Wenn ich etwas aus mir machen will, kann mir das nur in meinem ureigenen Tempo gelingen, Stück für Stück, Schritt für Schritt.

Es war keine Frage von Körperkraft oder Charakter, sondern von Ausdauer, Glauben und Selbstvertrauen. Ich war fünfzehn – ein stilles, linkisches Highschoolkid mit vielen Fehlern und Schwächen, ohne ersichtliche Stärken oder nachweisliche Leistungen –, als mir plötzlich klar wurde, dass ich für einen kreativen Beruf bestimmt war. Keine Ahnung, wie ich zu dieser Erkenntnis gelangte – jedenfalls nicht durch Ermutigung oder Förderung von außen, schon gar nicht durch die Schule; da zählte ich ja zu den Klassenletzten. Dennoch war es nicht etwa eine fromme Wunschvorstellung oder eine vage Hoffnung, die sich in mir regte, sondern die mir bis heute unerklärliche Gewissheit: Ich *werde* einmal eine schöpferische Tätigkeit ausüben.

So gesehen scheinen meine nur mäßigen Geistesgaben rückblickend Glück im Unglück gewesen zu sein. Es hat mich von einer allzu kritischen Abwägung meiner objektiven Chancen abgehalten. So bin ich ganz einfach der Intuition gefolgt: Es muss im Leben eine lohnende Aufgabe für mich geben und einen Weg, sie zu finden. Dass jeder Weg Mühen und Stolpersteine mit sich bringt, ist allseits bekannt, nur ist eben nicht jeder bereit, sie auf sich zu nehmen und zu überwinden.

»Nur ein kleiner Zwischenfall«, jubilierte mein Dad im Fond des Holiday Rambler. »Der Schaden ist behoben, und nun geht's weiter, als ob nichts gewesen wäre.«

Die beschädigte Seite des Winnebago war mit weißer Glaswolle zusammengeflickt worden, was auf meiner Kreditkarte mit dreitausend Dollar zu Buche schlug, aber das war vergessen, als ich mich ans Steuer des Holiday Rambler setzte und den Motor anließ. Vor nicht mal vierundzwanzig Stunden hatte es so ausgesehen, als ob unsere Reisepläne geplatzt wären, doch nun war der Winnebago wieder flott – ein Grund zur Freude und Zufriedenheit. Matt stand auf dem Eingangstreppchen des Holiday Rambler, um unseren zweiten Start mit der Kamera festzuhalten. Er sollte mich auf der langen Strecke bis New Mexico von Zeit zu Zeit am Steuer ablösen, so wie Kerry und Margarita sich im Winnebago abwechselten. Brendan war noch zu jung, um einen Leihwohnwagen fahren zu dürfen; er sollte zwischen den beiden Wohnwagen hin- und herwechseln – unser Mädchen für alles.

Alles startklar!

Denkste.

»So ein Mist!«

Mom. Im Selbstgespräch. Saß in sich versunken da, wühlte verzweifelt in ihrer riesigen Handtasche, doch was immer sie suchen mochte, sie fand es nicht.

Sie schleuderte die Kissen von der Schlafcouch.

»Scheiße!«, murmelte sie, als lediglich ein Kugelschreiber und Gummilitze zum Vorschein kamen; und schon war sie auf Händen und Knien am Boden, um unter dem Metallgestell der Couch zu suchen.

»Ich bitte dich, Marge«, rief Dad. »Setz dich! Solange du da unten rumkriechst, können wir nicht los. Was, zum Teufel, suchst du denn jetzt schon wieder?«

»Ich kann das gottverdammte Heiligenbild nicht finden«, schimpfte Mom.

Matt hatte Mühe, ein Lachen zu unterdrücken. »Heiligenbild« und »gottverdammt« in einem Atemzug ausgesprochen zu hören – das erlebte man ja auch nicht alle Tage.

»Was für ein Bild?«, wollte ich wissen.

»Das von Mutter Teresa«, erwiderte sie. »Sie *ist* jetzt eine Heilige und wird dafür sorgen, dass ich heil nach Chicago und heil wieder nach Hause komm. Aber wo, zum Teufel, ist dieses Bild?«

»Guck doch mal in deinem Ärmel nach«, schlug ich vor – meine Mutter hat die Angewohnheit, sich alle möglichen Dinge in die Pulloverärmel zu schieben.

»Dem Himmel sei Dank! Da ist es ja!«, rief Mom erleichtert. »Alles in Ordnung! Dann mal los!«

Es war mitten am Nachmittag. Diesmal herrschte in Mesa wenig Verkehr auf unserem Weg zur Autobahnzufahrt. Außerdem fühlte ich mich am Steuer schon ein wenig sicherer. Was Mom allerdings völlig zu entgehen schien: Sie saß, nein, kauerte auf dem Couchrand, die Hände hielten die Armlehne umklammert, die Füße in den weißen Turnschuhen gruben sich Halt suchend in den Teppichboden. Aus einem Ärmel, in Kleenextücher gehüllt, lugte der Kopf Mutter Teresas. Wie tröstlich zu wissen, dass Mom alles nur Menschenmögliche unternommen hatte, um auf den von ihr als todsicher erwarteten Frontalzusammenstoß vorbereitet zu sein. Nur hatte sie sich selbstverständlich nicht mit dem Sitzgurt angeschnallt.

Ich war heilfroh, Matt bei mir zu haben. Der groß gewachsene, schlanke Junge mit dem schwarzen Lockenschopf war stets freundlich, höflich, rücksichtsvoll – vor allem aber: Er verlor nie die Nerven. Wie beruhigend, ihm auf der langen vor uns liegenden Strecke zeitweise das Steuer übergeben zu können. Ob er jedoch die verbalen Bombardements durchstehen würde? Besaß er die innere Ruhe und Gelassenheit, um mit den endlosen Wortsalven fertig zu werden? Wichtiger noch, als einen Kopiloten zu haben, war es, jemanden an seiner Seite zu wissen, der den Lockvogel spielte, der, während ich fuhr, das Trommelfeuer von mir auf sich lenkte. Denn diese Tour durch das Amerika von heute mit seinen Rieseneinkaufszentren, gigantischen Supermärkten, Fastfoodketten und sonstigen Wahrzeichen von Niedriglöhnen und Spitzenrenditen würde Dad garantiert zu den ewig gleichen Sermonen über den kleinen Mann herausfordern, der bis aufs Hemd ausgezogen wird; und da käme es auf Matt an, das Raketenabwehrsystem in Stellung zu bringen und für einen Themenwechsel zu sorgen.

»Habt ihr das Würstchen gesehen?«, rief Dad im Fond des

Matt.

Wohnwagens, kaum dass wir die Autobahn erreicht hatten. Uns hatte ein Kleinlaster überholt, dessen Fahrer seine Baseballmütze verkehrt herum trug.

»Wer so eine Mütze trägt, muss sie auch richtig aufsetzen. Verkehrt herum dürfen sie nur Baseballspieler an der Fangstelle und Schweißer auf haben.« Dad schüttelte heftig den Kopf und schwieg – für eine Sekunde. »Der Kerl vorhin hat wahrscheinlich irgendeinen Filmstar mit so einer Mütze gesehen und äfft ihn nun nach. Obwohl man bedenken muss – dieser arme Wicht besitzt bloß eine Rostlaube von Kleinlaster, während der Filmstar für die Arbeit von zwei Monaten zehn Millionen Dollar einsackt. Wahrscheinlich könnte der nicht mal einen Strandball fangen, wenn ich ihm einen zuwürfe. Zehn Millionen – so viel Geld ist keiner wert, nicht, solange ein Schwerstarbeiter kaum genug verdient, um sich und seine Familie über Wasser zu halten. Unser soziales System gerät aus den Fugen. Die Reichen werden immer reicher, und die Armen …«

Für ebensolche Momente hatte ich auf Matt gesetzt, gehofft, dass er einspringen und Dad von seinem Lieblingsthema abbringen würde, bevor es zu spät wäre. Und nun war es schon fast zu spät. Dads Vortragstourneewagen »Das Blutende Herz GmbH« hatte bereits Fahrt aufgenommen. Um ihn jetzt noch zu stoppen, würde es einer massiven Intervention bedürfen. Matt! Ich hätte ihm gern einen mahnenden Blick zugeworfen. Wir befanden uns jedoch gerade auf einer Strecke mit Bauarbeiten, die meine besondere Aufmerksamkeit erforderte; ich durfte die Augen nicht von der Straße wenden. Was war nur mit Matt los!? Warum nur kam er seiner Pflicht nicht nach!?

»Mike! Du hast nur eine Hand am Steuer!«

Nun auch noch Moms Nörgeleien!

»Was, zum Teufel, machst du mit der anderen Hand?«, stöhnte sie. »Spielst du mit ihr etwa Gitarre? Oder was? Gott schütze und behüte uns.«

»Das ist keine Gitarre«, gab ich zurück, »sondern nur ein kleines fünfsaitiges Holzinstrument, das ich mir beim Autofahren um den Bauch binde, damit ich meine Banjowirbel üben kann.«

Dad kicherte. »Auf so eine Idee kann wirklich nur Mike kommen – einen Van mit der kostbaren Fracht von Vater und Mutter fahren und dabei eine Gitarre zupfen, die keinen Ton von sich gibt!«

»Es ist keine Gitarre!«, wiederholte ich. »Und das Ding soll auch keine Musik machen. Es ist bloß für Fingerübungen da!«

»Lass die dumme Fragerei, Jack!«, schrie Mom. »Jetzt redet er auch noch, während er den Wagen lenkt und Gitarre spielt. *Und* wir befinden uns auf der gottverdammten Autobahn! Fahr langsamer, Mike! Das halte ich einfach nicht aus.«

Was, zum Teufel, war mit Matt? Ich nahm allen Mut zusammen und warf einen raschen Blick nach rechts. Matt schaute aus dem Seitenfenster. Einen iPod in der Rechten, Kopfhörer im Ohr. Mein Kopilot hatte mich im Stich gelassen.

»He, Mike!«

Dad.

»Erinnerst du dich noch an euren Umzug nach Phoenix? Wie Cathy und du mit eurer ganzen Garderobe und all euren Hochzeitsgeschenken in diesem winzigen Auto eingepfercht wart? Ein Jammer, dass ihr für die lange Strecke damals nicht so einen Omnibus wie diesen Rambler hattet ...«

»Wie geht's Cathy?«, unterbrach Mom Dad mit immer noch vor Angst bebender Stimme.

»Bestens. Ich habe heute Morgen mit ihr telefoniert. Sie wäre ja so gern mitgekommen, hielt es aber für besser, während des letzten Schwangerschaftsmonats in Megans Nähe zu sein.«

»Megan leistet einen wichtigen gesellschaftlichen Beitrag«, erklärte Dad. »Während des Zweiten Weltkriegs gab es da eine schöne Geschichte in der Navy. Ein Soldat ersuchte den diensthabenden Offizier um Urlaub, weil seine Frau ein Baby kriegte. Der Antrag wurde mit der Begründung abgelehnt: ›Sie sind ja dort gewesen, um das Schiff auf Kiel zu legen, da müssen Sie nicht auch noch dabei sein, wenn es vom Stapel gelassen wird!‹ Kapiert, Leute! Neue Schiffe. Marinejargon!«

»Du hättest aber dabei sein sollen«, erklärte Mom ernst, während sie einen Blick aus dem Fenster warf. »Die erste Geburt ist besonders schwer. Da hat eine Frau doch noch keine Ahnung, was auf sie zukommt.«

Meine Eltern hatten achtundvierzig Stunden nach Bekanntgabe ihrer Verlobung mit allem Drum und Dran kirchlich geheiratet. Ihnen standen also nur zwei Tage zur Verfügung, um die Eheringe zu kaufen, die Hochzeitsparty zu organisieren, Hochzeitskleid und -anzug zu beschaffen, die Einladungen zu verschicken, Blumen zu bestellen, einen Pfarrer und eine Kirche für die Eheschließung zu finden, den Hochzeitskuchen zu besorgen und einen Empfang für hundertfünfzig Leute vorzubereiten. Es war im Sommer 1943. Das Schiff der Kriegsmarine, auf dem mein Vater diente, sollte binnen einer Woche in New York auslaufen. Warum mit der Hochzeit warten?

Es war vor allem meine Mutter, die es eilig gehabt hatte, und dafür gab es eine bestimmte Ursache. Aus bruchstückhaften Informationen hatte ich mir über die Jahre eine ungefähre Vorstellung von Moms dunkleren Beweggründen für die überstürzte Heirat machen können. In Moms Elternhaus stimmte etwas nicht. Es hatte mit ihrem Vater – George – zu tun. Von ihm hat sie nie erzählt. Jedenfalls nicht uns Kindern.

Aber ein guter Spion kriegt trotzdem allerhand heraus.

Spätabends. Kein Licht mehr im Kinderschlafzimmer. Stille. Da sind meine Brüder und ich wie tapfere Soldaten, die ihr Leben riskierten, wenn sie über die Feindlinien schlichen, um den Gegner auszukundschaften, aus den Betten gekrochen. Wir huschten über den Flur des ersten Stocks zum Treppengeländer. Stets auf

Eine Hochzeit in Kriegszeiten (Juli 1943).

der Hut vor dem Minenfeld knarrender Holzdielen, die uns hätten verraten können, bis wir durch die schmalen Schlitze des Geländers jenen Wohnzimmerteil unten im Blick hatten, in dem unsere Eltern nachts manchmal saßen und über Dinge sprachen, von denen wir nichts erfahren sollten.

Beispielsweise über George.

Es bereitete uns spionierenden Kindern Mühe, den ehelichen Sprachcode der Eltern zu knacken. Einige Ausdrücke waren jedoch eindeutig. Etwa das Wort »grausam«. Eines Abends sahen wir uns einer besonders gefährlichen Mission gegenüber. Die Eltern hatten ein Riesentrara gemacht, damit wir früh zu Bett gingen und sie allein sein konnten. Folglich musste etwas im Busch sein. Also krochen wir zu unserem Vorposten und vernahmen etwas Ungeheuerliches: George war tot. Moms Stimme war zittrig und undeutlich. Trotzdem bekamen wir das eine oder andere mit. Fetzen wie, dass »meine Mutter nun keine Bleibe mehr« habe; »George und seine Leidenschaft für Pferderennen«; »Geld vom Bankkonto verschwunden«. Wir zogen uns in unser Basislager zurück, kletterten in unsere Betten und konnten nicht einschlafen. Wie reimte sich das alles zusammen?

Wenige Wochen später fuhr Vater mit uns nach Chicago zum Bahnhof. Wir blieben im Wagen sitzen. Dad wartete auf dem Bürgersteig vor dem Bahnhofseingang, aus dem dann ziemlich viele Menschen strömten. Ganz zum Schluss, allein, eine Frau mit schlohweißem Haar in einem blauen, geblümten Kleid. Sie hatte nur einen kleinen Koffer bei sich. Mein Dad nahm sie in die Arme. Sie weinte. Als Dad auf seinen Wagen deutete, schaute sie in unsere Richtung und lächelte: unsere Großmutter. An jenem Tag ist sie bei uns eingezogen und fünfundzwanzig Jahre geblieben.

»Sakra, so einen Helm hätte ich auch gern, aber voll mit Münzen«, witzelte Dad, als er unter der riesigen Baseballkappe der Los Angeles Dodgers hervorlugte, die Brendan ihm über den Kopf gestülpt hatte. »Hast du vielleicht einen Schädel. Welche Hutgröße?«

»Acht, glaube ich.« Brendan nahm die Mütze wieder an sich und setzte sie sich selbst – verkehrt herum – auf.

»Jetzt auch noch du«, seufzte Dad. »Wie kannst du mir das nur antun?«

Unsere beiden Wohnwagen standen Seite an Seite auf freiem Wüstengelände irgendwo im südlichen Arizona. Wir hatten die Autobahn verlassen und saßen im Holiday Rambler zu einem späten Mittagessen beisammen.

Margaret Hattersley wird von ihren drei Enkelsöhnen Mike, Jack und Tim willkommen geheißen.

»Große Köpfe«, warf ich ein, »sind ein Spezifikum der Leonards!«

»Große Köpfe, aber ohne Hirn und Verstand«, lästerte Mom. »Das heißt, mit Ausnahme von Kevin. Wo hat Kevin bloß seinen Grips her?«

»He, Mike«, rief Dad, »kannst du dich noch an deinen ersten richtigen Unfall erinnern? Als du dich am Kopf verletzt hast? An der Glaskante einer Ladentheke, genau an dem Tag, als mein Vater zu Besuch von New Jersey gekommen war. Mein Gott, kriegte der einen Schreck. Du warst ungefähr zwei Jahre alt und hast fürchterlich geblutet. Er hat gezittert wie Espenlaub, dich aber sofort hochgehoben und umsorgt. Ein herzensguter, lieber Kerl. Es war in Marshall Field's Geschäft, wo es passiert ist, oder, Marge?«

»Nein. In Weiboldt's. Wir wollten dort ...«

Dad sprang auf. Bei der Erinnerung war ihm plötzlich ein weiteres lang verschüttetes Lied eingefallen. Er begann zu singen:

»Oh, I used to work in Chicago, at the Field's Department Store,
I used to work in Chicago, I did but I don't anymore.
A lady came in for some garters, I asked her what kind she wore,
»Rubber« she said, and rubber I did, I don't work there anymore.«

Der Wohnwagen kam ins Schaukeln, weil wir uns vor Lachen bogen.

»Woher kennst du solche Songs?«, stieß Margarita ganz atemlos hervor.

»Weiß ich auch nicht«, entgegnete Dad und nahm wieder auf seinem bequemen Stuhl Platz. »Es sind Lieder meiner Kindheit und Jugendzeit. Ich bin in einem musikalischen Haushalt aufgewachsen. Mein Onkel Johnny – Johnny Smith, der Bruder meiner Mutter – hat lange Zeit bei uns gewohnt; er hat gesungen und getanzt, die Fiedel gespielt und die irische Blechflöte. Er konnte einfach alles. War obendrein bärenstark. Mein Gott, konnte Onkel Johnny kämpfen. Kam aus Irland, aus Cavan. Ein Fußballer. Hatte früher in der irischen Nationalelf gespielt. Ein Schrank von einem Kerl. Hat immer die typisch irischen weißen Rollkragenpullover getragen. Gelocktes schwarzes Haar, ein blendend aussehendes Mannsbild. Als Kind habe ich ihn vergöttert. Eines schönen Tages ist mein Vater nach Hause gekommen, nachdem er in der Kneipe einen über den Durst getrunken hatte. Dort musste ihm irgendwer übel mitgespielt haben, er hatte nämlich eine blutige Nase und war ziemlich benommen. Wir saßen schon beim Abendessen, als er hereinkam. Meiner Mutter wurde bei seinem Anblick angst und bange. Ich war damals ungefähr zehn. Johnny saß meiner älteren Schwester gegenüber. Hat kein Wort gesagt, einfach nur weitergemampft, sich ein paar Minuten später entschuldigt, ist aufgestanden, hat seine Mütze aufgesetzt und sich auf den Weg zur Haustür gemacht. ›Johnny‹, hat meine Mutter gesagt, ›wo willst du denn hin?‹ ›Nur 'n bisschen vor die Tür, frische Luft schnappen, Annie‹, hat Onkel Johnny erwidert. Später hab ich dann erfahren, dass er zu der besagten Kneipe gegangen ist und dort aufgeräumt hat.«

»War dein Vater ein starker Trinker?«, erkundigte sich Matt.

»Nein, eigentlich nicht. Jedenfalls hat er deswegen nie seine Stelle verloren. Ist morgens auch immer gleich aus den Federn gekommen und nur hin und wieder auf Sauftour gegangen. Was meiner Mutter jedes Mal viel Kummer machte. Sie hatte Angst, dass seine Chefs es mitkriegen und ihn vor die Tür setzen könnten. Ich fand es unerträglich, sie so leiden zu sehen, und hab ihr deshalb versprochen, nie zu trinken. Hab ich ja auch nicht. Es waren harte Zeiten damals und sichere Stellen nicht leicht zu finden. Mein Vater hat für eine Telefongesellschaft gearbeitet, zuerst beim Ausheben von Gräben für die Leitungen, am Ende als Vorarbeiter. Musste richtig schuften. Und zuverlässig war er. Außerdem klug. Obwohl er nicht mal einen ordentlichen Schulabschluss hatte.«

Dad biss in sein Schinkensandwich. Ich hatte die Tür des Wohnwagens offen gelassen. Ein lauer Wüstenwind wehte herein. Aus der Ferne war das gedämpfte Geräusch von Autobahnverkehr zu hören.

»Neunzehn Jahre alt ist mein Vater gewesen, als er mit dem Schiff nach Amerika kam – ein Bauernbub aus der Grafschaft Sligo, mit lediglich zehn Dollar im Säckel, auf dem untersten Deck eines elenden Kahns mit einem Haufen anderer Kids, die genau so verängstigt, einsam und allein waren wie er. Sechs Tage hat die Schiffsreise gedauert. Er ist kein einziges Mal nach oben gekommen. Hat das offene Meer, den Atlantik, gar nicht zu sehen bekommen. Eine üble Geschichte. Aber in Irland gab es keine Arbeit. Junge Menschen hatten dort keine Zukunft. Und nun stell dir mal vor, Mike, wie du reagieren würdest, wenn Brendan dich in ein paar Monaten verlassen müsste und du wüsstest genau, dass du ihn nie wiedersiehst. Wie wäre dir zumute, wenn Brendan mit seinem fast kindlich weichen Gesicht, seinen Locken und seinen noch zarten Händen zum letzten Mal vor dir stünde, und dann bliebe dir von ihm nichts als die Erinnerung? Die Fotografie war damals noch nicht erfunden, und für Ölporträts hatten arme Leute kein Geld. Wie hätten sie da einen Maler bezahlen sollen?«

Dad wandte sich an Brendan, seinen jüngsten Enkelsohn. »Und nun stell du dir einmal vor, wie irischen Jungs deines Alters zumute gewesen sein muss, wenn sie Familie und Heimat den

Tom Leonard als junger Mann.

Rücken kehrten. Warum, glaubst du wohl, sind die meisten irischen Lieder so traurig? All diese Lieder wie ›Danny Boy‹ oder ›Galway Bay‹? Mein Vater war ein Teenager wie du, als er die kleine Pachtfarm seiner Eltern in Tubbercarry verließ. Ihm war völlig klar, dass er seine Mutter und seinen Vater nie wieder sehen würde. Es ist mir unbegreiflich, wie er so etwas auf sich nehmen konnte. Ich hätte es jedenfalls nicht verkraftet. Auch meine Mutter hat es geschafft und gab als blutjunges Mädchen ihre irische Heimat in der Grafschaft Cavan auf. Meinen Vater hat sie erst in Amerika kennen gelernt.«

»Kevin hat mir kürzlich die Liste mit den Namen der Passagiere des Schiffs gezeigt, mit dem dein Vater nach Amerika gekommen ist«, sagte ich. Mein jüngster Bruder arbeitet als Archivar an der Northwestern University und widmet sich der Erforschung unserer Familiengeschichte. »Er hat mir berichtet, dass man über die Website von Ellis Island inzwischen sämtliche Details herausfinden kann. Man braucht nur den Namen der betreffenden Person und das ungefähre Datum ihrer Ankunft in den Vereinigten Staaten einzugeben, und schon hat man den Namen des Schiffs mit allen technischen Angaben, die Liste der Passagiere, ihr Alter, wie viel Geld sie bei sich hatten und so weiter. Dein Vater Tom Leonard«, erklärte ich meinem Dad, »ist mit siebzehnhundert anderen Passagieren von der *Oceanic* aus Irland hier an Land gegangen. Was mich erschüttert, ist ihr Alter – ein Frank Gaffney war achtzehn Jahre alt; eine Annie Farrell erst fünfzehn; Frank Mulcahy zwanzig. Sie waren nicht einmal mündig, als sie ihre Heimat verließen.«

»He, Moose, und was ist mit deiner Familie? Ist sie auf ähnliche Weise nach Amerika gekommen?«, fragte Brendan.

»Ja. Meine Großeltern«, antwortete Mom. »Meine Oma hieß Bridget, ihr Mädchenname war O'Halloran. Sie kam aus der irischen Grafschaft Cork und heiratete auch erst in Amerika, einen Mann aus der irischen Grafschaft Roscommon – Martin Curley, Eigentümer und Wirt der Kneipe Curley's Tavern. Meine Mutter Margaret war eine geborene Curley, zu einer Hattersley ist sie erst durch die Heirat geworden.«

Mom trank einen Schluck aus ihrer Mineralwasserflasche, schaute aus dem Fenster und schwieg – lange genug, um Dad Gelegenheit zu einer Bemerkung zu geben.

»Deine Mutter war eine Seele von Mensch. Der beste Mensch

auf Erden. Hat nie gejammert oder geklagt. Und sie war eine so schöne Frau.«

»Was war eigentlich mit deinem Vater, meinem Urgroßopa«, wollte Brendan von Mom wissen. »Von dem sprichst du nie. Wie hieß er gleich noch?«

»George«, erwiderte meine Mutter, ohne ihren Blick vom Fenster zu wenden. »Kam aus England.« Und sagte kein weiteres Wort.

»Dann wollen wir mal!«, rief ich. »Bis La Cruces ist es schließlich noch ein langer Weg.«

Unsere kleine Wohnwagenkarawane bog in Richtung der Berge New Mexicos auf die Autobahn. Mir ging immer wieder ein Name durch den Kopf. Bridget O'Halloran. Ich wusste kam etwas über meine Urgroßmutter, die im Alter von vierzig Jahren in New Jersey gestorben war. Ihre Tochter, also meine Oma, ist zu uns gezogen, als ich sechs Jahre alt war. Dad hatte völlig Recht: Sie war die Güte in Person, war nie schlecht gelaunt und hatte einen wunderbaren Sinn für Humor – eine Eigenschaft, die im Haus der verrückten Leonards überlebenswichtig war.

Kevin, mein jüngster Bruder, kam zwei Monate zu früh zur Welt. Man glaubte nicht, dass er lang am Leben bliebe. Er war ein kränkliches Kind. Meine Eltern hatten mit uns drei älteren Jungs mehr als genug am Hals. So wurde Kevin Omas Bub. Sie hat ihn durch eine schwierige Kindheit gelotst. War immer für ihn da, hat ihm vorgelesen, mit ihm geredet, ihn vor uns beschützt, wenn wir es zu toll trieben. Darum ist Kevin so gescheit und bekam in der Schule so gute Noten. Während meine zwei anderen Brüder und ich im Badezimmer auf Stühle kletterten, Wasser in die Kloschüssel gossen und wetteiferten, wer die Würgelaute eines sich übergebenden Kindes am besten nachahmen konnte, saß Kevin einen Stock höher bei unserer Großmutter und las mit ihr zusammen Grimms Märchen.

Im fortgeschrittenen Alter hat Oma gelegentlich ein Gläschen zu viel getrunken, so dass ihr manchmal schwindlig wurde. Es war an einem Sommerabend, als ich – dreizehnjährig – zufällig aus dem Küchenfenster schaute und sie im Hinterhof unseres Hauses am Boden liegen sah. Sie hatte dort Ordnung machen wollen, war gestürzt, versuchte sich mehrmals aufzurappeln und fiel immer wieder hin. Meine Eltern waren nicht zu Hause. Ich bin nach draußen gerannt, um Oma zu helfen. Sie war so betrunken, dass sie nicht einmal mit meiner Hilfe zu gehen vermochte. Ihr Zimmer lag im zweiten Stock. Ich war klein für mein Alter und mit ihr allein. Wir haben uns über den Hof geschleppt, durch die kleine Küche, den Hausflur, die erste und dann die nächste Treppe hinauf. Die Stufen zu ihrem Zimmer waren aber sehr steil und der Treppengang äußerst schmal, so dass es mir große Mühe bereitete, sie auch nur zu stützen und zu verhindern, dass wir nicht beide stürzten. Während der ganzen Zeit hat meine Oma kein einziges Wort gesprochen. Da sie ihren Kopf in meine Armbeuge gelegt hatte, konnte ich jedoch nicht umhin, ihr Gesicht zu sehen und ihre tieftraurige Miene zu bemerken – Trauer darüber, dass sie sich in einem solchen Zustand befand; Trauer darüber, mir zur Last zu fallen; und noch etwas, das ich aber nicht deuten konnte. Als sie endlich im Bett lag, hat sie mich angeschaut und ganz leise gesagt: »Ich hatte ein schweres Leben.«

Meine Großmutter und ich.

Meine Oma hat bis zu ihrem Tod im Alter von sechsundachtzig Jahren bei meinen Eltern gewohnt. Ich besitze Filme, auf denen sie nur wenige Tage vor

Matts Geburt über Cathys dicken Bauch streichelt. Solche Szenen zu filmen, dann die lohnenden Sequenzen zusammenzuschneiden und mit Musik zu unterlegen – das war meine einzige Gelegenheit zu schöpferischer Tätigkeit während meiner ersten Berufsjahre mit ziemlich miesen und schlecht bezahlten Jobs; die einzige Möglichkeit auch, die wie im Flug vergehende Zeit aufzuhalten und einzufangen. Es war allerdings ein sehr kostspieliges Hobby. Um gute Filme machen zu können, bedurfte es einer teuren Kamera mit Projektor. Zehn Monate vor meiner Hochzeit mit Cathy habe ich für eine fantastische Acht-Millimeter-Kamera, das bevorzugte Format vor der Durchsetzung des Videotape, mein Bankkonto geplündert. Und die Filmrollen mit dreieinhalb Minuten Laufzeit waren eine nicht minder teure Angelegenheit, so wie es schließlich auch noch eine Menge Geld kostete, die Filme in einem Fotolabor entwickeln zu lassen. Über dieses Thema ist es des Öfteren zu ehelichen Meinungsverschiedenheiten gekommen.

Während dieser ersten acht Ehejahre musste ich laufend die Stelle wechseln, damit wir ein Dach über dem Kopf hatten. Unsere ersten drei Kinder waren rasch nacheinander zur Welt gekommen, so dass Cathy sich daheim voll und ganz auf den Nachwuchs zu konzentrieren hatte und ich Alleinverdiener war. Das Filmemachen habe ich darüber jedoch nie vernachlässigt. Ich spürte einen inneren Drang zu filmen – das erste Bad unseres ersten Kindes, das erste Essen fester Nahrung, die ersten Gehversuche. All die Momente, die nicht einfach so verschwinden durften, wurden auf Filme gebannt – auf Filme, die wir uns eigentlich gar nicht leisten konnten, zumal mit dem Heranwachsen der Kinder die Vielfalt der Themen wuchs, die festzuhalten sich lohnte, weil sie unser einfaches, aber glückliches Leben verewigten. Einer dieser Filme hat mir Ende der 1970er Jahre die erste Anstellung im Fernsehen verschafft. Hier muss ich jedoch zunächst auf meine Urgroßmutter Bridget O'Halloran zurückkommen.

Mike und Cathy ziehen nach Phoenix um. Bald kommt Nachwuchs.

In meiner Collegezeit hatte ich während der Semesterferien einen Job bei einer Baufirma angenommen, die Arbeiten am Lake Shore Drive in Chicago durchführte. Meine Eltern waren kurz zuvor nach Arizona gezogen, weshalb ich mich für diese Zeit in einem JMCA-Heim nicht weit von Cathys Elternhaus einmietete – mit einem Zimmer ohne Telefonanschluss, ohne Waschbecken, ohne WC, doch das war mir egal, weil die wöchentliche Miete nur vierzehn Dollar betrug, so dass ich das Geld für einen Verlobungsring sparen konnte. Ich hatte geplant, bis zum letzten Ferienwochenende durchzuarbeiten, den Lohnscheck am Freitagabend aufs Konto einzuzahlen, Cathy am Sonntag einen Heiratsantrag zu machen und am Montag in aller Frühe zu meinem College im Osten zurückzukehren. Tausend Dollar hatte ich am Ende der Semesterferien auf der Bank. Achthundert Dollar waren für den Verlobungsring eingeplant.

Am Abend des letzten Arbeitstags habe ich aus einer Telefonzelle des JMCA-Heims meine Eltern angerufen und ihnen mitgeteilt, dass ich am Nachmittag des nächsten Tages den Verlobungsring kaufen und am Sonntag um Cathys Hand anhalten wolle. Während des Telefonats gab Dad den Hörer plötzlich an meine Oma weiter, und was die mir dann sagte, kam wie ein Blitz aus heiterem Himmel: Für ebendiesen Moment und Zweck habe sie den Ring ihrer Mutter aufbewahrt. Ich war sprachlos. Da hatte ich den ganzen Sommer über geschuftet, nur um das Geld für den Verlobungsring zusammenzubringen, und nun wollte Oma mir einen Ring *schenken* – den Ring ihrer Mutter. Den Ring von Bridget O'Halloran aus der irischen Grafschaft Cork. Als mein Vater den Hörer wieder übernahm, habe ich ihm gesagt, wie dankbar ich für dieses Angebot von Oma sei – und ihm anschließend mein Problem erläutert.

Es war Freitagabend, Sonntag wollte ich um Cathys Hand anhalten, am Montagmorgen gleich zurück zum College – wie könnte Bridget O'Hallorans Ring da rechtzeitig in meine Hände gelangen? (Den Federal-Express-Dienst gab es damals noch nicht.) Mein Dad hat kurz nachgedacht und gemeint, ihm würde zur Lösung dieses Problems schon etwas einfallen, ich möge doch bitte Samstagfrüh in der Nähe eines Telefons bleiben. Am nächsten Morgen hat er angerufen und mich gebeten, mich nachmittags am O'Hare-Flughafen einzufinden, dort werde um sechzehn Uhr eine Maschine aus Phoenix landen. Ich solle in der Ankunftshalle warten, dort werde mir der Ring übergeben.

So etwas wäre heutzutage undenkbar: Mein Dad ist mit Bridget O'Hallorans Ring in Phoenix zum Sky Harbour Airport gefahren. Es gab damals noch keine Checkpoints mit Sicherheitskontrollen. Also hat er sich einfach in die Abfluglounge für eine Maschine nach Chicago begeben und gewartet, bis die Flughostessen erschienen, hat eine von ihnen angesprochen und gebeten: »Könnten Sie meinem Sohn bitte diesen Ring überbringen?« Als sie sich dazu bereit erklärte, hat Dad ihr den Diamantring in die Hand gedrückt, ihr erklärt, dass ich in der Ankunftshalle in Chicago warte, und ist gegangen – ohne sich vorher nach dem Namen der Dame zu erkundigen.

Das Flugzeug ist planmäßig gelandet. Die ankommenden Passagiere haben sich in alle Winde zerstreut. Ich stand mutterseelenallein im Flughafen.

Da spähte plötzlich eine Hostess von der Flugzeugbrücke, kam langsam auf mich zu und sagte: »Sie müssen der junge Mann sein.« Als ich nickte, zog sie eine zusammengefaltete Serviette aus der Tasche, nahm den darin liegenden Ring heraus, legte ihn in meine Hand, umarmte mich, wünschte mir ein »glückliches Leben« und verschwand.

Ein blutjunges irisches Mädchen, dessen einziger Besitz ein Diamantring gewesen war, hatte im Vertrauen auf das Schicksal ein Schiff bestiegen, um auf einer langen Seereise in ein unbekanntes Land auszuwandern. Dank des Vertrauens meines Vaters in eine ihm völlig unbekannte Frau ist dieser Ring dann drei Generationen später quasi durch ganz Amerika in die richtigen Hände gelangt. Einen Tag später habe ich den Diamantring einem hübschen Mädchen zur Verlobung geschenkt, das auf mein Versprechen baute, ich würde es im Leben zu etwas bringen. Nach acht Jahren mühsamen Kämpfens habe ich tatsächlich meinen Platz in der Welt gefunden, indem ich dem Direktor der Abteilung für Aktuelles in einer Fernsehanstalt Filme vorführte, die ich mit einer am Wochenende meiner Verlobung in Chicago erstandenen Kamera aufgenommen hatte. Diese Filmkamera kostete genau achthundert Dollar – und ich habe sie mit jenen achthundert Dollar bezahlt, die dank der Tatsache, dass meine Oma mir Bridget O'Hallorans Ring schenkte, auf meinem Bankkonto verblieben waren.

4

»Wo, zum Teufel, steckt er bloß!?«

Die Wohnwagenreihen auf dem Platz der Campgrounds of America (KOA) in Las Cruces, New Mexico, lagen im strahlenden Morgensonnenschein. Ich brummelte verärgert vor mich hin, während mein Blick durch die Windschutzscheibe nach Dad suchte. Er wusste doch, dass wir früh aufbrechen wollten, um die verlorene Zeit wettzumachen! Also musste ihn ein unstillbares Verlangen nach einem neuen Gesprächsopfer überkommen haben. Ich hatte so etwas schon befürchtet, nachdem ihn unsere spätabendliche Ankunft in Las Cruces um seine Hauptprogrammzeit für die persönliche Talkshow gebracht hatte. Er musste gleich bei Anbruch der Morgendämmerung auf Pirsch gegangen sein. »Er hat bestimmt jemanden am Schlafittchen! Irgendeinen naiven Deppen, der wahrscheinlich noch immer nicht schnallt, wem er da in die Fänge geraten ist!«, schimpfte Mom. Sie hielt durch das Seitenfenster unseres Holiday Rambler Ausschau nach Dad. »Es ist zum Verrücktwerden! Drück auf die Hupe!«

»Ich will die anderen Camper nicht wecken«, wehrte ich ab, »und außerdem ... He, Moment mal, da ist er ja, drüben, zwischen den beiden Wohnwagen, dort, neben diesem Kerl, dem er gerade die Hand auf den Arm legt. Herrje, von dem lässt er so schnell nicht wieder ab.«

»Das ist ja krankhaft!«, rief Mom aus. Sie stürmte an mir vorbei, um sich mit ihrem ganzen Gewicht aufs Lenkrad zu lehnen.

Die Morgenstille wurde durch ein anhaltendes, nebelhornartiges tiefes Tuten durchbrochen. Dads Kopf fuhr herum, in unsere

Richtung ... dann zurück zu dem neben ihm stehenden Mann ... und wieder zu uns. Seine Körpersprache drückte eine Mischung von Angst und Verlangen aus: Angst, die ihn veranlasste, mit fahrigem Händewinken vom total verdutzten Gegenüber Abschied zu nehmen und ein paar Schritte zu uns hin zu tun; Mitteilungsbedürfnis, das ihn wie angewurzelt stehen bleiben und zum neuerlichen Angriff auf den hilflosen Camper Stellung beziehen ließ. Dad schwebte drei bis vier Sekunden zwischen den gegenläufigen Bewegungen.

»Nein, er ist noch nicht so weit«, stöhnte Mom, »noch lange nicht. Er fängt gleich wieder an! Sieh nur!«

Und tatsächlich. Dad stürzte sich erneut auf sein Opfer. Wir hatten es tausende Male erlebt. Es macht uns schier wahnsinnig. Nicht dass er dummes Zeug oder Schwachsinn redet – wenn man ihn von seinem Lieblingsthema der unverdienten Demütigungen und Schicksalsschläge des kleinen Mannes ablenken kann, hat er sogar wirklich interessante Dinge zu berichten. Nein, das Problem ist ein anderes: Wenn er erst einmal loslegt, kann er einfach nicht mehr aufhören. Er redet ... und redet ... und redet. Sobald er einen Zuhörer gefunden hat, kommt er von ihm nicht wieder los.

»Donnerlittchen!«, stieß Mom hervor und schlug die Hände über dem Kopf zusammen. »Dann soll er doch hier bleiben! Losfahren! Er kann ja per Anhalter nachkommen.«

Am Ende ist es doch noch gelungen, Dad loszueisen und zum Holiday Rambler abzuführen. Es war allerdings fast elf Uhr, als wir vom Campingplatz rollten, und dann steuerten wir erst mal auf ein bombastisch ausgeschildertes Wal-Mart-Einkaufszentrum an der gegenüberliegenden Seite der Autobahn zu. Wegen des Unfalls mit dem Winnebago hatten wir am Vortag in Arizona keine Zeit gefunden, unsere Vorräte aufzustocken. Es schien daher geboten, die Gelegenheit zu nutzen und das Versäumte nachzuholen. Damit war Dad freilich gar nicht einverstanden.

»Da bringen mich keine zehn Pferde rein!«

Trotzig, kratzbürstig, die Arme über der Brust gekreuzt, saß er im Holiday Rambler vorn in seinem Drehsessel. Auf einer Seite standen ihm die Haare wild vom Kopf ab. Er hatte den Kamm verloren. Bei Mal-Wart gab's Kämme zu kaufen. Doch ich konnte mit Engelszungen reden – nein, er war nicht bereit, auch nur die Kleinigkeit eines Kamms bei Wal-Mart zu erwerben.

»Die großen Konzerne«, verkündete er, »reißen sich die Welt unter den Nagel. Sie fressen die kleinen Familiengeschäfte auf.«

»Es geht aber doch bloß um einen Kamm«, hielt ich dagegen.

»Es geht ums Prinzip!«, konterte Dad. »*Mein* Geld kriegen *die* jedenfalls nicht.«

»Heiliger Strohsack!«, entfuhr es mir. »Meinst du etwa, dass die Wal-Mart-Aktie an der Börse abstürzen wird, nur weil du dich weigerst, dort sechzig Cent für einen Kamm auszugeben!?«

»Das hat überhaupt nichts miteinander zu tun«, dozierte Dad. »Beim Aktienhandel dominieren Insidergeschäfte. Die Reichen kriegen doch ihre Geheiminformationen. Darum bringt's der einfache Mann auf den Börsenmärkten ja zu nichts. Das müsste eigentlich ...«

»War doch nur ein Scherz!«, seufzte ich. »Hör zu, ich muss los, 's gibt schließlich eine ganze Menge Zeugs zu besorgen. In einer halben Stunde bin ich zurück.«

»Mach dir um mich keine Sorgen«, meinte Dad selbstgefällig. »Ich komme schon allein zurecht. Aber hör mal, Mike – wenn du sowieso hingehst, könntest du mir da nicht vielleicht einen Schokoriegel mitbringen, ja?«

Wir hatten uns für den zweiten Reisetag wiederum eine lange Strecke vorgenommen und auf Pausen für Besichtigungen verzichtet, auch weil die vor uns liegende Region weitgehend unbesiedelt war. Ob unsere Zeitrechnung aufgehen würde, hing einzig von einer unbekannten Größe ab, nämlich von Mom. Auf ihr Verhalten während der Fahrt durch das gebirgige New Mexico hatte keiner von uns vorher eine Wette abzugeben gewagt. Zu unser aller Erstaunen blieb sie dann jedoch ausgesprochen ruhig – ein Sieg des Geistes über die Physis, meinten einige; andere äußerten die leise Vermutung, es sei wohl eher der Einfluss des Weins, dank dessen der Geist hier über die Materie triumphiere. Sei's drum, Mom hielt jedenfalls den größten Teil des Tages über still – den Kopf zwischen den Händen, die Augen auf die Turnschuhe gerichtet –, in der Position eines seitlich gekippten Us.

Der Ausblick auf die Berge war von atemberaubender Schönheit, doch Mom schaute nicht hin, und Dad schien von ihnen seltsam unbeeindruckt. Seine laue Reaktion auf die hinreißende Landschaft war mir ein Rätsel. Meine Eltern hatten diese Gegend Amerikas noch nie gesehen, weshalb ich von beiden, insbesondere von Dad, ein lebhafteres Echo erwartet hätte. Richtig munter ist Dad erst wieder geworden, als wir die Außenbezirke von El Paso erreichten. Da hat er sich um einer besseren Sicht willen fast den Hals verrenkt. Und was war's, das da auf einmal sein Interesse weckte? Der Anblick eines exzeptionell schönen Stücks Natur oder eines alten, geschichtlich bedeutsamen Forts? Ein hoch in den Lüften schwebender Adler? Nichts dergleichen!

»He, Marge ... Schau mal: *Office Depot*!«

»Wo denn?« Plötzlich schien auch meine Mutter von der Szenerie gar nicht genug bekommen zu können. »O ja. Einfach fantastisch!«

Seit der Abreise in Phoenix hatten wir eine Wüste während ihrer Blüte erlebt; Gebirgszüge, die einem geradezu Ehrfurcht einflößten; einen wundervollen Regenbogen, einen traumhaften Sonnenuntergang ... und all das hatte meinen Eltern nicht die geringste Begeisterung zu entlocken vermocht. Dann taucht irgendein mickriges Schild *Office Depot* im Blickfeld auf, und meine Eltern kriegen sich überhaupt nicht mehr ein – ganz so, als ob sie Elvis und Jackie Onassis Händchen haltend über die Nordkante des Grand Canyons hüpfen gesehen hätten. Es war absurd.

»Jack! Schnell, dort, auf der rechten Seite, sieh mal ... *Pottery Barn*!«

»Ich kann's nicht sehen, Marge ... Aaah, doch, jetzt seh ich's auch ... Mein Gott, wie großartig! Und schau mal, da, ein bisschen weiter unten ... kannst du's erkennen? *Food Lion*!«

»Mist!«, rief Mom. »Das hab ich verpasst!«

Linens, N'Things, Costco, White Hen, Radio Shack – ja sogar *Burger King* lösten im Holiday Rambler helle Begeisterung aus. Sie hielt an, solange wir durch die Vororte von El Paso fuhren, wo sich Filialladen an Filialladen reihte. Als die letzte Kettenboutique aus dem Gesichtsfeld verschwand und wir entlang einer nun wirklich betörend schönen Umgebung in östlicher Richtung über den Highway 10 rauschten, verebbte die erregte Anteilnahme unserer Senioren. Ihre euphorische Stimmung setzte erst wieder ein, als sie in der Nähe des texanischen Kleinstädtchens Van Horn eine Reklametafel der *Pizza-Hut*-Kette entdeckten, und fiel sofort wieder in sich zusammen, als die Landschaft neuerlich richtig schön wurde.

Waren meine Eltern etwa schon immer so gewesen? Eine Frage, die mich zu quälen begann. Doch mit wem hätte ich mich darüber unterhalten können? Mein Sohn und Kopilot Matt war zu jung, um über entsprechende Hintergrundkenntnisse zu verfügen, und hätte meine Frage vermutlich nicht einmal begriffen. Und was die überwältigende Fremdartigkeit der uns hier umgebenden Natur betraf, so hatte er selbst sich in den Mutterbauch seines iPod zurückgezogen. Nein, mit diesem Problemkomplex musste ich schon allein fertig werden, auch wenn er verflixt kompliziert war und überdies ganz persönlich beunruhigende genetische Fragen aufwarf. Welche Konsequenzen könnte es eigentlich für mich haben, falls meine Eltern tatsächlich verrückt wären? In der Folge derartiger Überlegungen begann meine Kindheit vor meinem inneren Auge vorüberzuziehen.

Die 1950er Jahre. Eine Zeit, als Hunde (noch) nicht an die Leine genommen und Kinder (noch) nicht geplant wurden. In unserer Kleinstadt im Mittleren Westen stürmten sommers bei Sonnenaufgang Buben und Bestien aus den Häusern ins Freie. Damals verlief ein Tag im Leben eines Kindes nicht in festgelegten Rastern und Bahnen. Da gab es noch keine vorgegebenen Aufgaben und Ziele. Die vier Leonard-Lausbuben – ich war der zweitälteste – sahen sich tagtäglich nur immer wieder vor die gleiche Aufgabe gestellt: aus nichts in Eigenregie irgendetwas zu machen. Und gelegentlich ist dieses »Irgendetwas« dann explodiert.

In der Schule hatte ich es von Anfang an schwer; möglicherweise deshalb, weil ich unter Lernschwäche litt. Nur war in jenen Tagen gar nicht bekannt, dass »Lernschwäche« ein real existierendes Problem darstellte; bei uns jedenfalls nicht. In unserer katholischen Schule gab es weder Hilfsschulunterricht für Minderbegabte noch eine Begabtenförderung; da gab es keinerlei Form individueller Betreuung. Helle Köpfe und Behinderte saßen unterschiedslos zusammen, mehr als fünfzig Schüler pro Klasse, die von einer total überforderten und überarbeiteten Nonne unterrichtet wurden. Die Behinderten teilte man in zwei Kategorien ein: Kinder mit langsamer Auffassungsgabe und Verständigungsproblemen galten als »Schwachköpfe«; solche mit motorischen Störungen als »Spastiker«. In beiden Gruppen existierten selbstverständlich noch Unterteilungen. Die unterste Stufe der Schwachköpfigkeit bildeten die wirklich Dummen, schwergewichtige Jungen, denen die geistige Verwirrung schon ins Gesicht geschrieben stand. Sie waren meist älter als der Klassendurchschnitt – in der dritten Klasse beispielsweise also um die zehn Jahre alt – und darum natürlich größer als die Kameraden und ihnen körperlich weit überlegen. Als ich in die dritte Klasse ging, war dort einer von diesen Zehnjährigen – Larry. Das ist nicht sein richtiger Name, weil ich um jeden Preis verhindern möchte, dass er sich hier wiedererkennt und auf die Idee kommen könnte, mich aufzuspüren und

Mikes problematisches Verhältnis zu Schulbüchern.

neuerlich in den Schwitzkasten zu nehmen; denn dieser Larry hat mich einmal während einer kompletten Mittagspause so in den Schwitzkasten genommen, dass meine Nase die ganze Zeit über nur durch den dünnen, verschlissenen Stoff seines Hemdes vor einem Direktkontakt mit seiner Achselhöhle geschützt blieb. Es war meine erste Bekanntschaft mit dem Phänomen des Körpergeruchs. Wer hatte denn schon in den ersten Schulklassen einen starken Körpergeruch? Mehrmals sitzen gebliebene Jungs wie Larry, die sich physisch bereits abrackern mussten. Deshalb habe ich mich in der Schulkantine auch nie neben ihn gesetzt; darum und weil er vom Kindergartenalter bis zur achten Klasse wegen seiner motorischen Störungen jeden Tag seine Milch verschüttete.

Schüler, die – wie meine Wenigkeit – grenzwertig geistig minderbemittelt waren, wurden zur Oberen Blödenliga gerechnet. Sie setzte sich hauptsächlich aus Störenfrieden und Unruhestiftern zusammen. Unsereiner war prompt imstande, einen Schneeball im exakt richtigen Winkel und mit dem genau erforderlichen Schwung zu werfen, damit er den Hut eines auf der anderen Seite des Schulhofs patrouillierenden Lehrers traf. Unsereiner schaute dann aber dumm aus der Wäsche, wenn er gefragt wurde, mit welcher Zahl man fünf multiplizieren muss, um das Ergebnis dreißig zu erhalten, was, wie wir alle miteinander doch wissen ... nun, das weiß doch jeder. Woher rührte meine Lernschwäche? Wieso landete ich auf dieser niederen schulischen Stufe?

Lassen wir es an dieser Stelle dabei bewenden, *dass* ich geistig von früh auf mit Schwierigkeiten zu kämpfen hatte.

Schauplatz: Mein Geburtsort Glencoe im US-Bundesstaat Illinois. Zeitpunkt: Unmittelbar nach Beendigung des Schulunterrichts. Wir – das heißt eine kleine Gruppe von Schülern – stehen an einer Straßenecke und probieren aus, wie viele Kaugummis sich in den Münzrückgabeschlitz des Apparats in der Telefonzelle drücken lassen – ein typisches Problem für Drittklässler vor der Ära des Superkindes. Geregelte Stunden des Fußballtrainings? Kannten wir nicht. Wir hatten weder Gesangsstunden noch zusätzlichen Unterricht zur Vorbereitung auf College-Aufnahmeprüfungen. Also haben wir uns selbst Aufgaben gestellt und Beschäftigungen erfunden. Wettkämpfe beispielsweise: Wer kann am weitesten spucken? Oder: Wer kann den Atem am längsten anhalten? Spucken war eine Frage von Technik – so etwas ist nie meine Stärke gewesen. Beim langen Anhalten des Atems hingegen kam es nur auf den Willen an – Willenskraft aber ist meine Stärke.

Ich beugte die Knie, um fester zu stehen, und atmete so viel Luft ein, bis meine kleinen Knabenlungen voll waren. Ich biss die Zähne zusammen, schloss die Lippen und hielt die Luft an ... hielt die Luft an ... hielt die Luft an. Bis ich ohnmächtig wurde und mit der Stirn auf die Bordsteinkante schlug. Als ich wieder zu mir kam, war meine Sicht der Welt für immer verändert. Ich weiß nicht, ob in meinem Kopf eine Schraube locker geworden oder eine Sicherung durchgebrannt war. Für den Rekord im Atemanhalten war als Belohnung eine Tüte Malzmilchkugeln ausgesetzt worden. Ich bekam als Preis ein Leben, in dem ich immer wieder durch Prüfungen fiel, in Restaurants viel zu hohe Trinkgelder bezahlte und von Erinnerungslücken geplagt wurde.

Die unmittelbaren Folgen am Ort des Geschehens freilich waren physischer Art. Ich musste mich übergeben, torkelte seitwärts gegen ein parkendes Auto und schlug von neuem kopfüber hin. Die Welt kam mir vor wie ein Plattenteller, der mit 78 Umdrehungen herumwirbelte. Ich kroch auf allen vieren zu einer Parkuhr, klammerte mich an die Säule, zog mich daran hoch und stieg auf mein Fahrrad mit den Breitreifen. Mein Elternhaus lag ja ganz in der Nähe, nur zwei Kreuzungen weiter, am Ende der Straße. Ich trat in die Pedale. Der Bürgersteig kippte um, nach oben. Alles ringsum begann sich zu drehen wie in einer Trommel. Ich knallte gegen eine steinerne Brunnenanlage, stieß an einen Holzzaun, rollte in ein Gebüsch und krachte gegen einen Baum. Mir wurde schwarz vor Augen. Als ich aufwachte, lag ich fest angebunden in einem Krankenhausbett. Das Zimmer drehte sich vor meinen Augen. Als der Finger eines Arztes meine bandagierte Stirn berührte, löste das eine stark vibrierende Schockwelle im Gehirn aus. Ich hatte eine schwere Gehirnerschütterung erlitten. Auf drei Tage im Hospital folgten drei Tage Bettruhe daheim. Ohne Fernsehen. Ohne Comichefte. Jede rasche Bewegung oder Körperbetätigung war verboten.

Ich kann Langeweile nicht ertragen. Am dritten Tag hatte ich die Halluzination, dass meine Davey-Crockett-Pelzmütze sang – dass sie der Lampe in der Ecke des Schlafzimmers »Zipppity Do Da« vorsang. Ich flehte meine Mutter an, mir einen Spaziergang zum Park und wieder zurück zu erlauben. Der Park lag nur sechs Häuser von uns entfernt. Außerdem war früher Nachmittag. Die Nachbarskinder befanden sich also noch in der Schule. Es bestand somit wenig Gefahr, mit ihnen zusammenzutreffen. Meine Mutter ließ mich schließlich zögernd ziehen, allerdings mit strikten Auflagen: Nur bis zum Park gehen und dann sofort wieder heimkommen! Im Park nicht auf die Schaukeln steigen! Nicht auf Bäume klettern! Unter keinen Umständen rennen! Keine Freiluftturnereien veranstalten! Nicht auf die Rutschbahn gehen! Auch nicht auf die Wippe! In zehn Minuten bist du wieder zurück!

Ich hatte Kopfschmerzen. Vom grellen Sonnenlicht taten mir die Augen weh. Trotzdem, es tat gut, aus dem Haus zu kommen. Auf der Hälfte des Wegs begegnete ich meinem besten Freund, Ricky Leslie. Der Schulunterricht war wegen einer Lehrerkonferenz vorzeitig beendet worden.

»He, Mike«, rief Leslie in gewohnt strahlender Laune, »hast du Lust, mit zu Bobby und Buddy zu kommen?«

»Klar«, sagte ich, ohne eine Sekunde zu zögern.

Bobby und sein jüngerer Bruder Buddy wohnten an derselben Straße wie wir. Wir lebten in einem kinderreichen Wohnviertel. Die meisten Buben hatten die gleichen handfesten Neigungen, wie sie auch von den jungen Leonards geschätzt wurden. Bobby und Buddy waren freilich außergewöhnlich wilde Knaben. Wir fanden sie im Keller ihres Elternhauses. Zu tun gab es, wie üblich, nichts. Also haben wir ein neues Spiel erfunden: eine Art Stubenpolo – Pferdehockey ohne Pferde. Ich stand im Tor. Das Spiel war noch keine Minute im Gang, als mich ein Krocketball mitten auf die Stirn traf.

Reservierung akzeptiert, Mr. Leonard. Ihr lebenslänglicher Dauerplatz in der Blöden-Oberliga wird hiermit bestätigt.

An die Reaktion meiner Mutter, als ich mit angeschwollener Stirn und glasigem Blick heimkehrte, kann ich mich nicht mehr erinnern – vielleicht, weil der Aufschlag des Krocketballs einen weiteren Teil meiner Gedächtnisdatenbank stilllegte und mit ihm auch sämtliche Erinnerungen an die mütterlichen Reaktionen jenes Nachmittags auslöschte. Vielleicht kann ich mich aber auch nicht erinnern, weil es gar nichts zu erinnern gibt – weil Mom keine besonderen Reaktionen zeigte. Sie hat die Sache möglicherweise einfach mit einem Achselzucken abgetan, so wie es Mütter früher gewöhnlich taten, wenn es für ihren Nachwuchs auf dem an Unebenheiten reichen Weg durch die Kindheit mal richtig heikel wurde. Damals sind Kinder von Bäumen gefallen, von Steinen an der Stirn getroffen, von Hunden gebissen worden, ohne dass davon viel Aufhebens gemacht wurde.

Ich war ungefähr zehn Jahre alt, als ich meinen jüngsten Bruder Kevin und seinen Freund Richard mit in einen Park nahm und sie dort mit dem Potenzial brennenden Kunststoffs bekannt machte, nachdem erste Experimente im Hinterhof zu der erstaunlichen Entdeckung geführt hatten, dass ein gelber Plastikball des Wiffle-Spiels sich mit Hilfe eines brennenden Streichholzes in einen Bomber aus dem Zweiten Weltkrieg verwandeln ließ, der eine Serie von winzigen geschmolzenen Kunststoffbällen ausspuckte. Kevin und Richard beobachteten, wie ich die Spitze des Schlägers anzündete und damit einen Ameisenversorgungszug bombardierte. Als ich mich einmal nach den beiden jüngeren Buben umschaute, sah ich, wie der Ausdruck maßlosen Erstaunens auf ihren Gesichtern in Entsetzen umschlug. Ich hatte in meiner Aufregung völlig vergessen, an die Geschwindigkeit zu denken, mit der das Feuer sich ausbreitete: Von dem Wiffle-Schläger stand einzig der fünfzehn Zentimeter lange Handgriff mit dem schwarzen Gummibelag noch nicht in Flammen. Ich schleuderte den Schläger mit aller Kraft weg – in der Hoffnung, dass das Feuer in dem dabei entstehenden Luftzug erlöschen würde. Stattdessen löste sich am Schlägerende ein loderndes Plastikstück von der Größe eines Tennisballs. Bei mir leuchteten die roten Alarmlämpchen auf, begannen die Warnsirenen zu heulen: Die brennende Rakete flog direkt auf Richards Gesicht zu.

Es ist ein sonderbares Gefühl, in die von ungläubigem Staunen weit aufgerissenen Augen eines Fünfjährigen zu blicken, dessen rechte Wange brennt, und zu wissen, dass man dafür verantwortlich ist. Es ist sonderbar und äußerst beunruhigend, den Kleinen mit einem Kopf, der schwarze Rauchschwaden hinter sich herzieht, schreiend heimwärts rennen zu sehen, wenn man weiß, dass die Eltern, den in Rauch gehüllten Knaben an der Hand, binnen weniger Minuten vor der eigenen Haustür stehen und eine angemessene Bestrafung des verantwortlichen Raketenoffiziers fordern. Ich schlich nach Hause, setzte mich aufs Bett und wartete, dass die Haustürglocke klingelte. Was sie nicht tat. Der Vorfall ist von Richards Eltern nie auch nur mit einer Silbe erwähnt worden. Ich hab im Lauf der Jahre oft versucht, mir das Gespräch vorzustellen, als der brennende kleine Richard zu Hause schreiend durch die Tür kam.

KLEIN-RICHARD: »Mom! Mom! Mein Gesicht brennt.«
RICHARDS MOM: »Immer mit der Ruhe, Richard. Was ist denn passiert?«
KLEIN-RICHARD: »Mikes Wiffle-Schläger-Bomber hat mir eine Rakete ins Gesicht geschossen.«
RICHARDS MOM: »Komm mal her. Ich mach das Feuer aus.« (Zischen, als nasser Küchenschwamm mit brennender Wange in Berührung kommt.)
KLEIN-RICHARD: »Danke, Mom. Darf ich wieder mit Mike spielen gehen?«
RICHARDS MOM: »Klar. Aber nicht sofort. Wir wollen gleich zu Abend essen. Und es gibt doch dein Lieblingsgericht: gebackene Bohnen.«
RICHARD: »Hurra!«

Gebackene Bohnen haben die Leonard-Sprösslinge ebenfalls gern gegessen. So wie Spaghetti. Und Frühstücksfleisch. Überhaupt alles, was sich in Dosen abfüllen, als Tiefkühlkost konservieren oder chemisch verändern ließ, um die Regalaufschrift zu verdienen:

»Haltbar bis zum Weltuntergang«. Bei uns diente das Essen dem Abtöten der Geschmacksnerven. Meine Mom hasste Kochen. Uns Kindern war ziemlich egal, was auf den Tisch kam. Für uns entsprach die Hauptmahlzeit abends etwa dem Boxenstopp für

Unsere »riesige« Esstheke in der Küche. Mit im Bild: Inky, der verrückte Hund.

Rennfahrer, und wir verhielten uns auch ähnlich wie sie: rein in die Boxen, auftanken, raus aus den Boxen.

Die Sitzordnung war merkwürdig, aber sinnvoll. Meine Eltern, zeitweilig der Ruhe und tröstlichen Zweisamkeit bedürftig, zogen sich in den Bunker des Esszimmers zurück. Jack, Timmy und ich quetschten uns an die ein Meter lange Küchentheke zwischen dem glühend heißen Herd und der Wand. Kevin hielt sich bei unserer Oma im ersten Stock auf; die beiden aßen vor dem Fernseher von Tabletts – wohl in dem Glauben, Fernsehen während des Essens würde Kevin helfen, sich von den Strapazen des Tages zu erholen, an dem er seinen älteren Brüdern wieder einmal als Versuchskaninchen gedient hatte.

Im Dienst der Wissenschaft selbstverständlich, nur zu Forschungszwecken. Wie hätten wir denn – ohne Kevins hohe Stirn als Zielscheibe – die Stärke des Mundstücks bei einem neuen Pusterohr testen sollen? Wie anders hätten wir die maximale Länge des Entladungsfunkens von statischer Elektrizität exakt feststellen können, ohne unsere aneinander geknoteten Wollsocken über die billige Teppichauslage auszubreiten, die in der Spitze eines Zeigefingers an Kevins feuchter Nase zusammenliefen?

»*La Quinta Inn*, Marge!«

Die Stimme meines Vaters aus dem Wohnzimmersessel unseres Holiday Rambler rief mich wieder in die Gegenwart zurück. Die plötzliche Häufung von Motel-Schildern längs des Highway 10 war ein Hinweis, dass wir uns Fort Stockton näherten. Das Hochplateau der Wüste von Westtexas blieb hinter uns zurück. Die Sonne ging unter. In ihrem schwächer werdenden Licht wurde die bräunlich gelbe Farbe der Erde glanzlos und stumpf. Wir hatten vor, die Nacht auf dem KOA-Campingplatz von Fort Stockton zu verbringen. Er lag in unmittelbarer Autobahnnähe. An der Einfahrt grüßte ein Plastikcowboy mit dem Schild »Land of the Free«.

Das Land war natürlich nicht frei und umsonst. Ist es ja nie. Die Gebühren für Campingplätze unterscheiden sich je nach Lage, Serviceangebot und Jahreszeit. Das KOA Fort Stockton verlangte ungefähr zwanzig Dollar pro Fahrzeug die Nacht, was in etwa dem durchschnittlichen Gebührensatz entsprach. Auf einem Parkplatz der Wal-Mart-Einkaufskette sind das Campen und die Benutzung des Generators für Wohnwagen zwar kostenlos, dafür muss man dann aber die Propangas- und Wassertanks rascher nachfüllen. Wenn man jedoch die auf Campingplätzen bereitgestellten Strom- und Wasseranschlüsse nutzt, sind diese billiger. Außerdem bieten die meisten Duschmöglichkeiten und Münzwaschmaschinen an. Manche verfügen sogar über Swimmingpools, Wannenbäder, Freizeitzentren und Ladengeschäfte zum Aufstocken der Lebensmittelvorräte.

Das KOA in Fort Stockton war Durchschnitt. Swimmingpools und Wannenbäder waren während des Winters geschlossen und Camper eine rare Spezies. Ich hatte erfahren, dass Pecos County, Texas, auf vielen Listen des Reisemagazins *Hot Spot* für die Zeit des späten Februar gar nicht erwähnt wurde. Uns konnte es egal sein. Wir wollten dort ja nur schlafen. Und meinen Dad aufziehen.

Wir saßen wieder einmal bei einer einfachen, leichten Mahlzeit zusammen, Mom und Dad nebeneinander am Esstisch des Holiday Rambler mit Blick nach vorn. Während der Zubereitung des Pastagerichts kam Brendan zu mir herüber, öffnete sein Jackett und zeigte mir – so, dass meine Eltern das dort verborgene Objekt nicht sehen konnten – die DVD *Live at Donington* der Band AC/DC. Mein Vater war schon eine ganze Weile sehr schweigsam. Es gab jedoch nichts, was ihn mehr in Rage bringen konnte als wirklich laute Musik. Brendan schaltete den Flachbildschirm über der Windschutzscheibe ein, legte die DVD ins Abspielgerät, und los ging's.

Meine Eltern rissen entgeistert die Augen auf, als die Musik aufjaulte und ein langhaariger Gitarrist in britischen Knabenshorts aus Samtstoff barbusig über die Konzertbühne hopste. Dads Miene verriet Schrecken, in den sich Verwunderung, Verzweiflung und ein Quäntchen Zorn mischten. Wir hatten gehofft, Dad mit dieser Band aus der Reserve locken zu können. Unsere Hoffnungen erfüllten sich.

»Die sind ja total plemplem«, murmelte er, kaum dass die DVD abgeschaltet war. »Die haben doch einen Knall. Da kann man wieder einmal sehen, wie weit es mit der Welt gekommen ist.«

»Hat diese Band einen Namen?«, fragte meine Mom.

»AC/DC«, erwiderte Brendan.

»In meiner Zeit hat man das Instrumentenzeug leise gehalten«, ereiferte sich Dad. »Auf diese Weise war Bing Crosby zu hören, wenn er auftrat …«

»Bing Crosby war Alkoholiker«, schimpfte Mom.

Wir bogen uns vor Lachen. Volltreffer! Wir hatten es nicht nur geschafft, dass bei Dad die Sicherung durchbrannte, sondern auch noch ein Scharmützel zwischen den beiden ausgelöst.

»Bing Crosby war großartig!«, rief Dad.

»Er war ein furchtbarer Mensch!«, konterte Mom. »War nie bei seiner Familie daheim!«

»Wie hätte er denn bei seiner Familie sein können!?«, schoss Dad zurück. »Hätte er sie etwa mit auf Tournee nehmen sollen? Er war Entertainer und musste auf Tournee gehen. Damit hat er den Lebensunterhalt seiner Familie bestritten!«

»Bullshit!«, rief Mom. »Er ging an der Peeble Beach Golf spielen!«

Damit hatte Mom Dads Angriffsplan durcheinander gebracht. Er begann den Rückzug.

»Na schön«, seufzte er. »Bing war jedenfalls ein fantastischer Künstler. Und bei seinen Songs habe ich verstanden, wovon sie handelten.«

Er hatte die Lust zum Kämpfen verloren. Ihm blieb jetzt nur noch die Möglichkeit, die Jury mit einem letzten Tusch auf seine Seite zu ziehen. Er versuchte es mit Singen.

»Tooora loooora loooora …«

»Tooora loora! Leck mich!«, brüllte meine Mutter.

Das war's dann. Die Jury machte dem Ganzen ein Ende, indem sie außer Rand und Band geriet, bis alle im Holiday Rambler von dem ausgelassenen Lachen angesteckt waren – sogar Dad.

»In the lilt of Irish laughter
You can hear the angels sing …«

Die Mahlzeit war beendet. Dad begann wieder zu singen, diesmal im Verein mit Kerry, die eine schlichte, allen vertraute Melodie variierte. Brendan begleitete sie auf der Gitarre. Ich zupfte mein Banjo. Solch traditionelles, klischeehaftes irisches Liedgut gehört eigentlich nicht zum Repertoire der Leonards; wir hatten dennoch keine Mühe, es zu singen und zu spielen, und in der ungewöhnlichen Umgebung – in einem Wohnwagen auf einem schmalen Landstreifen einer einsamen Gegend im Westen von Texas – schien es irgendwie zu passen.

»Wenn Irish eyes are smiling
Sure they steal your heart away …«

Das Lied machte mich nachdenklich.

Mein Dad war zunächst lange in der Marketingabteilung des Medienkonzerns Time, Inc., tätig gewesen, der ihn in seine Chicagoer Niederlassung versetzte, als ich etwa drei Jahre alt war. Dad zählte zu den Fußtruppen, welche die 1954 neu gegründete Zeitschrift *Sports Illustrated* auf dem Markt durchsetzen sollten. Er war ein hoch geschätzter Mitarbeiter und Mitbürger, verdiente anständig, genug um in Glencoe, einem Vorort im Norden Chicagoes, ein hübsches Häuschen zu erwerben. Die erschwinglichen kleinen Häuser, derentwegen Familien mit durchschnittlichem Einkommen sich einst in Glencoe und einer ganzen Reihe von anderen Gemeinden am Lake Michigan niederlassen konnten, sind mittlerweile abgerissen und durch größere, teurere Häuser ersetzt worden. Wer heutzutage am nördlichen Seeufer ein Haus kaufen will, braucht ein volles Bankkonto.

Mit dem Umzug nach Scottsdale, Arziona, im Jahr 1968 wechselte Dad ins Immobiliengeschäft. Bis in die frühen 1970er Jahre erging es ihm da recht gut, bis die Jack Leonards dieser Welt plötzlich entdecken mussten, dass eine Hand voll arabischer Ölscheichs Millionen Menschen die Existenzgrundlage rauben konnten, nur indem sie ein paar Benzinhähne zudrehten. Die Rohölpreise schossen nach oben, die US-Wirtschaft ging in den Keller, und gewöhnliche Leute wie mein Vater, die irgendwo dazwischensaßen,

Tim, Marge, Jack jr., Jack sen. und Mike. Der familiäre Intelligenzquotient verdoppelt sich mit Kevins Ankunft im darauf folgenden Jahr.

konnten nur verzweifelt zuschauen, wie die Ersparnisse eines Lebens im Nu zerrannen.

Es war mühsam, doch Dad hat es geschafft. Er kam finanziell wieder auf die Beine, diesmal in der Umgebung von San Diego. Wohlhabende Freunde aus Chicago beauftragten ihn mit der Suche nach Land, das sich zu kurzfristigen Investitionen eignete. Es war Bestandteil der Vereinbarung, dass Dad selbst in das Projekt investierte. Im Unterschied zu seinen reichen Freunden konnte er sich das notwendige Kapital nur durch die Aufnahme von

Hypotheken aufs Haus und alle sonstigen Besitztümer beschaffen. Laut Plan sollten die Ländereien bald wieder gewinnbringend veräußert werden. Mitte der 1980er Jahre trat jedoch eine Rezession ein. Die Immobilienpreise fielen. Daraufhin beschlossen Dads Geschäftspartner, das Land zu halten, bis das Wirtschaftsklima sich besserte. Sie konnten ihre Verluste auf dem Papier steuerlich abschreiben. Mein Dad hatte diese Option nicht. Als die Rückzahlung seiner Hypotheken fällig wurde und die Banken mit Zwangsversteigerung drohten, haben meine Brüder und ich unser Erspartes zusammengelegt, um den Eltern aus ihrer Misere zu helfen – eine bittere, demütigende Erfahrung für unseren stolzen Erzeuger. Für einen Neuanfang war er mittlerweile zu alt.

»So ist das Leben, mein Junge.«

Das Lied war zu Ende. Dad lehnte sich in seinem Stuhl lächelnd zurück.

»Gestern Abend«, fuhr er fort, »hab ich mir gesagt: Was bin ich doch für ein Glückspilz. Welches Glück, solch eine Familie zu haben. Was für ein Glück, mit einer Frau wie Marge verheiratet zu sein ... Ich hab wirklich Glück gehabt. Ich, ein Junge aus Paterson, New Jersey. Großes, unverschämtes Glück hab ich gehabt.«

»Hast du dir je vorgestellt, einmal in einem Wohnwagen durch das Land zu fahren?«, wollte Kerry wissen.

»Nein«, erwiderte Dad mit Nachdruck. »Und schon gar nicht in einem Wohnwagen mit eurem Vater am Steuer. Ich meine, schaut euch mal um! Wo befinden wir uns denn? Auf einem Campingplatz! Und das, obwohl euer Vater die Pfadfinder verließ, als ihm mitgeteilt wurde, dass er – nur für eine Nacht! – in einem Zelt schlafen müsse!«

»Das war nicht der Grund, warum ich nicht dabei geblieben bin«, widersprach ich. »Jack und ich gehörten nämlich noch nicht lang genug zu den Pfadfindern, um an einem Campinglager teilnehmen zu dürfen. Und man hat uns gleich am Anfang hinausgeworfen. Jack, weil er sich weigerte, die kurzen Hosen zu tragen. Und die Halstücher fanden wir beide eher was für Mädchen. Was mich angeht, so hatte ich noch immer nicht die Geschichte bei den Wölflingen verdaut.«

»Was für eine Geschichte bei den Wölflingen?«, erkundigte sich Brendan.

»Sie hat mit dem Jamboree der Jungpfadfinder zu tun«, erklärte ich. »Mit dem großen Pfadfindertreffen in der New Trier High School, bei der meine Wölflingsgruppe einen Indianertanz aufführen sollte. Ich hatte aber nicht an der Sitzung teilnehmen können, als die Kopfbänder mit dem Federschmuck und die kleinen ledernen Lendenschurze verteilt wurden. Ich bekam sie erst am betreffenden Morgen in der Turnhalle ausgehändigt, mit der Aufforderung, mich im Jungen-Umkleideraum umzuziehen. Da hat man bloß leider nicht daran gedacht, die Unterhosen zu erwähnen.«

»Unterhosen?«, fragte Kerry lachend. »Jetzt wird's spannend.«

»Ich hatte jede Menge Westernfilme gesehen«, fuhr ich fort. »In diesen waren jedoch nie Indianer vorgekommen, die unter ihrem Lendenschurz weiße Höschen anhatten. Selbst Tonto, der mehr auf langen Hosen stand, trug keine Unterwäsche, was nicht zu übersehen war, weil ...«

»Weil sich unter Tontons langer Hose keine Unterhosenränder abzeichneten!«, warf Margarita ein.

»Psst!«, fuhr Kerry dazwischen. »Das mag ich nicht!«

»Was magst du nicht? Unterhöschen?«, neckte Brendan.

»Wie dem auch sei«, fuhr ich fort. »Die übrigen Wölflinge haben dann ihre Lederschürze über Unterhosen getragen. Ich war bass erstaunt, als es dann so weit war, direkt vor dem Indianertanz die Kulissen fielen und ich die Unterhosen bemerkte. Komisch – ich war der Einzige, der wie ein echter Indianer aussah. Das Podium, auf dem wir unseren Tanz aufführten, war ungefähr einen Meter höher als der Boden der Turnhalle. Es war umringt von Großeltern, Kindern und anderen Pfadfindern. Ich hielt einen Speer aus Gummi in der einen und einen Kunststofftomahawk in der anderen Hand. Mit dem Einsetzen der Trommeln begannen wir im Kreis zu hüpfen. Mit jedem Hopser flog mein Lendenschurz hoch, und Lachen brandete auf. Weil ich einen Speer und einen Tomahawk halten musste, hatte ich aber keine Hand frei, um zu verhindern, dass mein Schurz hochflatterte; da habe ich dann versucht, das Problem mit den Ellbogen zu lösen. Dazu musste ich mich allerdings tiefer bücken, mit dem Ergebnis, dass mein Lederröckchen noch höher flog. Die Zuschauer haben sich nicht mehr eingekriegt. Die Geschichte stinkt mir bis heute. Ich mag die Pfadfinderei nicht.«

»Herrje«, rief mein Vater lachend, »als Indianer hätten wir doch alle miteinander nichts getaugt. Stellt euch mal vor, ihr müsstet mit ein paar Stöckchen Holz Feuer machen! Das ist mir schon beim Grillen schwer genug gefallen. Einmal hast du mir helfen wollen, Mike, und dabei eine halb volle Dose mit Feuerzeugbenzin über den Grill geschüttet – da hatten wir in unserem Hinterhof einen richtigen Atompilz!«

»Wir hätten gewiss auch größte Mühe gehabt, unser täglich Wildbret fürs Abendessen zu erlegen«, meinte ich.

»Wieso?«, fragte Matt. »Du bist doch mit der Maus sehr gut fertig geworden.«

»Du lieber Himmel! Was für eine Maus?« Meine Mom hob ruckartig den Blick und stöhnte.

»Beruhige dich. Hier im Wohnwagen gibt's keine Mäuse«, versicherte ich ihr. »Wir reden von einer Maus, die vor fünfzehn Jahren im Keller unseres Hauses auftauchte. In dem Jahr, als Cathy und ich in Irland Ferien machten. Du hast damals die Kinder gehütet. Kannst du dich erinnern?«

Mom nickte schmerzlich berührt.

»Also – am Tag unserer Abreise war ich im Keller, um meine Übungen im Gewichtheben zu absolvieren, als ich plötzlich eine Maus auf dem Regal entdeckte. Eine Mausefalle aufzustellen, kam nicht in Frage – ich meine, wer will denn eine verendete Maus in der Falle sehen? Nein, ich musste die Maus an Ort und Stelle erledigen! Da ist mir der Gedanke mit dem Blasrohr gekommen.«

»Wie, um Himmels willen, solltest ausgerechnet du ein Blasrohr besitzen?«

»Nun ja, ich hatte da mal für eine *Today*-Sendung ein Feature über einen seltsamen Kerl gedreht, der Blasrohre sowie die dafür notwendige Nadelpfeilmunition herstellt und verkauft«, antwortete ich, »und dieser Typ hat mir hinterher ein Blasrohr mit Pfeilen geschenkt.«

»Eine furchtbare Waffe«, meinte Matt. »Erinnerst du dich noch an Mr. Clean?«

»Mr. Clean?«, fragte Margarita verwundert.

»Das hat mit dieser Geschichte eigentlich nichts zu tun«, erklärte ich. »Er war bloß eine menschengroße Pappfigur, der wir den Namen ›Mr. Clean‹ gaben. Wir haben sie als Zielscheibe für unsere Schießübungen mit dem Blasrohr benutzt – eine Zeit lang war das ein richtiger Familiensport. Ich fragte mich nur, was wohl der Müllmann dachte, als wir die Pappfigur in den Abfall warfen – sie wies ungefähr fünfzehn Nadellöcher in der Nasengegend und sechstausend Schüsse im Lendenbereich auf.

Ich bin also in mein Arbeitszimmer im zweiten Stock gegangen«, erzählte ich weiter, »habe das Blasrohr genommen und zwei Nadelpfeile – mehr fand ich nicht – und bin die Kellertreppe auf Zehenspitzen wieder nach unten geschlichen. Die Maus saß immer noch auf dem Regal. Ich ging etwa sieben Meter von ihr entfernt in die Hocke, schob einen Pfeil ins Blasrohr und hob es an die Lippen. Es war das einzige Mal in meinem Leben, dass ich mir fast wie ein Indianer oder Urwaldmensch vorgekommen bin, weil ich da nämlich kein Hemd anhatte und Trommeln hörte.«

»Trommeln?«, fragte Margarita.

»Nun ja, so was Ähnliches jedenfalls«, antwortete ich. »Es war nämlich so: Unsere Waschmaschine machte damals gerade Faxen, so dass die nassen Kordhosen oder ein anderes schweres nasses Stoffteil gelegentlich klumpte, und wenn sie dann hin und her schleuderten, hat sich's wie Trommeln angehört. Nun gut, ich blies die Backen auf und schoss den ersten Pfeil ab. Er flog ein paar Zentimeter über den Kopf der Maus hinweg und landete in einem alten Farbpinsel. Die Maus war wie erstarrt. Ich hatte das Gefühl, dass sie mich fixierte. Was ihr wohl durch den Kopf gegangen sein mag? Ich meine, als Maus in einer Vorstadt mit sozial gehobener Bevölkerung war sie – außer an Freitagen, wenn man sich recht leger und lässig kleidete – an Männer in Anzügen gewohnt, und nun sah sie sich plötzlich einem halb nackten Kerl mit einer meterlangen Pfeife gegenüber, an deren einem Ende eine Feder hing. Das wäre dann aber auch ihr letzter Gedanke gewesen, denn mit dem nächsten Schuss habe ich sie voll erwischt. Ich überlegte damals kurz, die tote Maus für den Kaminsims im Wohnzimmer ausstopfen oder vielleicht sogar einen winzig kleinen Läufer aus ihrem Fell machen zu lassen. Ich meine, welcher Amerikaner kann sich schon rühmen, eine Maus mit dem Blasrohr erlegt zu haben? Ich fegte die Maus dann jedoch in eine Einkaufstüte und warf sie in die Mülltonne.«

Jack jr. in der katholischen St. Joseph's Church in Peterson, New Jersey.

»Bin ich froh, dass ich davon nichts wusste«, seufzte meine Mom. »Ich wäre gleich wieder abgereist. Die Maus hätte die Tollwut haben können!«

Ein Windstoß brachte den Wohnwagen leicht zum Schaukeln.

»Könnte sein, dass es in der Nacht regnet«, sagte ich. »Wäre doch mal ein Erlebnis, Regen aufs Dach unseres Wohnwagens prasseln zu hören.«

Dad schaute aus dem Seitenfenster und lächelte versonnen.

»Meine Eltern«, begann er, »sind mit meiner Schwester und mir in New Jersey oft zu einem kleinen Wochenendbungalow am Ufer des Lake Mooseback gefahren, und meine Mutter hat dort abends immer um Regen gebetet, damit sie ihn nachts aufs Dach trommeln hören könnte. So was hatte sie nämlich in Irland nie erlebt, weil das Haus dort mit Reet gedeckt war. In Irland gibt's ja auch keine Schlangen, wie ihr wisst. Der heilige Patrick hat sie aus Irland vertrieben.«

»Nun ja, so mag es vielleicht in der Heiligenlegende stehen«, merkte ich an und war sicher, dass er meine Skepsis teilte. Weit gefehlt.

»Das möchten uns heute irgendwelche Wissenschaftler gern weismachen«, widersprach Dad völlig unerwartet. »Ich bin aber fest überzeugt, dass Irland durch den heiligen Patrick von den Schlangen befreit wurde. Ich habe dort nämlich nie eine Schlange gesehen.«

»Das sollten wir ein andermal ausdiskutieren«, meinte ich. »Es ist schon spät. Und ich muss noch zu Hause anrufen. Danach geh ich schlafen.«

Meine Eltern sagten gute Nacht und zogen sich in ihren Bereich zurück. Die Jüngeren begaben sich zum Winnebago, der gleich neben dem Holiday Rambler stand. Ich zog das Bettgestell unter der Couch hervor, schaltete die elektrische Pumpe an, füllte die Matratze mit Luft, holte Kissen und Decke aus einem Schrankraum und wählte, als das Bett gemacht war, auf meinem

Handy Cathys Nummer. Sie fehlte mir. Sie hat einen herrlichen Sinn für Humor. Außerdem ist sie unglaublich verständnisvoll und nachsichtig – eine Eigenschaft, die sie angesichts der vielen Fehlleistungen und Flops, die ich mir im Leben geleistet habe, hinreichend unter Beweis stellen konnte. Sie ist ein Fels in der Brandung. Hat stets zu mir gestanden und sich oft sogar schützend vor

Cathy.

mich gestellt, etwa beim Anzünden der Flamme unseres Warmwasserbehälters. Heimarbeit ist nicht meine Stärke; jedenfalls nicht, wenn sie Nachdenken und technisches Geschick erfordert. Im Hof musste ein schwerer Blumenbottich umgestellt werden?

Kein Problem. Die Biskuitdose mit einem Löffelstiel aushebeln? Bitte sehr! Aber die Sicherung des Mechanismus zum Wasserabstellen finden? Den Luftfilter der Klimaanlage? Den Gaszähler? Vergiss es – ich hätte nicht einmal gewusst, dass solche Dinge in unserem Haus überhaupt existieren.

Auch finanzielle Angelegenheiten sind meine Sache nicht. Von Steuern, Versicherungen, Aktien, Altersvorsorge oder Zinsen verstehe ich null. Woran ich konstruktiv Anteil nehme? Worauf ich mich verstehe? Auf alles, was mit dem Aufziehen von Kindern zu tun hat. Das war meine Domäne – Windeln wechseln, Füttern, Gute-Nacht-Geschichten erzählen und so weiter. Cathy war eine wunderbare Mutter, gar keine Frage. Doch aufgrund meiner Kindheit und Jugend mit all ihren Besonderheiten und Schwierigkeiten besitze ich ein hoch entwickeltes Empfinden für das richtige Wort und die richtige Handlung am rechten Ort zur rechten Zeit, ein genaues Gespür dafür, wann ein Kind Zuspruch, Aufheiterung oder eine Zurechtweisung braucht. Ich sah meine Aufgabe darin, unseren Kindern zu helfen, ihren Platz in der Welt und Freude am Leben zu finden.

Cathy und ich haben zwanzig Minuten lang miteinander gesprochen. Sie berichtete, wie aufgeregt Megan und Jamie waren, wie sie es gar nicht mehr erwarten konnten, ihr erstes Kind zu bekommen, Eltern zu werden. Während Cathy erzählte, wanderte mein Blick zum rückwärtigen Teil des Wohnwagens. Durch die geöffneten Jalousien sah ich meinen Vater im Schlafanzug, wie er mit gefalteten Händen am Bett kniete und sein Nachtgebet sprach. Wären da nicht das schlohweiße Haar und der gealterte Leib gewesen – es hätte ein achtjähriger Bub sein können, der betete.

5

Was mochte das sein? Eine seltene, nur im Westen von Texas heimische Vogelart? Ich setzte mich im Bett auf. Spähte umher. Der frühmorgendliche Sonnenschein, der seitlich der zugezogenen Vorhänge in merkwürdigen Winkeln von den Fenstern einfiel, gab dem Inneren des Wohnwagens etwas Gespenstisches, das durch das geheimnisvolle, hohe Zirpen geradezu verstörend wirkte. Was mochte es nur sein?

Einem wie mir, der von ihrem Wirken wenig weiß und noch weniger versteht, ist die Natur ohnehin unheimlich; vor allen Kreaturen aber, die das für sie Lebensnotwendige nicht durch Einkaufen besorgen, empfinde ich abgründige Angst. Ich sah mich also bereits einer Bestie mit Hauern, Hörnern, Krallen, Reißzähnen und irgendeinem Gift verspritzenden Organ gegenüber. Und wie immer es heißen mochte, eins schien mir sicher: Ein normales, gewöhnliches Wesen konnte es nicht sein. Gott sei Dank befand ich mich *im* Wohnwagen.

Verdammt.

Diese Kreatur hielt sich ja ebenfalls *im* Wohnwagen auf.

Die Laute kamen aus dem Schlafzimmer meiner Eltern.

Als Waffe war nur ein Kamerastativ greifbar. Ich schnappte es mir und näherte mich vorsichtig der Tür zu ihrem Schlafraum.

»Alles in Ordnung!?«, rief ich.

Die Zirplaute hörten auf. Ein paar Sekunden, dann schrie eine sich überschlagende, fast erstickende Stimme auf. Meine Mutter! Meine Mutter schrie: »Guck dir das Haar deines Vaters an!«

Ich öffnete die Tür. Dad saß im Pyjama auf der Bettkante. An den Seiten seines Kopfes stand wirr das weiße Haar ab, in der Mitte hingegen lag es platt wie bei einem Mohawk-Indianer. Dad sah mich verdattert an: »Ich muss in der Nacht wohl komisch gelegen haben.«

Was Mom wiederum komisch fand. Jedenfalls löste seine Bemerkung bei ihr von neuem Gelächter in höchster Stimmlage aus, das ich jetzt einwandfrei als das vorausgegangene mysteriöse Gezirpe zu identifizieren vermochte. Mom lag unter der Bettdecke, auf der Seite, und die Tränen kullerten ihr über die Wangen.

»Er sieht aus wie ein Gockel«, bemerkte ich nüchtern.

Moms Gelächter kletterte noch eine Tonlage höher. Sie begann, mit den Fäusten in die Kissen zu hämmern. Was war bloß mit diesen beiden los? Wie kann eine Frau es nach zweiundsechzig Jahren Ehe noch so komisch finden, dass sie fast ins Bett macht, wenn das Haar ihres Göttergatten sich während des Schlafs verlegt! Ich kehrte in meinen Wohnwagenbereich zurück und ließ die Luft aus der Matratze der Schlafcouch. Wir wollten am Abend dieses Tages einen Campingplatz in der Nähe von San Antonio so früh erreichen, dass wir von dort mit Taxis in die Stadt fahren und Fort Alamo besichtigen konnten; außerdem hatten wir vor, in einem guten Restaurant Brendans zwanzigsten Geburtstag zu feiern.

Der eins achtzig Meter große, schlanke, schwarz gelockte Junge mit den sanften braunen Augen ist eine angenehme Gesellschaft. Er ist einfallsreich, nett und zuvorkommend ... viel zu nett, um im Baseball, Football und Eishockey – den Sportarten, an denen er sich aktiv beteiligte – über Highschool- beziehungsweise Freizeitniveau hinauszukommen. Wie alle meine Söhne hatte auch er in meinem Arbeitszimmer zu Hause die fernsehtechnischen Geräte handhaben gelernt. In seinem zweiten Collegejahr hatte er dann zusammen mit Freunden ein halbstündiges Kabelprogramm produziert, das in unserem kleinstädtischen Winnetka Kult wurde. Es lief bis zum Ende seiner Highschoolzeit und gefiel auch Marguerite Quinn, die ihrer Freundin Linda Mancuso eine Kopie schickte. Linda – Leiterin der Abteilung Familienprogramme bei der Fernsehanstalt ABC –, schloss einen Vertrag mit Brendan, und mein Jüngster bekam mit erst neunzehn Jahren seine eigene landesweit ausgestrahlte TV-Show, deren Star *und* alleinverantwortlicher Produzent *er* war. Die Show bot eine Mischung albernen Zufallshumors, die Brendan und seine Freunde zum Besten gaben. An der Produktion war die ganze Familie beteiligt. Gedreht wurde mit Heimfilmkameras. Unser Haus und die Nachbarschaft bildeten den szenischen Hintergrund.

Eine derartige TV-Show hat es weder vorher noch nachher wieder gegeben, in der ganz gewöhnliche Jungs in einem ganz gewöhnlichen Elternhaus all das anstellen, was Jungs eben als Zeitvertreib an ganz gewöhnlichen Sommertagen so anstellen. Mit hohen Einschaltquoten haben wir von vornherein nicht gerechnet; dafür fehlte es an dem heutzutage erforderlichen Quäntchen Jugendangst. Die hier auftretenden Jugendlichen scheuten sich nicht, der ihrem Alter gemäßen Albernheit vor der Kamera Ausdruck zu verleihen. Ganz egal, ob »cool« oder nicht: Wir fanden allein das schon ziemlich cool und konnten nur hoffen, dass sich viele Zuschauer unserer Meinung anschließen würden. Linda Mancuso trug die unkonventionelle Ausgangsposition mit, indem sie Brendan trotz seines jugendlichen Alters die totale Verantwortung und Kontrolle für die Show überließ. In der extrem überregulierten Fernsehbranche war (und ist) so etwas unerhört. Es war mutig, jegliche künstlerische Einflussnahme seitens des ABC-Managements auf die Gestaltung auszuschließen. Es war sehr mutig, weil sich in der Welt des Fernsehens alles um Einschaltquoten dreht. Für Linda freilich war etwas anderes wichtiger. Linda hatte Krebs. Sie wusste, dass sie bald sterben würde. Ihr ging es darum, öffentlich Zeugnis für ein authentisches Fernsehen abzulegen, und dazu bot dieses Experiment ihr die letzte Gelegenheit.

Die erste Folge der Brendan-Leonard-Show wurde am Memorial Day* ausgestrahlt. Die Medienkritik zollte ihr einstimmig Lob. Wie aber würde die schlichte Botschaft dieser Show beim Publikum ankommen? Würden die Zuschauer sie überhaupt verstehen? Würde sie ihnen etwas bedeuten? Eine erste Antwort er-

Die Mitarbeiter der Brendan-Leonard-Show: (v.l.n.r.) Kevin Sheehan, Kevin Carlson, Ryan Turner, Brendan, Paul Detjen, Michael Carney, Patrick Mohr und Robbie Karver.

hielten wir Ende Juni. Ich saß ich meinem Arbeitszimmer im ersten Stock unseres Hauses, als ich Cathys Stimme hörte: »He, Mick, wirf mal einen Blick vor die Haustür!«

Ich begab mich ins Wohnzimmer auf der anderen Seite und zog die Jalousien hoch. Vor unserem Haus stand ein Kombi, auf dem Rasen unseres Vorgartens ein freundlich lächelndes Ehepaar mittleren Alters. Wenige Meter von den beiden entfernt hüpften drei Mädchen in nervös-freudiger Erwartung auf und ab: Brendan und seine Freunde kamen ihnen vom Haus aus entgegen, um sich mit ihnen zu unterhalten. Ich ging nach unten und machte mich mit dem Ehepaar bekannt. Die Töchter waren, wie ich erfuhr, außer sich vor Begeisterung über die Fernsehsendung mit »normalen«

* Ehrengedenktag für die amerikanischen Kriegsgefallenen, jeweils am letzten Montag im Mai. (Anm. d. Übers.)

Jugendlichen, die sich in einem »normalen« Zuhause »normal« verhielten, und wollten sich nun vergewissern, ob auch alles in Wirklichkeit so »normal« war, wie es im Fernsehen schien. Aus diesem Grund waren die Eltern mit ihnen hergefahren – aus Oklahoma.

Eine Stunde später stiegen sie wieder in ihr Auto, um vor der langen Heimfahrt noch etwas von der Umgebung zu sehen. Aus dem Wagen waren noch Entzückensschreie zu hören. Wenige Tage später tauchte eine zweite Familie auf, dann riss der Strom der Besucher den ganzen Sommer über bis in den Herbst hinein nicht mehr ab. Sie kamen von überall her aus den Vereinigten Staaten und aus Kanada, und alle berichteten, wie sehr ihnen die Show gefallen hatte, wie sehr sie dadurch für ihr eigenes Leben ermutigt worden waren – einfache Leute, denen, wenn Brendan abwesend war, Cathy und ich gern das Haus und die Umgebung zeigten.

Bezüglich der Einschaltquoten war die Brendan-Leonard-Show natürlich ein Misserfolg. Für dieses Abenteuer eines alternativen Programms mit vierzig Folgen fanden sich nicht genügend Zuschauer, um eine Fortsetzung der Serie rechtfertigen zu können. Nach unserer und Lindas Auffassung war es dennoch kein Reinfall und schon gar nicht umsonst gewesen. Dazu waren die Reaktionen der Zuschauer viel zu positiv, ja leidenschaftlich, die Dankesbriefe zu überzeugend. Die Sendung hatte einen Nerv getroffen.

Linda Mancuso ist noch vor Ende jenes Jahres gestorben, kinderlos, im Alter von nur vierundvierzig Jahren. In allen Nachrufen wurde lobend diese Sendung erwähnt, an deren Entstehen und Entwicklung sie maßgeblich beteiligt war; in Teilen wird die Serie bis heute wiederholt. Wie die Pflegerin Linda Mancusos Cathy nach dem Gedenkgottesdienst berichtete, hat Linda in ihren letzten Lebenstagen nur noch Videos von Brendans Programm sehen wollen, weil sie ihr solche Freude bereiteten.

Und ihr, wie ich hoffe, auch ein Gefühl des Stolzes vermitteln. Wir haben bis zuletzt E-Mails ausgetauscht, ihr von den vielen Besuchern erzählt, aus mehr als zweihunderttausend Internetmitteilungen die aussagekräftigsten zukommen lassen und sie des Dankes der ganzen Familie Leonard versichert.

»Warum muss *ich* das machen?«, fragte Brendan.

Mein berühmter Jüngster hielt den ungefähr fünfzehn Zentimeter dicken, langen Plastikschlauch mit beiden Händen etwa in der Mitte. An einem Ende war der Schlauch an einem Zapfen seitlich des Holiday Rambler festgeschraubt, am anderen Ende steckte er in einem Betonloch am Boden. Es war höchste Zeit, die Toilettentanks zu leeren – eine Aufgabe, die Albträume verursachte. Ich stellte mir mit Entsetzen vor, wie das Schlauchende aus dem Betonloch schlüpfte und der eklige Inhalt sich über mein Gesicht ergoss. Es musste also alles unternommen werden, um das zu verhindern. Deshalb war Brendan gebeten worden, den Schlauch mit beiden Händen festzuhalten, auch wenn uns bewusst war, was wir Brendan da zumuteten: Irgendwann würde er die scheußliche Masse spüren, wie sie zwischen seinen Händen hindurchglitt. Brendan musste würgen, als es soweit war. Die anderen Leonards suchten schreiend das Weite.

Es gelang uns, die Tanks beider Wohnwagen zu leeren, ohne dass auch nur ein Spritzer von der grässlichen Brühe danebenging. Die psychischen Kollateralschäden allerdings waren beträchtlich. Im Holiday Rambler herrschte noch tiefes Schweigen, als wir den Campingplatz verließen. Wir waren nicht einmal in der Verfassung, den Plastikcowboy und das große Schild am Ausgang gebührend zu würdigen. »Danke für den Besuch – Kommt bald wieder!«

In wenigen Minuten hatten wir den Highway 10 erreicht und fuhren in östlicher Richtung auf das knapp fünfhundertfünfzig Kilometer entfernte San Antonio zu. Das Land war kaum besiedelt. Es herrschte ein dementsprechend schwacher Verkehr. Matt übernahm das Steuer. Ich wandte mich meinen Eltern im hinteren Teil des Wohnwagens zu.

»Heute geht's mir ein bisschen besser«, teilte mir Mom mit. Ihre Stimme klang entspannt. »Mir ist auf der Autobahn wohler, wenn wir durch ebenes Land fahren.«

Dad schwang seinen Drehstuhl in ihre Richtung.

»Was macht das schon für einen Unterschied, Marge? Wir müssen ja doch alle einmal Abschied nehmen. Beim Zusammenstoß mit einem Lkw wär's immerhin ein rasches Ende.«

Moms Miene verfinsterte sich. »Jack! Um Himmels willen! So was darfst du nicht sagen! Ich möchte im Schlaf sterben.«

Dad lehnte sich in seinem Stuhl zurück und legte die gefalteten Hände in den Schoß. »Ich nehm's, wie's kommt«, sagte er. »Es liegt nicht in meiner Macht, und ich fürchte mich nicht davor.«

»Du hast keine Angst vor dem Tod?«, fragte ich. »Und wieso nicht?«

»Also, ich glaube an ein Leben nach dem Tod«, antwortete er, »und dass es einen Himmel gibt. Nach meiner Überzeugung kommen Leute, die es verdient haben, in den Himmel, und wer's nicht verdient hat, eben nicht.«

»Ich mag keine Höhen«, murmelte Mom. Sie schaute aus dem Fenster.

»Ich glaube, der Himmel ist so etwas wie ein ewiger Friede«, fuhr Dad fort. »Ich denke, da werden wir unsere Freunde und Verwandten wiedersehen. Ich würde meinen Vater und meine Mutter gern wiedersehen, und meine jüngere Schwester auch, und meinen Bruder ... vielleicht werde ich da auch Tommy Dorsey über den Weg laufen, der kann uns dann ein paar schöne Melodien vorspielen.«

»Ich glaube, wir werden Federn sein«, sagte Mom.

»Wie bitte?« Ich wandte mich meiner Mutter zu. Sie sah immer noch aus dem Fenster, den Blick auf eine große weiße Wolke gerichtet.

»Es gibt viel zu viele Menschen auf der Welt«, erklärte Mom, »und die meisten sind zu schwer, sie haben Übergewicht, besonders heutzutage. Ich glaube, wir werden Federn.«

»Meinst du, dass wir aus Federn bestehen werden«, fragte ich, »oder dass jeder nur eine Feder sein wird?«

»Jeder wird bloß eine Feder sein«, antwortete sie ernst. »Nur so haben wir da alle Platz. Ich glaube nämlich, dass die meisten von uns in den Himmel kommen.«

»Aber der Himmel ist groß, Marge, sehr, sehr groß«, belehrte sie Dad, der seine Hände hinter dem Kopf gefaltet hatte und nun ebenfalls aus dem Fenster auf die vorbeigleitende dicke weiße Wolke blickte. »Wir werden alle miteinander hineinpassen.«

»Eine Sache gibt mir aber doch zu denken«, sagte Mom. »Von meinen Freundinnen haben manche ihren Mann verloren und dann wieder geheiratet, manche sogar zwei- oder dreimal. Nun heißt es, dass man im Jenseits seine Liebsten wiedersieht. Was bedeutet das nun für diese Freundinnen? Werden sie da im Himmel mit ihrem ersten, zweiten oder dritten Ehemann zusammen sein? Oder mit allen dreien? Das scheint mir doch ein Problem.«

Alle schwiegen. Plötzlich zog Mom die Stirn in Falten und sagte mit fester Stimme zu mir: »Wenn ich dort oben deinen Vater erwische, wie er mit einer anderen rummacht, gibt's Ärger. Möglicherweise geht er ja als Erster nach drüben, und dann quatscht er garantiert eine an.«

Dad hatte es nicht gehört und Mom nicht gemerkt, dass Dad es nicht gehört hatte.

»Aber wahrscheinlich wirst du ja doch achtundneunzig«, fuhr Mom fort. Sie wandte sich jetzt direkt an Dad. »Bestimmt wird man zuerst mich mit den Füßen voraus aus dem Haus tragen. Und dann wirst du mit einer aus Asien zusammenziehen.«

»Mit einer Asiatin?«, fragte ich verwundert.

»Aber ja. Er liebt Asiatinnen«, erklärte Mom. »Er ist ganz verrückt nach schwarzem Haar. Meine Mutter hatte schwarzes Haar.

Später ist es wie glänzendes Silber geworden. Es war wunderschön, und das gibt's nur, wenn Menschen pechschwarze Haare haben; das wird im Alter nicht grau, sondern silbrig. *Mein* Haar sähe wie stumpfes Stroh aus, wenn ich's nicht färben würde.«

»Aber Marge!«, unterbrach Dad sie, »du hattest das schönste Haar in Paterson. Langes Haar mit bis auf die Schultern fallenden Locken. Rotbraunes Haar. Bildschön.«

»Schau dir's jetzt doch an«, brummte sie und strich eine widerspenstige Strähne hinters Ohr. »Die Friseuse, die's zuletzt färbte, hat es total verhunzt. Es ist viel zu dunkel geworden. Ich sehe aus wie eine billige Nutte. Vielleicht lass ich das Färben bald sein. Es wird allmählich zu mühsam. Warum gibt dieser Dick Clark nicht endlich auf?«

»Färbt der etwa auch sein Haar?«, fragte ich verdutzt.

»Nein.« Mein Dad lachte. »He, sag mal, kannst du dich noch an den Schopf von Bob Richards erinnern? An den Werbetypen auf der Wheaties-Packung, Mike?«

»Klar.« Sein strahlendes Lächeln hatte in Amerika schließlich ein Jahrzehnt lang alle Wheaties-Schachteln geziert.

Mom kramte in ihrer Handtasche herum. Sie schien uns nicht zuzuhören, sagte dann aber: »Wie, zum Teufel, hat er es geschafft, ein Schiff mit seinen Zähnen zu ziehen?«

Dad schien verwirrt. »Was für ein Schiff?«

»Ich glaube, Mom meint Jack LaLanne«, sagte ich. »Er ist bestimmt noch am Leben, und ...«

»Bob Richards«, unterbrach mich Dad, »war Sieger im Stabhochsprung bei den Olympischen Spielen von 1956, Marge. Erinnerst du dich nicht, wie wir ihn zum North Shore County Club holten? Er sollte dort als Werbung für unsere Zeitschrift *Sports Illustrated* an einem Golfturnier teilnehmen. Als seine Gruppe mit dem Spiel beginnen sollte, war er nirgends zu finden. Dann entdeckte man seine Schuhe unter einem Baum. Er selbst saß auf dem Baum – wollte nicht herunterkommen! Die anderen Teammitglieder – Manager, echte Konzerntypen – haben sich nur verdutzt angeschaut. Richards war ein ziemlich exzentrischer Mensch, doch einer von der unterhaltsamen Sorte. Die eine Olympiamedaille hat ihn finanziell durchs ganze Leben getragen. Er wurde zu Vorträgen eingeladen, hat Werbung gemacht, wie auf den Wheaties-Schachteln.«

»So etwas wäre heutzutage nicht mehr möglich«, sagte ich. »Ruhm ist kurzlebig. Wer heute eine Goldmedaille gewinnt, ist nur so lange berühmt, wie die Olympischen Spiele dauern. Sind die Spiele vorbei, ist auch der Ruhm passé. Du bist ein Spielball der Medien, erst heben sie dich in höchste Höhen, dann lassen sie dich fallen. Heute würde Bob Richards' Ruhm nicht länger als eine Woche anhalten. Und allein mit Stabhochspringen würde er gar nicht berühmt. Dazu bräuchte es schon noch irgendeine traurige oder tragische persönliche Geschichte.«

Meine Mom war in Gedanken versunken, nickte, hob den Kopf, nahm meinen Vater ins Visier und sagte: »Wie, zum Teufel, soll jemand mit seinen Zähnen ein Schiff ziehen können?«

Als wir zum Tanken in irgendeinem texanischen Städtchen die Autobahn verließen, war es fast Mittag geworden. Dad stieg aus dem Wohnwagen und ging zu dem eher mickrig aussehenden Tankstellenshop. Ich folgte ihm, und dort ist mir erst aufgefallen, dass er an diesem Tag Cowboystiefel trug und sein linkes Hosenbein versehentlich im Stiefel steckte. An der Ladenkasse saß eine ältere Frau. Dad schenkte ihr ein freundliches Lächeln, nahm sich eine Zeitung aus dem Ständer, legte sie auf die Theke und suchte in seiner Jackentasche nach Münzen.

»Mein Gott, ist das ein großer Bundesstaat, in dem Sie leben!«, sagte er in seiner leutseligen Art.

»Ein großer Staat?«, fragte sie in merkwürdig zweifelndem Ton.

Mein Dad schwieg einen Moment. »Bitte, entschuldigen Sie«, meinte er dann rasch, »ich hab ganz vergessen, dass ich noch ein paar andere Sachen brauche.«

Er wandte sich nach links und entnahm einer kleinen Drehsäule ein paar Postkarten. Dann hastete er zu einem verstaubten Regal, zog eine Schachtel Kleenex-Tücher, eine Rolle Küchenpapier, ein paar Kugelschreiber, eine Landkarte und Tesafilm heraus. Zur Ladentheke zurückgekehrt, griff er sich einen Haufen Schokoriegel. Es war ein mir wohlvertrauter Vorgang. Dad wollte sich freundlich erweisen, weil ihm die Frau an der Theke irgendwie sympathisch war. Er steckte die Münzen wieder in seine Tasche und kramte ein Bündel Banknoten hervor, reichte der Frau einen Zwanzigdollarschein, gab ihr zu verstehen, dass sie das Wechselgeld behalten solle, und gab ihr zum Abschied die Hand.

»Ich danke Ihnen«, sagte er mit einem strahlenden Lächeln. »Sie sind eine sehr liebenswürdige Dame.«

Dad lief mit einer Plastiktüte voll total unnötiger Sachen zum Wohnwagen zurück – ein Anblick, bei dem sich mir die Frage aufdrängte, wie Dad es überhaupt geschafft hatte, durchs Leben zu kommen. Er ist entschieden zu großzügig und sensibel, geradezu prädestiniert, ein Opfer seiner Gutglaubigkeit zu werden. Und es gibt zahllose Geschichten, die dies bestätigen. Zwei davon möchte ich an dieser Stelle erzählen.

Michelangelo mit dem Papierhut

Als ich eines Nachmittags von der Highschool nach Hause kam, stand in unserer Küche ein riesiger Afroamerikaner. Er trug einen Papierhut – eine braune Einkaufstüte, die an einer Seite aufgerissen und wie ein Visier hochgebogen war, damit er sehen konnte. Der Mann hielt einen Farbroller in der Hand und grinste. In der Stille war nur das Plitsch-Platsch von Flüssigkeit auf Papier zu hören. Ich schaute nach oben. An der Küchendecke klebten große Klumpen weißer Farbe, die auf den Papierhut, den Fußboden, die Küchentheke, den Herd und den Toaster herabtropfte.

»Hallo, Kleiner. Ich bin der Robert.«

»Hallo, ich heiße Mike.«

»Freut mich, deine Bekanntschaft zu machen, Mike. Dein Vater hat mir Arbeit gegeben. Ich soll die Küche streichen. Ich bin ihm letzte Woche im Chicago-Stadion begegnet, als ich dort Autos einparkte. Dein Vater ist ein guter Mensch.«

Das ist er tatsächlich, auch wenn er dafür bluten musste, als er nach Robert einen gelernten Anstreicher zu bezahlen hatte, der die Spuren von Roberts Pfuscherei beseitigte.

Irisches Laubfeuer

Es ist uns bis auf den heutigen Tag ein Rätsel, wie der klein gewachsene Fremde mit irischem Akzent zu dem Auftrag kam, in unserem Garten hinter dem Haus das Laub wegzuharken. Das Ereignis liegt lange zurück, in einer schon historisch zu nennenden Zeit, als das Verbrennen trockenen Laubes in den Vereinigten Staaten noch erlaubt war. Mein jüngster Bruder Kevin war schulmäßig zwar noch Erstklässler, im Erkennen bizarrer Verhaltensweisen besaß er jedoch bereits die Hochschulreife. Gleich nach Ankunft des Fremden hatte er sich eines Gartenstuhls bemächtigt, um die merkwürdigen Bewegungen des Mannes aus sicherem Abstand genau zu beobachten. In seiner richtungweisenden Studie stellte Kevin damals drei gravierende Abweichungen von der üblichen Technik des Laubharkens in vorstädtischen Gärten fest:

1. Der harkende Mann schien aufgrund häufiger Schlucke aus einem silbernen Flachmann unter Gleichgewichtsstörungen zu leiden.
2. Das Laub wurde an der zum Garten hin gelegenen Wand unserer Garage aufgehäuft. (Die Garage bestand aus Holz.)
3. Zum beschleunigten Entsorgen des zusammengerechten Laubhaufens wurde Benzin verwendet.

Kaum hatten die Flammen an der Wand unserer Holzgarage zu züngeln begonnen, da war der Mann mit dem komischen Akzent auch schon verschwunden. In einer Fußnote zu seiner Studie hat Kevin gemutmaßt, dass das rasch um sich greifende Feuer in dem Mann eine Art religiöse Erweckung auslöste. Kevin begründete seine Mutmaßung mit der Feststellung, der Mann habe unmittelbar vor seiner Flucht in herzerbarmendem Ton immer wieder »O Gottogott!« und »Heilige Muttergottes!« gerufen.

Er ist nie wieder bei uns aufgetaucht. Wozu auch? Dad hatte ihm für seine Dienste sicherlich eine großzügige Vorauszahlung gewährt. Und warum nicht? Immerhin verschaffte der Ire unserem Kevin die Aufregung seines Lebens, gelang es ihm doch tatsächlich zu bewerkstelligen, dass echte Feuerwehrleute mit Schläuchen und Äxten in unserem Garten umherrannten. Als sie dem strahlenden Kevin zum Abschied zuwinkten, war unsere Garage allerdings mit allem, was sich darin befunden hatte, nur noch ein schwelendes schwarzes Häufchen.

Es war kurz vor sechzehn Uhr, als wir unsere beiden Wohnwagen auf einem Campingplatz abgestellt hatten und per Taxi das historische Alamo* erreichten, das inmitten seiner modernen städtebaulichen Umgebung auf den ersten Blick doch seltsam anmutet.

»Kein Wunder, dass die Belagerten hier unterlagen«, meinte Brendan. »Bei einem so kleinen Fort!«

»Es ist wirklich klein«, pflichtete ihm Mom bei, »aber ich liebe solche historischen Stätten. Ich hätte nie gedacht, dass ich diese hier einmal sehen würde.«

Vor dem Alamo drängten sich die Touristen. Bevor wir eintraten, bat ich meine Eltern, vor der berühmten Fassade für ein

* Alamo in San Antonio, Texas, ursprünglich Missionsstation der Franziskaner, später als Fort genutzt. 1836 wurden dort im Unabhängigkeitskrieg 180 Texaner unter Colonel William B. Travis, James Bowie und Davy Crockett von 4000 mexikanischen Soldaten belagert und bis auf fünf Überlebende, die man anschließend kaltblütig ermordete, in der Kapelle hingemetzelt. Heute ist es ein Museum. (Anm. d. Ü.)

Gruppenfoto zu posieren. Ich wollte den Apparat gerade einstellen, als Dad aus dem Sucher verschwand und zu singen begann:

»Across the alley from the Alamo
Lived a pinto pony called Navajo,
Who sang a sort of Indian ›Hi-de-ho‹
To the people passing by.«

»Was ist denn das für ein Lied?«, fragte ich und schaute in die Runde, um herauszufinden, ob jemand Dad zugehört hatte.

»Das war zu der Zeit deiner Geburt ein Riesenhit«, antwortete Dad, während er sich wieder in den Sucher der Kamera bewegte. »Gesungen haben es die Mills Brothers. Das war großartig. ›Oh ...‹« Und schon war er mir wieder aus dem Sucher entwischt.

»... The pinto spent his time a-swishing flies
And the Navajo watched the lazy skies
And very rarely did they ever rest their eyes
On the people passing by ...«

»Sehr schön, aber nun lass das Singen«, flehte ich. »Damit wir diese Aufnahme machen können, bevor die Gedenkstätte schließt.«

Dad schlurfte ins Bild. Bevor ich ihn aber dazu bringen konnte, in die Kamera zu schauen und zu lächeln, hatte er sich Mom zugewandt und schon wieder zu reden begonnen.

»Das war ein großartiges Lied, stimmt's, Marge? Warum gibt es heute keine Sänger mehr wie diese Mills Brothers?«

»Weil sie der Vergangenheit angehören, Jack. Man muss mit der Zeit gehen. Das Programm ändert sich. Heute zählen eben Sänger wie P. Diddy.«

Mein Dad machte eine saure Miene.

»Warum, verdammt noch mal ...?«

Klick.

Ich durfte nicht länger warten. Die Zeit eilte. Nach dem Schnappschuss begaben wir uns gleich ins Museum. Auf mich üben historische Stätten wie das Alamo immer eine starke Faszination aus, insbesondere die Sammlungen persönlicher Erinnerungsstücke und die damit verknüpften Geschichten. Hier kam meine Suche nach beeindruckenden Details jedoch leider zu einem baldigen Ende. Ich bewunderte gerade eine Kollektion furchterregender chirurgischer Sägen aus den 1830er Jahren zur Amputation von Gliedmaßen und hob kurz den Kopf, um nach meinen Eltern zu sehen – da waren sie auch schon verschwunden. Meine Mutter hatte sich in den Souvenirladen verzogen; ich fand sie beim Kauf eines Alamo-Kaffeebechers mit der Aufschrift JACK. Dad war durch einen Seiteneingang ins Freie entwischt. Er saß auf einer Bank.

»Die Besichtigung hat sich ja wirklich gelohnt«, bemerkte ich sarkastisch.

»Nicht wahr?!«, entgegnete er in euphorischem Tonfall. »War es nicht großartig!«

»Aber du hast ja nicht mal …« Bevor ich meinem Zweifel an der Aufrichtigkeit seiner Behauptung Ausdruck verleihen konnte, ertönte hinter uns eine Stimme.

»Schau mal, was ich für dich gekauft habe, Jack.« Mom zog den weißen Kaffeebecher aus der Tasche und drehte ihn nach allen Seiten, damit wir seine einzigartige Schönheit bewundern konnten.

»Fantastisch, Marge. Alamo ist wirklich ein ganz besonderer Ort, stimmt's?«

Es war noch nicht achtzehn Uhr, als wir in einem mexikanischen Restaurant am River Walk, einer belebten touristischen Straße, Brendans zwanzigsten Geburtstag feierten. Der Kellner brachte uns eine kleine Geburtstagstorte. Die Kerzen zauberten ein sanftes Leuchten auf Brendans Gesicht. Er hätte jetzt an seiner Universität weilen und eine schöne Studentenzeit erleben können – aber nein, er hatte sich ein Freisemester genommen und sich dafür entschieden, zwei alten Menschen – seinen Großeltern – eine Reise durch Amerika zu ermöglichen. Als ich ihn verstohlen musterte, überkam mich von neuem dieses merkwürdige Gefühl vom Vorbeirasen der Zeit. Wie konnte es sein, dass mein Jüngster schon zwanzig war? Dass meine Tochter Megan bereits in drei Wochen ihr erstes Baby bekam?

Später am Abend habe ich noch Cathy angerufen und mit ihr über das Schön-Schaurige von Geburtstagsfeiern gesprochen. Nun hatten wir also kein Kind im Teenageralter mehr. Wie schnell war doch die Zeit vergangen. Meine Frau rief mir einen Abend vor genau einundzwanzig Jahren in Erinnerung. Wir waren bei ihren Eltern in Florida zu Besuch, und während Matt, Kerry und Megan nach dem Abendessen Opa und Oma Gesellschaft leisteten, hatten Cathy und ich einen Spaziergang zur kleinen Hafenanlage am Kanal hinter dem Haus ihrer Eltern unternommen, wo Cathy mir eröffnete, dass sie sich noch ein weiteres Kind wünsche. Ich habe warnend auf meine Tätigkeit bei der NBC hingewiesen, die mich ziemlich in Anspruch nehmen würde, da 1984 die amerikanische Präsidentschaftswahl und die Olympischen Spiele anstanden. Die Antwort, die Cathy mir darauf gab, bezog sich auf Kinder, sie hätte aber auch für vieles andere gelten können – nämlich dass Menschen es nie zu bereuen hätten, wenn sie der Stimme ihres Herzens folgten.

6

»Was hältst du von Phil Mickelson, Jack?«

Schweigen.

»JACK!«

»Herrje, was ist denn, Marge? Ich hab dich nicht gehört.«

»Du solltest deine Ohren untersuchen lassen!«, schrie Mom. »Ich hatte dich gefragt, was du von Phil Mickelson hältst. Er scheint ein netter Kerl zu sein.«

Wir gondelten über den Highway 10 in Richtung Beaumont in Texas. Dad hatte seinen Hintern trotz wiederholter Warnungen schon wieder auf einem wackligen Holzklappstuhl vor dem Esstisch platziert. Ein aussichtsreiches Solitär-Spiel war ihm offenbar das Risiko wert, bei einer plötzlichen Vollbremsung durch die Windschutzscheibe geschleudert zu werden. Auf der gegenüberliegenden Seite des Holiday Rambler saß Mom, einen Packen Zeitschriften im Schoß, rittlings auf der Couch. Die Frage nach Phil Mickelson, einem Berufsgolfspieler, war vermutlich durch einen Magazinbericht ausgelöst worden.

»Jawohl, den finde ich auch einen netten Kerl«, erwiderte Dad. »Aber sag mal, Mike – ich hab doch irgendwo gelesen, dass viele Golfprofis es heute genauso machen wie wir und im Wohnwagen von Turnier zu Turnier durchs Land ziehen.«

»Das habe ich auch gelesen«, sagte ich vom Fahrersitz aus. »Golfspielen gehört wahrscheinlich auch zu den Berufen, die nur Spaß zu machen scheinen, aber doch ziemlich anstrengend sind.«

Matt – auf dem Beifahrersitz – nickte bedeutungsvoll und

meinte dann grinsend: »Und besonders anstrengend wegen der blöden Klamotten, die man dabei tragen muss! Noch dazu im Fernsehen!«

»Golf im Fernsehen ödet mich an«, sagte Dad. »Ich schaue immer nur zu, wenn das Spiel zum letzten Loch kommt. Vor der letzten Runde schalte ich aber wieder ab. Der Verlierer würde mir leidtun.«

»So mach ich's beim Lesen von Romanen«, erklärte meine Mutter. »Ich lese immer die letzte Seite zuerst. Ich mag keine Überraschungen.«

»Wenn man auf mich hören und meinen Vorschlägen folgen würde, fänden die Golfsendungen im Fernsehen wesentlich mehr Resonanz«, sagte ich und begann während des Fahrens wieder mit meinen Banjoübungen. »Erstens sollte der Golfplatz durch einen Drahtzaun abgegrenzt werden, durch einen richtig hohen Zaun, damit die Fans draußen bleiben. Zweitens sollte man dann am ersten sowie hinten auf dem neunten Loch je einen Löwen loslassen. Ohne dass die Spieler erfahren, wo diese zwei Löwen sich befinden. Da würden sie sich endlich sputen und alles tun, um so schnell wie möglich den Golfplatz zu verlassen. Auf diese Weise käme endlich mal Tempo und so was wie Risiko und Gefahr in diese Sportart . Damit wenigstens Spannung entsteht. Was meint ihr, wie da die Einschaltquoten steigen würden! Massen von Menschen, die von Golf im Fernsehen sonst nichts wissen wollen, würden vor der Glotze hängen. Stellt euch mal vor, ihr stoßt beim Zappen zufällig auf ein Golfturnier und hört den Kommentator sagen: ›Ernie Els versucht gerade, über zehn Meter zu putten, um unter der Anzahl der erwarteten Schläge zu bleiben. Wenn ihm dieser Schlag glückt ... Oh, mein Gott! Stewart Cink fängt zu rennen an. Wir fahren die Kamera auf Loch sechs. Cink wird über die gepflegte Grünfläche gejagt. Wer ist da hinter ihm her? Ist das vielleicht ein Löwe? Herrgott, ja, es ist ein Löwe!!! Sehen Sie genau hin! Dorthin, zu Cink! Himmel, wie der flitzt!‹

Bei so einem Golfspiel würde bestimmt niemand mehr den TV-Kanal wechseln.«

Ich warf einen raschen Blick hinter mich. Schweigen. Nicht die Spur einer Reaktion. Dad hatte sich wieder ganz in sein Solitär-Spiel versenkt, Mom die Nase in den Rand-McNally-Straßenatlas gesteckt.

»Auf die beiden scheinen meine Reformideen ja nicht gerade Eindruck gemacht zu haben«, murmelte ich.

Matt nickte. »Genau. Aber mach dir nichts draus. Jack und Marge zählen sowieso nicht zu der demographischen Zielgruppe, auf die es ankommt. Mich hättest du auf jeden Fall als neuen Zuschauer gewonnen.«

Bei langen Fahrten auf eintönigen Autobahnstrecken können die verrücktesten Gespräche aufkommen. Das geschieht natürlich auch, wenn man in einem Elternhaus aufwächst, in dem es nie an Humor mangelt. In dem Punkt hatte ich wahrlich großes Glück. Unsere Familie enthielt alle dazu notwendigen Ingredienzen: vier Jungs, ein verrücktes Huhn von Mutter; einen jovialen Daddy; eine unter demselben Dach lebende Oma, die zu den Buben hielt und uns nie verriet; eine kleinstädtische Umgebung mit vielen Kindern in unserem Alter; und am Ende unserer Straße drei Plätze mit Ladengeschäften, Restaurants, Tankstellen, Seitengassen, Feuerleitern und Notausgängen, einem Lichtspieltheater sowie unzähligen Ecken, wo wir spielen und uns verstecken konnten. Und zwischen unserer Straße und dem Dorfzentrum, sozusagen als Tüpfelchen auf dem I, befand sich auch noch ein Park – ein Park mit einem Holzapfelbaum! Alle Lausbuben dieser Welt sind mit zwei Urtrieben ausgestattet, und zwar dem zu klettern und dem, mit Gegenständen zu werfen. Uns hatte ein gnädiger Gott inmitten unseres kleinen Gartens Eden einen Baum geschenkt, an dem wir hochklettern konnten und der uns obendrein mit einem schier unerschöpflichen Vorrat an Wurfgeschossen versorgte. Gibt es ein idealeres Wurfobjekt als einen Holzapfel? Nein. Zumindest nicht in der Natur. Für die Zeit aber, die wir im Kino verbrachten, hatte der Herrgott Dots-Drops geschaffen.

Das Filmtheater in Glencoe lag von uns aus nur drei Straßen weiter. Mom gab uns dreien – Kevin war noch zu klein –, je fünfzig Cent, und wir sausten los. Fünfzig Cent reichten damals für

Drei der vier Leonard-Jungs im Sonntagsstaat.

die Eintrittskarte, eine Portion Süßigkeiten oder Popcorn und ein Mineralwasser. Was die Süßigkeiten betraf, so entschieden wir uns gewöhnlich für Dots; denn Dots waren als Mehrzweckobjekt nicht zu toppen. So gut die Gummidrops mit Fruchtgeschmack auch mundeten – noch besser eigneten sie sich zum Werfen. Einfach so, direkt aus der Schachtel, oder nach einminütigem Lutschgenuss, denn da waren sie weich und hafteten besser an der Leinwand oder an den Kinowänden. Milk Duds waren gleichermaßen schmackhaft und wurftauglich, allerdings nicht so haftfähig wie Dots und darum etwas schwieriger zu handhaben. Hin und wieder haben wir auch eine Hand voll Good & Plenty oder Jujubes als Salven abgefeuert, aber nur, wenn es darauf ankam, eine Fläche sozusagen schrotmunitionsmäßig zu bearbeiten.

Samstägliche Filmmatinees verwandelten das von Kids wimmelnde Kino in eine Schießbude. Da flogen Drops in allen Richtungen durch die Luft. Für die Teenie-Platzanweiserinnen in ihren schlecht sitzenden roten Jacketts muss es ein Albtraum gewesen sein. Wenn sie vorgeschickt wurden, um in den außer Rand und Band geratenen ersten Reihen für Ruhe zu sorgen, boten uns ihre an beiden Seiten des Kinosaals hin und her flitzenden Gestalten eine ideale Zielscheibe. Sie fungierten auch als Hausmeisterinnen; nachdem das Publikum sich verzogen hatte, mussten sie den Saal reinigen. Manchmal waren die Leonard-Jungs ihnen – unwillent- und unwissentlich – dabei behilflich; denn bei langweiligen Filmen trugen wir Wettkämpfe aus, die folgendermaßen abliefen: Wir verteilten uns über die hinterste Sitzreihe des Kinos und begannen uns auf ein Handzeichen hin nach vorn zu bewegen. Allerdings nicht auf normale Weise. Das war untersagt. Wir hatten vielmehr unter den Sitzen auf dem Bauch bis zur ersten Reihe zu kriechen, so dass, wenn wir schließlich ein paar Meter vor der Kinoleinwand wieder zum Vorschein kamen, an unseren Kleidern Reste von verschütteter Cola, Kaugummis, Waffeln, Biskuits, Schokolade und Zahnstocher klebten.

Besonders gute Filme fesselten das jugendliche Publikum meist so, dass es die Drops-Scharmützel vergaß und die Platzanweiserinnen unbehelligt ließ. Bei dem Film *Earth Versus the Flying Saucers* fielen uns fast die Augen aus dem Kopf, und man hätte eine Stecknadel zu Boden fallen hören können. Das menschliche Herdenverhalten ist jedoch unvorhersehbar. So traf die

Explosion eines Pulverfässchens während einer Matinee von *Sindbads siebte Reise* die Kinodirektion völlig unvorbereitet. In dem Film, der uns als einer der größten aller Zeiten angekündigt worden war, gab es einen Zyklopen, der in den Anfangsszenen als einhörniges Wesen auftrat – und dann hatte er plötzlich zwei Köpfe! Sindbad schien es nicht zu bemerken. Uns aber ist dieser Fehler nicht entgangen. Wir haben aus Protest die Leinwand mit Drops bombardiert.

Wenn ein Leonard merkt, dass er verschaukelt wird, kennt sein Zorn keine Grenzen. An einem schicksalhaften Samstagnachmittag des Jahres 1958 fühlten sich gleich drei Leonards verarscht: Jack, Timmy und ich. Wir hatten uns sehr früh auf den Weg zum Kino gemacht. Uns lockte die Kombination aus zwei aussagekräftigen Wörtern: *Damn Yankees*. Ein Film über Baseball und Fluchen! Genau das Richtige für uns! Dachten wir jedenfalls.

Es kam zu einem Aufruhr. Ich will ihn nicht im Detail schildern, sondern es mit folgendem Abriss genug sein lassen. Als Gesang anhob, machte sich im Saal für einen Moment entsetztes Schweigen breit. Jack schaute mich an. Ich schaute Jack an. Uns sind die Kinnladen heruntergefallen und die Augen aufgegangen: *Damn Yankees* war eins von diesen verflixten Musicals – in dem auch nicht geflucht wurde! Und da prallte auch schon der erste Drop von der Wange des Schauspielers Tab Hunter ab. Gleich darauf saß seiner Partnerin Gwen Verdon ein Milk Dud auf dem Auge. Danach öffneten sich sozusagen die Schleusen des Himmels. Aus allen Richtungen hagelte es Atomic Fire Balls, Knallkaugummizigarren, Plastikflaschen, Wachspfeifen, Kräutersaftdosen, Chunkys, Zagnuts, Pez (und Pez-Spender), Slo Pokes und Bit O'Honeys. Mag sein, dass die übrigen Schützen im Saal die Wut der Leonards, verraten und verkauft worden zu sein, nicht in vollem Umfang teilten, aber auf den Spaß, zwischen den Sitzreihen hin und her zu flitzen, sich gegenseitig als Zielscheibe zu benutzen und gellend laut zu schreien und schallend zu lachen, um den grässlichen Singsang des Musicals zu übertönen, wollten sie nicht verzichten.

Das waren noch Zeiten. Da verfügten viele Kleinstädte noch über Kinos. Die Kids gingen allein zu den Vorführungen, zu Fuß, oder sie fuhren mit dem Fahrrad. Von allen Seiten kamen sie herbeigeströmt, ohne dass irgendein Vater oder eine Mutter aufgekreuzt wäre. Im Sommer kriegten wir manchmal den ganzen Tag über keine Erwachsenen zu Gesicht. Sie waren der Meinung, wir würden schon Wege finden, uns die Zeit zu vertreiben. Und so war's ja auch. Wobei wir uns an die Maxime hielten: Was ein Erwachsener nicht weiß, macht ihn nicht heiß. Und die Erwachsenen *haben* nicht gewusst, was wir trieben und anstellten. Und weil sie's nicht wussten, hat sie's auch nicht gekümmert. So haben wir das Leben kennen und mit ihm umzugehen gelernt.

Meinem Freund Ricky Leslie brachte es allerdings wenig an Erkenntnis, als er auf seinem Fahrrad mit Karacho durch einen frisch gestrichenen Holztunnel fahren wollte. Es war strenggenommen gar kein Tunnel, sondern eine aus Holz errichtete, überdachte Einfahrt des Women's Club in Glencoe. Die Handwerker hatten nach dem Anstrich einen Kupferdraht gespannt, an dem ein Schild mit der Warnung »Vorsicht, frisch gestrichen« angebracht war. Dieses Schild nun hatte irgendein Idiot – möglicherweise einer aus unseren Reihen – abgenommen, ohne auch den Draht zu entfernen, und als Ricky mit Überschallgeschwindigkeit auf dem Rad dem Tunnel entgegenraste, hat er den Draht nicht bemerkt. Das Fahrrad kam durch, Ricky nicht: Er blieb mit dem Hals an dem Draht hängen.

Rickys Verletzung war bei uns Thema des Tages. Durch Rickys Eltern wurde sie zum Stadtgespräch. Sie hängten die Sache an die große Glocke, indem sie – so etwas hatte es in Glencoe noch nie gegeben – Anzeige erstatteten: Der Draht hatte Ricky von Ohr zu Ohr den Hals aufgeschnitten; es hätte sein Tod sein können. Die Behörden gaben den Eltern Recht, und sie erhielten Schadensersatz. Ein atemberaubend hoher Betrag. Zweihundert Dollar! Zur Deckung der Arztkosten.

Die Leonard-Jungs traf kein so spektakuläres Unglück. Dafür wurden sie von umso mehr Missgeschicken heimgesucht. Wir fielen von Garagendächern und aus Schlafkojen, verfingen uns mit den Zehen in Radspeichen. Unsere Finger steckten in zuschlagenden Autotüren. Uns knallten Basebälle an den Kopf, trafen vereiste Schneebälle mitten ins Gesicht. Verbände, Gipsschienen, blaue und blutige Nasen wurden zu regulären Begleiterscheinungen unseres Wachstumsprozesses. Auf Familienfotos aus jenen Tagen ist oft einer von uns Jungs mit einem Verband zu sehen. Ich kann es statistisch nicht belegen, aber es scheint so gewesen zu sein, dass die Häufigkeit von Unfällen und Verletzungen mit der

Mike und Jack üben einen »Joy Buzzer«-Handschlag.

Anzahl der Buben proportional anstieg. Wie übrigens auch die Häufigkeit skurriler Telefonate mit dem Hausarzt:

»Hallo, Dr. Eisenberg. Hier spricht Marge Leonard. Bitte entschuldigen Sie, wenn ich Sie schon wieder belästige, aber ich habe in Kevins Mund unsere Haustaube entdeckt. Ich weiß nicht, wie lange sie schon drinsteckt. Wird er davon eine Salmonellenvergiftung bekommen?«

»Hi, Dr. Eisenberg. Schon wieder ich – Marge Leonard. Timmy hat sich ein Glasstück vom Weihnachtsschmuck ins Nasenloch gesteckt. So groß wie ein Katzenauge oder eine Murmel. Wir wissen nicht, wie wir das Ding wieder rauskriegen sollen, und in der Schule werden doch in den nächsten Tagen Klassenfotos gemacht.«

Die Leonard-Viererbande an einem Weihnachtsmorgen. Von unserem Plastik-Weihnachtsbaum wurde ein Setzling gepflanzt, der jedoch nie zum Baum heranwuchs.

So ging das in einer Familie mit vier Knaben damals zu. Die dazugehörige Dynamik hat unsere Art zu spielen, unseren Sinn für Humor, unsere Lebenseinstellung sowie unsere intellektuellen Defizite geprägt. Wie hätten wir uns wohl entwickelt, wenn wir eine Schwester gehabt hätten? Diese Frage habe ich mir im Laufe meines Lebens immer wieder gestellt. Und ich habe keinen Zweifel: Wäre unsere Schwester nicht gestorben, wäre ein anderer Mensch aus mir geworden.

Sie hieß Ann, wurde 1944 geboren, zwei Jahre vor Jack, und ist schon bald gestorben. Das ist eigentlich alles, was ich weiß. Meine Eltern sprechen nicht über sie, und wir haben schon lange aufgehört, sie nach Ann zu fragen.

»Nun, wie sehe ich aus? Wie ein falscher oder wie ein echter Texas Ranger?« Dad zog die Krempe eines großen braunen Cowboyhuts tiefer ins Gesicht. Wir befanden uns im östlichen Texas, in einem Geschäft für Westernkleidung.

»Sie sehen ganz wie der gute alte Jim Shoulders aus«, erwiderte der Mann hinter der Theke.

»Und Sie verstehen sich drauf, Kundschaft zu ködern.« Dad lachte. »Wie könnte ich noch zögern, den Hut zu kaufen, nachdem Sie mich mit dem größten Rodeocowboy aller Zeiten verglichen haben? War Jim Shoulders ein gebürtiger Texaner?«

»Aber nein«, antwortete der Mann. »Shoulders stammte aus Henryetta im Bundesstaat Oklahoma.«

»Was für wundervolle Namen!«, rief Dad. »Jim Shoulders, Henryetta, Oklahoma.«

»Absolut«, warf ich ein. »Umwerfend, die Namen dieser Rodeocowboys! Ich hab fürs Fernsehen mal über das Endturnier eines Rodeos mit wilden Pferden berichtet. Die Namenliste der Champions ist mir bis heute in Erinnerung geblieben. Kid Fletchter. Freckles Brown. Lane Frost. Tuf Hedeman. Und die Namen ihrer Heimatorte! Mesquite, Texas ... Red Lodge,

Montana … Hugo, Oklahoma … Sombrero Butte, Arizona … Und eine ganze Reihe der Leute kam aus Henryetta.«

Der Mann hinter der Ladentheke hatte Dad den Cowboyhut abgenommen und montierte ihn auf ein merkwürdiges Gestell, um die Kopfform mit Dampf etwas zu weiten. »Dürften wir vielleicht erfahren, wie *Sie* heißen, mein Herr?«, fragte Dad.

Hop-a-long-Jack in der Bar B Western Store in Vidor, Texas.

»Also denn«, antwortete der Mann im typisch schleppenden Tonfall der Texaner. »Nichts für ungut … der Name ist Bond … James Bond.«

»Sie sprechen den Namen genauso aus wie James Bond persönlich«, scherzte ich. Alle lachten, auch James Bond. »Die hiesige Gegend ist offensichtlich eine wahre Schatzkammer komischer Namen. Es ist ein Weilchen her, aber ich hab mal ein Fernsehfeature über jemanden gedreht, der Joe Blow hieß. Gefunden hatte ich ihn über die Telefonauskunft. Mr. und Mrs. Joe Blow nebst vier jungen Blows. Eine ausgesprochen nette Familie. Ich rief an, stellte mich vor und erklärte, dass ich mit einem Kamerateam kommen möchte, für einen Beitrag zur *Today*-Show, mit dem

Thema: Was einem im Leben so passiert, wenn man Joe Blow heißt? Er versuchte, mir den Plan auszureden. ›Schauen Sie, da kann überhaupt nichts Interessantes bei rauskommen, hier rumzuhängen. Ich bin wirklich bloß ein ganz gewöhnlicher Mensch.‹ ›Aber genau darum geht's doch‹, sagte ich. ›Darum sind Sie ja genau der Richtige für die Sendung. Sie sind Joe Blow.* Als ich dann mit den Kameraleuten ein paar Tage bei Mr. und Mrs. Joe Blow und ihren vier kleinen Blows in Texas weilte, hat Joe immer wieder nur gesagt: ›Ich kapier einfach nicht, was Sie an dieser Sache finden.‹ So ging das, bis wir unser Zeug zum Abreisen packten. Da muss ihm plötzlich ein Licht aufgegangen sein; denn auf einmal hat er mich nachdenklich angeschaut und gesagt: ›He, Mike ... Ich weiß nicht, ob das für Sie von Interesse sein könnte, aber ich habe einen Zeitungsartikel aufgehoben, er ist schon total vergilbt, der zeigt ein Foto von mir, wie ich jemandem begegnet bin, der John Doe* hieß.‹«

James Bond lachte und nickte. »Ich kenn all diese Witze. Wenn ich doch nur das Geld von 007 hätte – dann müsste ich hier jetzt nicht Cowboyhüte verkaufen.«

Von der Kasse am Eingang kam seine Frau herüber. Es war ein hübsches Geschäft mit einer großen Auswahl an Jeans, Hemden, Stiefeln, Gürteln und Hüten, allesamt fein säuberlich unter gerahmten und signierten Fotografien von Rodeogrößen aus Vergangenheit und Gegenwart gestapelt. James Bond nahm Dads Cowboyhut vom Dampfgerät und gab uns zum Abschied mit allem Nachdruck zu verstehen, der zuvor geäußerte Wunsch nach besseren Verhältnissen sei nur ein Scherz gewesen.

»Ich hab allen Grund, dankbar zu sein«, sagte er zu seiner neben ihm stehenden Frau. »Ich führe dies Geschäft nun seit siebenundzwanzig Jahren. Der Herrgott hat es gut mit uns gemeint. Wir können nicht klagen.«

* Im Amerikanischen der sprichwörtliche Hinz und Kunz oder Jedermann. Das gilt auch für den weiter unten erwähnten Namen ›John Doe‹. (Anm. d. Übers.)

»Das glaube ich Ihnen gern«, verkündete Dad, marschierte prompt noch einmal durch den Laden, nahm Hemden, Gürtel und Tücher mit Cowboysymbolen und weiß Gott was sonst noch alles mit, bis er nichts mehr tragen konnte, und begab sich zur Kasse.

Ein paar Stunden später stellten wir unsere beiden Wohnwagen in der Nähe von Beaumont, Texas, auf dem Campingplatz Boomtown USA RV and Fishing Park ab, einem schmalen Landstrich, der zwischen einem Highway und einem kleinen See lag. Jenseits der Straße waren die Dächer mit den Reklametafeln einiger weniger Geschäfte zu sehen. Brendan bot sich an, zu Fuß durch die Straßenunterführung nach drüben zu laufen, um sich nach einem Take-away-Laden umzuschauen. Daraufhin erwachte in Mom der Riesenangstmacher Hysterix wieder zum Leben. Nach den stressigen Strecken der ersten Tage war dieser Hysterix in einen Tiefschlaf gesunken. Das Problem war nur: Mom hatte sich so an seine Sicht der Dinge gewöhnt, dass sie nicht mehr ohne ihn leben konnte. Sie bedurfte seiner unentwegten Versicherungen, dass nichts auf der Welt in Ordnung war. Deswegen rüttelte und schüttelte sie ihn so lange, bis er wieder erwachte und alle nervte.

»Ich bin dagegen, dass Brendan geht!«, rief Mom. »Solche Unterführungen sind gefährlich! Bei all den Geisteskranken, die heute die Welt bevölkern!«

»Ich muss doch bitten, Mom«, widersprach ich. »Brendan ist schließlich kein Baby. Er ist zwanzig! Und zu den Geschäften drüben sind's kaum dreihundert Meter! Außerdem ist Brendan ein kräftiger junger Mann. Ihm wird schon nichts passieren. Und übrigens …«

»Wir wissen doch gar nicht, was das für eine Umgebung ist, in der wir uns hier befinden«, nörgelte Mom. »In der Unterführung könnte eine kriminelle Jugendbande lauern!«

Brendan kümmerte sich nicht um Moms Einwände und hatte

schon die Wohnwagentür geöffnet, als ich ihn wieder zurückrief. Während des Wortwechsels mit Mom war mir eine alte Geschichte durch den Kopf gegangen. Eine Geschichte, die mir Dad vor langer Zeit mal erzählt hatte. Von seiner ersten Irlandreise, bei der er ganz auf sich allein gestellt war. Und das im Alter von nur zwölf Jahren. Es schien mir wichtig, dass Brendan und die anderen diese Geschichte hörten, damit sie einen Eindruck davon bekamen, wie grundlegend sich das Leben in einer Zeitspanne von nur zwei Generationen verändert hatte. Also bat ich Dad, diese Geschichte uns allen noch einmal zu erzählen.

»Damals kam man bloß mit dem Schiff von Amerika nach Irland«, begann Dad. »Zugegeben, Charles Lindbergh hatte den Atlantischen Ozean kurz zuvor im Flugzeug überquert. In jenen Tagen war das aber so ungewöhnlich, wie es heute ein Flug zum Mond ist. Linienflüge gab es damals noch nicht, jedenfalls nicht über solch große Entfernungen. Zugegeben, mit Kleinluftschiffen war es möglich. Das konnten sich aber nur reiche Leute leisten.«

Bei Dads Erzählung überkam mich, nicht zum ersten Mal, ein merkwürdiges Gefühl. Die Details begannen eine eigenartige Faszination auszuüben, so dass ich zunehmend aufmerksamer zuhörte. Ich kannte meine Eltern gut, so gut Kinder ihre Eltern eben kennen. Aber irgendetwas weckte in mir den Wunsch, tiefer zu blicken, mehr zu erfahren, damit ich Dad, Mom und meine Beziehung zu ihnen in einem neuen Licht sehen und begreifen könnte.

»Ich weiß nicht, warum ich nach Irland geschickt wurde«, fuhr Dad fort. »Vielleicht, weil meine Eltern so ein Kind weniger durchzufüttern hatten. Es war schließlich die Zeit der Weltwirtschaftskrise. Vielleicht hatten sie auch ganz einfach Angst um mich, nachdem Tommy und Anna gestorben waren, und hofften, mich so zu retten.

Ich war eins von vier Kindern. Meine ältere Schwester und ich haben überlebt, Tommy und Anna nicht. Tommy starb an Diphtherie, als er fünf Jahre alt war, Anna mit zwei Jahren an Scharlach. Damals gab es noch keine Antibiotika. Wurde ein Kind krank, standen seine Angehörigen oft weinend an seinem Grab, ehe die Woche um war. Ich war sechs, als Anna in einem kleinen weißen Sarg in der guten Stube unseres Hauses aufgebahrt wurde. Fünf Tage zuvor hatte ich ihr noch das Dreiradfahren beizubringen versucht. Da trug sie ein rosarotes Kleid und ein Hütchen in der gleichen Farbe. Sie hatte rotes Haar. Sie lachte. An mehr kann ich mich nicht erinnern.

Meine Eltern packten also einen kleinen Koffer und nähten eine Schnur an meinen Hut, damit ihn mir auf dem Ozean nicht der Wind wegwehte. Meine Mutter drückte mir einen Zettel mit Anweisungen und Ermahnungen in die Hand: In Queenstown musst du das Schiff verlassen und einen Zug nach Dublin nehmen. Auf dem Bahnhof dort wird deine Tante dich abholen. Gib acht, dass sie auch wirklich deine Tante ist. Manchmal kommen böse Menschen und führen kleine Kinder hinters Licht. Geh auf dem Schiff nicht zu dicht an die Reling.«

Vom Fenster des Wohnwagens fiel Licht auf das Gesicht meines Vaters. Er schien sehr gealtert. Die Hand, die nach einem Plätzchen griff, zitterte leicht. Seine Augen schimmerten wässrig. Ich versuchte, mir die Augen des zwölfjährigen Jungen vorzustellen, als er sich auf der Gangway des Schiffs ein letztes Mal nach seinen Eltern umsah.

»Das Schiff hieß *The Baltic*«, fuhr Dad fort. »Ich war der jüngste Passagier und teilte meine Kabine mit einem Mann. Er war Methodistenprediger und schlief in der oberen, ich in der unteren Koje. Sechs Tage waren wir unterwegs, bis das Schiff im Hafen von Queenstown in der Grafschaft Cork einlief. Cobh heißt die Stadt heute, der Name ist geändert worden, als Irland von England unabhängig wurde. Bei unserer Ankunft war gerade Ebbe, weshalb wir in einen so genannten Tender – ein großes Beiboot – steigen mussten, um an Land zu kommen. Das Schiff lag etwa eine Meile vor dem Hafen.

Im Hafen habe ich dann meinen Koffer genommen und bin Richtung Stadt gelaufen. Ein Mann fragte, wo ich denn hin wolle. Ich erkannte ihn wieder, er war mit demselben Schiff von Amerika gekommen. ›Zum Bahnhof‹, habe ich geantwortet, weil ich meine Tante in Dublin treffen müsse. ›Um diese Nachtzeit fahren aber keine Züge nach Dublin‹, erwiderte der Mann und erkundigte sich, was ich nun als Nächstes vorhätte. ›Da werde ich wohl am Bahnhof warten müssen, bis der erste Zug fährt‹, erwiderte ich. Darauf meinte der Mann, er habe ein Hotelzimmer gebucht, ich könne bei ihm schlafen. Das hab ich dann getan. Könnt ihr euch so etwas heute vorstellen, bei all den Verrückten, die in der Welt herumlaufen!

Ich muss wirklich einen sehr verlorenen Eindruck gemacht haben, als ich auf dem Hafengelände herumlief, allein, um zwei Uhr früh. In jener Nacht habe ich also im Hotelzimmer dieses Mannes geschlafen. Und mir ist nichts passiert. Am Morgen fuhr ich dann nach Dublin. Der Zug traf dort am Nachmittag ein. Ich stieg aus. Überall wuselten Leute umher, und ich wusste wieder nicht, was tun. Es dauerte aber nicht lange, bis eine Frau mit den Worten auf mich zukam: ›Bist du der Jack? Ich bin deine Tante aus Cavan, die Frau von Onkel Benny.‹ Ich hab mich an die Warnung meiner Mutter auf dem Zettel gehalten und gefragt, wie ich wissen könne, dass sie wirklich meine Tante sei. Sie zog einen Brief aus ihrer Handtasche, und ich erkannte die Handschrift meiner Mutter. Also bin ich mit ihr losmarschiert. Wir stiegen in einen anderen Zug, der nach Cavan fuhr; das liegt etwa hundert Kilometer westlich von Dublin. Es war bereits dunkel, als wir in Cavan ankamen. Dort übergab meine Tante mich einem Onkel namens Phil Sheridan, der mich in einem uralten Auto zu einem kleinen Bauernhaus am Stadtrand brachte – in das Haus, in dem meine Mutter aufgewachsen war. Es sah genauso aus, wie sie es geschildert hatte. Mit einem Reetdach und Lehmfußböden. Ohne Klo im Haus und ohne fließendes Wasser.

In dem Zimmer im vorderen Teil des Hauses aßen sie alle beisammen, rauchten und tranken Tee, all die Leute, die gekommen waren, um den Jungen von Annie Smith zu sehen. Sie haben unzählige Fragen gestellt: über meine Mutter, über meinen Vater, über unser Haus, über Amerika. Bis endlich einer meinte: ›Der Bub muss aber doch müde sein.‹ Daraufhin brachte meine Tante mich in ein Zimmer im hinteren Teil des Hauses. Ich holte die Pyjamas aus dem Koffer. Ich hatte zwei dabei, einen leichten und einen dickeren Pyjama. Meine Mutter hatte auf dem Zettel geschrieben, dass ich in Cavan den leichten tragen solle – einen Pyjama aus Flanell mit hohem Kragen und irgendeinem asiatischen Muster auf dem Rücken, so was wie einen Drachen. Ich zog ihn an. Als ich aus dem Zimmer trat, haben alle schallend gelacht. Einer der Männer meinte: ›Warum ziehst du dich um, wenn du doch nur ins Bett gehst?‹

Es war ein schmales Bett, in dem bereits mein siebenjähriger Vetter schlief. Ich legte mich neben ihn. Etwas später kam dann noch einer von den Onkeln, er war um die vierzig, und legte sich zu uns. Ohne sich umzuziehen. Seine Sachen rochen nach Tabak. Die Männer schliefen immer in derselben Kleidung, die sie auch tagsüber bei der Arbeit trugen. Deswegen haben sie über meinen Pyjama gelacht.«

»Moment mal«, unterbrach Brendan meinen Vater. »Auf dem Schiff bist du mit einem Pastor in einer Kabine gewesen. Dann hast du die Nacht in einem Hotelzimmer zusammen mit einem wildfremden Mann verbracht. Und in Cavan liegst du auch noch mit einem vierzigjährigen Onkel und einem siebenjährigen Vetter *in einem* Bett!?«

»So war das eben damals«, sagte Dad. »In dem kleinen irischen Haus war nicht viel Platz. Außerdem erzeugen so viele menschliche Körper auf engem Raum Wärme. Die Häuser waren ja nicht geheizt – nur der große Raum, wo man zusammensaß, hatte eine kleine Feuerstelle. Als Brennstoff verwendete man Torf. Ich habe die ganze Zeit in Cavan mit den beiden in dem schmalen Bett geschlafen. Zwischen ihnen. In der Mitte, damit ich's auch warm hatte.«

»Und wie lange warst du in Cavan?«

»Über ein Jahr. Ich hab auf dem Hof mitgearbeitet, in der Kneipe ausgeholfen. Ein ganzes Jahr ohne Schule. Es war wunderbar.«

»Aber wie lange hat es gedauert, bis deine Eltern in New Jersey wussten, dass du sicher und wohlbehalten in Cavan angekommen warst?« Ich schüttelte ungläubig den Kopf. In unserer Welt von heute gilt es schon als heikel, ein Kind auch nur für einen Nachmittag unbeaufsichtigt zu lassen.

»Oje«, meinte Dad, »da hätte sich erst mal einer hinsetzen, etwas zu Papier bringen und dann auch noch zur Post bringen müssen. Und der Postverkehr zwischen Irland und Amerika funktionierte nur per Schiff. Ich nehme an, meine Eltern wussten einen ganzen Monat nicht, ob ich in Irland angekommen war oder nicht. Wenn nicht sogar länger.«

»Also, Brendan«, sagte ich in leicht sarkastischem Ton, »da werde ich jetzt doch das Risiko auf mich nehmen und dir erlauben müssen, zu den Geschäften auf der anderen Seite der Straße zu laufen. Aber vergiss um Gottes willen bitte nicht, dein Handy mitzunehmen und dich alle paar Minuten bei uns zu melden.«

»Verdammt«, murmelte Mom in einem Ton, der keinen Zweifel daran ließ, dass sie es bitterernst meinte, »für ein Handy würden Jugendbanden einen Raubmord begehen!«

7

»Welcome to Louisiana.«

Das Schild am Highway 10 markierte den Anfang einer neuen Art von Abenteuer. Das zu bemerken, befand sich meine Mutter freilich nicht in der Lage. Sie war – trotz wiederholter Beteuerungen meinerseits, die Brücke liege nun hinter uns – noch immer nicht aus dem Badezimmer des Wohnwagens gekommen. Nein, kein Grund zur Sorge, Mom könnte das Zeitliche gesegnet haben, absolut nicht – die Flut von unterdrückten Flüchen, die zu mir in die Hauptkabine des Wohnwagens herüberdrang, war ein unmissverständlicher Beweis dafür, dass Mom lebte. Die schmale Brücke war übrigens wirklich furchterregend gewesen; sie schwebte hoch über dem Fluss, der Louisiana von Texas trennt. Ich hatte mitunter das Gefühl gehabt, eine starke Bö könne uns in den Abgrund fegen. Zehn Minuten nach Brückenüberquerungsende trat Mom dann wieder in Erscheinung. Sie bezog neuerlich ihre Abwehrstellung auf der Couch: Die Hände wurden eins mit den Armstützen, die Füße bohrten sich fest in den Boden.

Gleich darauf begann ein wahnsinniges Gerüttel.

Bücher, Zeitschriften, Zeitungen, Plastikflaschen, Äpfel, Bananen, Schachteln – alles, was nicht festgeschraubt oder angebunden war, begann von den Tischen und Regalen zu fallen. Wir hatten bereits etliche holprige Straßen erlebt, aber nichts dergleichen. Es war unheimlich. Umso mehr, als auf der Fahrbahn überhaupt keine Schlaglöcher oder Unebenheiten zu erkennen waren. Wir fühlten uns wie an Bord einer Nussschale auf hoher See. Es ging auf und ab, hoch und nieder.

»So eine Strecke kann nur ein blinder Straßenbauingenieur geplant haben!«, schimpfte Dad. Er brauchte beide Hände, um seinen Cowboyhut auf dem Kopf festzuhalten.

Eine Schachtel Cheerios rutschte von der Küchentheke direkt in Moms Schoß.

»Was ist das bloß für ein Staat, in dem wir uns befinden!?«, jammerte Mom.

»Ein wunderbarer Bundesstaat!«, antwortete ich und gab mir Mühe, sachlich zu bleiben. »Ich liebe Louisiana, vor allem den südlichen Teil. Ich liebe die Städtenamen: Mamou, Opclousas, Maurice. Mir gefällt die hiesige Musik. Und die Bewohner sind fantastisch. Echte Charaktere. Na schön, hier gibt's auch ein paar holprige Straßen. Ein kleiner Wermutstropfen angesichts all der übrigen Wunder!«

»Scheiß auf deine Wunder!«, stöhnte Mom. Das Schaukeln und Rütteln wurde schlimmer.

Aber schon einige Minuten später war es damit vorbei, und wir schnurrten über ein glattes Stück Highway. Moms Finger begannen sich von den Armstützen zu lösen. Sie strich ihr schlabbriges Tenniskäppi glatt – ein gutes Zeichen. Zuvor hatte Mom auf stressige Verkehrssituationen mit schnippisch aggressivem Verhalten mir gegenüber reagiert. Diesmal hatte sie sich zurückgehalten. Ein Wendepunkt in unserer Wohnwagenbeziehung?

Wir fuhren in östlicher Richtung, vorbei an Lake Charles, Evangeline, Mermentau, Duson und Lafayette, durch eine eigenartige Sumpflandschaft, die in mir eine freudige Erwartung auf die kommenden Tage weckte. Bislang hatten wir kaum Gelegenheit gehabt, uns unter die Einheimischen zu mischen. Das sollte nun im Land der Bayous* anders werden.

Ich nahm mein Handy und wählte die Nummer von Jennifer Angelle, einer jungen Angestellten im Touristikzentrum von

* Altwasser von Seen und sumpfige Nebenarme von Flüssen, die für die Landschaft Louisianas kennzeichnend sind. (Anm. d. Übers.)

Breaux Bridge, wo wir Station zu machen gedachten. In einer Stadt, die ich von einer Sendung für das TV-Magazin *Today* kannte, als Jennifer mich mit etlichen schillernden Persönlichkeiten bekannt gemacht hatte. Ob es wohl noch mehr von der Sorte gäbe?

»Should auld acquaintance be forget
And never brought to mind …«

Seltsam, dass mein Dad ausgerechnet jetzt dieses Lied anstimmte. Er lehnte sich – die Augen halb geschlossen, den Cowboyhut schräg auf dem Kopf – in seinem Sessel zurück. Der Morgen war schon fortgeschritten. Breaux Bridge lag nur mehr eine halbe Stunde entfernt. Die Landschaft draußen war sehenswert, aber er schaute nicht hin.

»Should auld acquaintance be forgot
And days of auld lang syne …«

Wie oft hatte ich dieses Lied wohl schon gehört! Und ich wusste noch immer nicht, was die Worte eigentlich bedeuteten. Aber die Melodie erregt das Gemüt, außerdem hatte Dad eine schöne Singstimme. Und da hat's mich wie aus heiterem Himmel wieder übermannt. Mir kamen die Tränen. Ich habe mein Leben lang gegen das Weinen ankämpfen müssen. Es ist ein Problem, wenn man so nah am Wasser gebaut hat und mit drei Brüdern aufwächst. Mein Gott, wie sie mich aufgezogen haben. »He, schaut mal, er kriegt wieder Glitzeraugen!«, haben sie geschrien. Ich heulte nicht wegen physischer Schmerzen. Eine gebrochene Nase, dick angeschwollene Lippen, blaue Flecken und dergleichen mehr – das habe ich einfach weggesteckt. Aber Dinge, die einen traurig stimmen, die trieben mir die Tränen in die Augen. Und das war für mich nun ein trauriger Augenblick, meinen hochbetagten Dad dieses Lied singen zu hören, während wir durch eine ihm fremde

Gegend fuhren, die er nur dieses eine Mal sehen würde. Ob ihn ähnliche Gefühle bewegten?

»It may be so for all we know
But it sounds so very queer,
So tell your jokes to other folks
Don't spread your bullshit here.«

Mom hörte nicht zu. Sie war ganz mit Schreiben beschäftigt. »Verschickst du schon wieder eine Postkarte?«, fragte Matt, der sich eine Coke aus dem Kühlschrank holte. »Und wer ist diesmal der glückliche Empfänger?«

»Ach, bloß eine frühere Nachbarin«, erwiderte Mom, ohne ihre Tätigkeit zu unterbrechen. »Sie ist bereits über neunzig und wohnt jetzt in einem Altersheim irgendwo in Florida. Ich schreib alten Menschen gern. Weißt du, warum? Als meine Mutter bei uns wohnte, hat sie, wenn ich morgens vom Briefkasten zurückkam, immer gefragt: ›Ist was für mich dabei?‹ Und ich hab ihr dann jedes Mal sagen müssen: ›Nein, für dich ist heute nichts dabei.‹ Das hat mich sehr traurig gemacht.«

Meine Mom hat trotz ihrer Neigung, ätzende Seitenhiebe auszuteilen, ein weiches Herz. Manchmal geht sie dann auch zu weit.

Es war 1980, in einer Phase beruflicher Unsicherheit. Ich hatte gerade zum TV-Nachrichtenmagazin *Today* gewechselt, und vom Publikum kam keinerlei Feedback auf Beiträge von mir – was mich hypernervös machte. Ich war deshalb überglücklich, als auf meinem Schreibtisch – endlich – Post aus der PR-Abteilung des Senders NBC lag: die Durchschrift eines routinemäßigen Antwortschreibens, mit dem der Sender Zuschauern dankt, die sich die Mühe gemacht haben, ihre Meinung über eine Sendung kundzutun. In dem Umschlag befand sich auch eine Kopie des mich betreffenden Zuschauerbriefes. Fanpost! Ich las die ersten Zeilen. Ach, wie warm mir da ums Herz wurde:

*»Für den Fall, dass Sie es selbst noch nicht bemerkt haben sollten, möchte ich Sie darauf hinweisen: Sie haben neuerdings einen Mitarbeiter, der eine junge, attraktive, intelligente und humorvolle Alternative zu Andy Rooney * darstellt.«*

Des Weiteren wurde in diesem Schreiben ausdrücklich die Empfehlung ausgesprochen, meinen Beiträgen eine längere Sendezeit einzuräumen. Unterzeichnet war er von einer gewissen Frances Sweeney.

Was Wunder, dass ich persönlich tief gerührt war – hatte sich hier doch eine mir völlig unbekannte Person tatsächlich die Mühe gemacht, ihrer Wertschätzung meiner journalistischen Bemühungen schriftlich Ausdruck zu verleihen! Zudem war dies Schreiben an das Management meiner Fernsehgesellschaft NBC gerichtet. Was für eine Motivation und Genugtuung für mich, dass man in den oberen Etagen zur Kenntnis nehmen musste, wie gut meine schrägen Features und Reportagen beim Fernsehpublikum ankamen!

Es dauerte nicht lange, bis die PR-Abteilung von NBC erneut Fanpost an mich weiterleitete – diesmal von einer Dame aus New York. Den Brief einer gewissen Mrs. Doherty, in dem es unter anderem hieß:

»Wie großartig war doch Mike Leonards Bericht über den Weihnachtsbaum! Er versteht es wirklich, eine Geschichte absolut professionell, erbaulich und unterhaltsam darzubieten.«

Weitere Schreiben folgten. Ausnahmslos von Frauen und voll des Lobes für mich. Einer dieser Briefe schilderte ein Gespräch unter

* Andrew Aitken (»Andy«) Rooney, geboren 1919, seit den 1950er Jahren für den TV-Sender CBS tätig, dem er bis heute Beiträge zu der legendären Sendung *60 Minutes* liefert, insbesondere Fernsehessays zu Themen des Alltagslebens. Für drei TV-Beiträge wurde er mit dem Emmy Award ausgezeichnet, darüber hinaus mit einem Emmy für sein Lebenswerk. Einer der bedeutendsten liberalen Stars des US-Fernsehens.

fremden Menschen an Bord einer Linienmaschine. Und sie alle äußerten – einstimmig! – ihr Befremden darüber, dass Mike Leonard im *Today*-Magazin noch immer kein angemessener Programmplatz eingeräumt worden war. Eine Briefschreiberin schlug der NBC sogar vor, mir ein höheres Gehalt zu zahlen. Unglaublich! Ich hatte mein Selbstvertrauen wiedergefunden. Amerika mochte meine Arbeit. Amerika liebte mich!

An einem Sonntagnachmittag saß ich am Kamin, zu meinen Füßen der Karton mit Fanpost, die ich – ich muss es zugeben – immer gern lese. Die Briefe strotzten nur so vor Bewunderung und Schmeicheleien. Plötzlich stutzte ich. Warum war mir das bisher entgangen? Die außergewöhnlich häufigen Unterstreichungen! Ich breitete die Schreiben auf dem Fußboden aus. Es war nicht zu übersehen: kein Satz – in allen Briefen kein einziger Satz! –, in dem nicht drei bis vier Wörter unterstrichen gewesen wären. Manche Wörter sogar doppelt.

Dies Unterstreichen von Wörtern – war das nicht eine Spezialität meiner Mom?!

Grund genug, einmal einen prüfenden Blick auf die Handschriften zu werfen. Nein, identisch sahen sie nicht aus. Aber sehr ausgeprägt waren die Unterschiede nun auch wieder nicht. Da ich sie sozusagen aus einem anderen Blickwinkel betrachtete, wurde mir klar, was ich hier vor mir hatte: eine ziemlich primitive Fälschung. Kein Zweifel – all diese Briefe stammten von ein und derselben Hand.

Es war die verflixte Hand meiner Mutter.

Und was war mit den Namen der Damen? Frances Sweeney, Agnes Doherty, Constance Sullivan ... Die Namen klangen plötzlich seltsam vertraut. Wieso erinnerten sie mich jetzt auf einmal an Glocken? An Friedhofsglocken? Ich begab mich nach oben, ging den Stapel der Kärtchen mit der Zusage einer Seelenmesse durch, die Mom nach dem Tod von Freundinnen und Verwandten an die Angehörigen versandt hatte. Und da waren sie wieder

– dieselben Namen: Sweeney, Doherty, Sullivan ... Die Namen verstorbener Freundinnen und Verwandter hatten meiner Mutter dazu gedient, meine Karriere voranzutreiben. Die Scharade war zu Ende. Aus der Traum. Amerika liebte mich nicht.

Aber meine Mutter, ja meine Mutter ... die liebte mich wirklich.

Margaret Marion Hattersley wurde am 8. Januar 1922 in Paterson, New Jersey, geboren. Gerufen wurde sie Marge. Sie wuchs ganz in der Nähe von Dads Elternhaus auf, als jüngstes von drei Kindern, die jeweils im Abstand von neun Jahren zur Welt kamen. Ihr Vater, George Hattersley, ein gebürtiger Engländer, arbeitete beim Steuerschätzungsamt in Paterson. Ihre Mutter, Margaret Curley, war die Tochter von irischen Einwanderern: von Martin Curley aus der irischen Grafschaft Roscommon und Bridget O'Halloran aus Cork. Martin betrieb Curley's Tavern – eine ordentliche, geachtete Kneipe im Arbeiterviertel von Paterson –, Bridget engagierte sich in örtlichen Wohlfahrtsvereinen. Sie starb mit vierzig Jahren an einer Nierenkrankheit.

Das älteste Hattersley-Mädchen hieß Mary, genannt Mae. Sie heiratete Jack, einen Metzger. Jack Kelliher. (Auch ein Name, der in der getürkten NBC-Fanpost vorkam.) Die beiden blieben ohne Kinder. Mae gab der vierten Klasse einer städtischen Schule in Paterson Musikunterricht. Sie empfand sich mehr als Irin denn als Engländerin, was sie alljährlich am St. Patrick's Day in aller Offenheit bekundete. Ganz in Grün gewandet, führte sie ihren Klassenchor – alle Mitglieder mit grünen Schärpen! – in die Aula, um dem dort versammelten Publikum das Lied »Galway Bay« als Ständchen zu bringen. An dieser Gewohnheit hielt Mae bis zu ihrer Pensionierung fest, obwohl die ethnische Zusammensetzung Patersons sich in der Zwischenzeit drastisch verändert hatte. Zuletzt bestand die Einwohnerschaft vorwiegend aus Afroamerikanern. Aber St. Patrick's Day war nun mal St. Patrick's Day. An jedem 17. März war Mae also wieder in ihrem grünen Kleid zu sehen, um ihre grünschärpige vierte Klasse zur Aula zu geleiten. Man kann sich denken, wie verdutzt das überwiegend afroamerikanische Publikum gewesen sein muss, wenn sie Maes afroamerikanischen Chor die elegischen Worte eines irischen Klageliedes vortragen hörte:

Die schelmische Marge.

»If you ever go across the sea to Ireland
Then maybe at the closing of your day
You will sit and watch the moon rise over Claddagh
And see the sun go down on Galway Bay.«

Betty, die zweitälteste Hattersley-Tochter, blieb ebenfalls kinderlos. Trotz zweimaligen Einlaufens in den Ehehafen. Ihr zweiter Mann war ein Stiller im Lande, der in irgendeiner Funktion für die Bezirksverwaltung arbeitete. Er hieß Hermann Diebler (wieder ein Name, der in der getürkten NBC-Fanpost auftauchte). Laut Mom war er – sie nannte ihn »Herman the German« – ein guter Mensch, ein lieber Kerl. Mit Bettys erstem Mann war das eine andere Sache. Er hatte Probleme. Zumindest mit meiner Mutter. Eines schönen Tages hat sie ihm mitten in der Nacht einen Eimer Wasser über den Kopf geschüttet. Über die genauen Hintergründe und näheren Umstände dieser Begebenheit hat sich der Mantel des Schweigens gelegt. Er hatte Betty wohl schlecht behandelt, so dass etwas geschehen musste. Fand Mom jedenfalls. Also her mit dem Eimer und weg mit dem Kerl.

Meine Mutter war mir ein Rätsel. Sie konnte freundlich und rücksichtsvoll sein. Andererseits war sie aber auch der erste Mensch, den ich sah, wie er einem anderen den Vogel zeigte. Es ist lange her, ich war sechs oder sieben, doch der Vorfall ist mir aufgrund der heftigen Reaktion unvergesslich geblieben. Den Sinn dieser Geste habe ich damals nicht begriffen, der Mann, dem sie galt, aber sehr wohl; und er wird sie verdient haben. Meine Mutter legt sich mit Fremden eigentlich nicht an. Sie macht Kellnern oder Verkäuferinnen das Leben nie schwer. Sie gibt großzügige Trinkgelder. Schimpfwörter und Flüche, neunmalkluge Sprüche und derbe Gesten verwendet sie meist ihres komischen Effekts wegen. Weil sie ihre Mitmenschen zum Lachen bringen möchte. Fühlt Mom sich aber bedrängt, in die Enge getrieben, wehrt sie sich und schlägt zurück. Man mag das als Schwäche oder Charakterfehler bezeichnen, ich bin allerdings zunehmend davon überzeugt, dass Mom damit etwas kompensiert, Luft ablässt, um ihr inneres Gleichgewicht zu bewahren.

Ihrem Wesen nach ist meine Mutter keine Kämpfernatur, musste dann aber zu irgendeinem Zeitpunkt ihres Lebens wohl Stellung beziehen und handeln. Ich habe viele Menschen in allen möglichen Situationen kennen gelernt und bin zu dem Schluss gekommen, dass Menschen entweder kämpferisch sind oder nicht. Sie nehmen entweder hin oder teilen aus. Meine Mutter war nicht fürs Kämpfen geboren, aber in Notlagen blieb ihr nichts anderes übrig, als zu kämpfen. Sie hat solche Kämpfe überstanden und danach versucht, ganz normal weiterzuleben.

Sie hat seelische Verletzungen und Narben davongetragen. Auch wenn die Narben von außen nicht zu sehen sind – ich weiß, dass es sie gibt, und wenn es allzu schmerzhaft wird, kippt sie ein paar Wodkas in sich hinein. Oder sie feuert eine Salve von Flüchen und Schimpfwörtern ab, die sich gewöhnlich gegen Dad richten. Ihre heutige Angst – vor Frontalzusammenstößen auf der Autobahn, vor geistesgestörten Mördern, vor krebserregenden Stoffen im Frühstücksspeck – passt so gar nicht zu meinen Erfahrungen von früher, zum Bild von Mom als einer jungen, übermütigen Frohnatur. Ich habe Mom gelegentlich mit sich selbst sprechen hören, habe mitbekommen, wie sie sich fragte, ob sie vielleicht den Verstand verloren habe, ob sie verrückt geworden sei. Ich halte sie keineswegs für verrückt. So wie sie nach meiner Überzeugung auch nicht feige oder ängstlich, sondern eine tapfere Frau ist – eine Frau, die ihre Schwierigkeiten und inneren Konflikte mit sich selbst ausmacht und – wie alle, die es so halten – darunter zu leiden hat. Für solche Mütter, die Kummer und Sorgen für sich behalten, um damit nicht ihre Kinder zu belasten, gibt es freilich keine Tapferkeitsmedaillen.

Meine Brüder und ich sind glücklich aufgewachsen. Wir haben erst später begriffen, dass in Amerika sehr viel weniger Familien

Die junge Marge mit ihren Eltern und zwei Schwestern.

glücklich sind, als wir geglaubt haben. Psychische Belastungen sind eine schwere Bürde, da ist die Versuchung groß, sie nicht allein auf sich zu nehmen. Warum den Zorn, die Wut, die Verunsicherung und den Frust nicht an die nächste Generation weitergeben? Soll sie die schwere Last doch mittragen! So etwas hat Mom nie getan. Auf uns Leonard-Brüder sind keine Kümmernisse und Sorgen abgewälzt worden.

»Gibt es hier denn keine Rezeption?«, fragte Mom.

»Nein«, antwortete ich. »Am Eingang hängt ein Zettel mit der Nachricht: ›Treten Sie ein, und wählen Sie Ihre Zimmer. Getränke finden Sie im Kühlschrank. Bedienen Sie sich.‹ So läuft das hier unten. Jedenfalls bei Miss Mary Lynn. Übrigens, ihr zwei werdet hier bald als ›Miss Marge‹ und ›Mr. Jack‹ bekannt sein und angeredet werden. Ich bin einfach ›Mr. Mike‹. Auch so eine Besonderheit dieser Gegend. Und deren gibt's viele.«

Wir standen im Inneren des Bayou Teche B[read] & B[reakfast] in Breaux Bridge, Louisiana, wo wir die nächsten zwei Nächte verbringen wollten. Teche, nach dem Namen des Bayous, der gleich hinter diesem Hotel Garni vorbeifließt, war ein zweistöckiges Holzhaus mit mächtigem Eingangsportal, fünf Zimmern und einem rückwärts gelegenen Garten. Absolut ideal zur Erholung vom Wohnwagendasein. Der größte Wasserarm, der die Innenstadt durchquert, lag etwa hundert Meter entfernt. Von der hohen rostigen Metallbrücke, die über ihn führt und der Stadt ihren Namen gab, hörte man gerade noch das Rauschen des Verkehrs.

Breaux Bridge ist die selbsternannte Crayfish-Metropole des Landes, könnte sich aber, meiner Einschätzung nach, auch als US-Hauptstadt der Exzentriker bezeichnen. Sie sind leicht aufzuspüren. Es genügt, das Telefonbuch aufzuschlagen – offenbar das einzige im ganzen Land, das die Teilnehmer mit ihren Spitznamen aufführt. Auf jeder Seite – ob unter Thibodeaux, Broussard oder LeBlanc – werden da gestandene Mannsbilder als »Snoopie« oder »Boogie«, »Squirt«, Little Man«, »Corn Cobb« oder »Crip« aufgelistet.

Marge und Crip.

Crip – Leiter der städtischen Abteilung »Parks und Erholung« – habe ich während meines ersten Besuchs in Breaux Bridge kennen gelernt. Genau die Art Mensch, die ich meinen Eltern auf dieser Reise zeigen wollte. Ein schwergewichtiger, jovialer Mann mittleren Alters, der ganz nach dem Cajun-Motto lebt: »Laissez les bonnes temps rouler« –

»lasst den schönen Zeiten ihren Lauf«. Ich hatte gleich nach unserer Ankunft mit Crip telefoniert und ein gemeinsames Abendessen im Mulat's vereinbart, einem Restaurant mit angeschlossenem Tanzlokal. Er wollte einige Kumpels mitbringen, damit wir einen Eindruck von der Lebenslust des Cajun-Landes bekämen.

Zunächst einmal schlug ich meinen Eltern, die auf der Veranda vor dem Hotel warteten, jedoch einen Stadtrundgang vor. Sie bestanden darauf, sich vorher zurechtzumachen und ihre Jacken zu holen. Jacken? Wozu? Sie brauchten keine Jacken. Doch nicht bei fast einundzwanzig Grad Celsius, wie ich ihnen zu erklären versuchte. Sie hörten gar nicht zu. Mir schoss eine alte Theorie über Menschen durch den Kopf, die bei warmem Wetter Mäntel tragen: Das sind entweder alte Menschen, oder sie sind nicht ganz bei Trost.

Oder beides.

Mom trat in ihrem gewohnten Aufzug wieder in Erscheinung: weißes Golfkäppi, voller Sonnencremeflecken. Weißer Nylonanorak mit rot-schwarz gestreiften Ärmeln. Dunkelblaue Hose aus undefinierbarem feuerfestem Stretchmaterial. Nylonstrümpfe. Weiße Tennisschuhe. Dad präsentierte sich in einer Kombination aus Ruheständlerkluft und Cowboytracht: Kopfbedeckung und Fußbekleidung ganz im Stil der Revolverhelden des Wilden Westens. Das Mittelteil dunkelblaue Reißverschlussjacke und hellblaue Polyesterhose – hundertprozentig das gängige Senioren-Outfit. Die Hose war um etliches zu kurz!

»Herrgott nach mal, warum hast du eigentlich das ganze andere Zeug mit auf die Reise genommen?«, fragte ich auf dem Weg zum nahe gelegenen Friedhof. »Diese Hose trägst du schon seit acht Tagen. Seit wir in Phoenix losfuhren!«

»Ist sie nicht fantastisch?!«, entgegnete er, ohne auf meinen Vorwurf einzugehen. »Und drei Paar für nur siebenundzwanzig Dollar. Der Verkäufer war wirklich ein feiner Kerl. Er kam übrigens ...«

»Ich trage schon zehn Tage denselben Büstenhalter«, warf Mom ein.

»Auf die Information hätte ich verzichten können«, gab ich zurück.

»Ich komme nicht mit der komischen Wohnwagendusche klar«, entschuldigte sich Mom. »Drum wasche ich mich auf Französisch. Ich reibe meinen Körper mit einem seifigen Waschlappen ab.«

»Unser Hotel garni hat normal funktionierende Duschen«, entgegnete ich. »Wär doch schön, wenn du die guten alten hygienischen Gewohnheiten wieder aufnähmst.«

»Kein Witz«, erwiderte sie, »mein Haar ist total fettig und platt gedrückt. Wie ein Helm!«

Wir gingen durch das Friedhofstor und folgten einem schmalen Pfad. Zu beiden Seiten kleine Mausoleen. Wieder so ein Beispiel dafür, dass hier vieles anders ist: In Louisiana werden die Toten oberirdisch bestattet. Hauptsächlich wegen des hohen Grundwasserspiegels und morastigen Bodens.

»Guidry, Pellerin, Boudreau, Doucet ...« Mom las mit lauter Stimme die Namen auf den Gewölben.

»Bei uns wird's keine großen Kästen geben, Marge«, sagte Dad, als er eine der hohen weißen Begräbniskammern inspizierte.

»Was soll das heißen?«, fragte ich.

»Wir vermachen unsere Körper der Medizin«, erklärte Dad. »Die entsprechenden Papiere haben wir vor unserer Abreise unterzeichnet. Warum nicht Organe spenden, um Menschen zu helfen? Obwohl – wenn die Ärzte zu sehen bekommen, was sie kriegen, werden die den Vertrag vielleicht annullieren und unsere Leichen zurückschicken.«

»Mein Haar wird dann hoffentlich sauber sein«, murmelte Mom. »Du hast wenigstens eine gesunde Leber.«

»Was sagst du, Marge?«

»Ich sagte: Du hast wenigstens eine gesunde Leber!«, brüllte Mom.

Und *ein* Ohr, das schlecht hört, dachte ich.

Anschließend spazierten wir über die Hauptstraße. Wenig Verkehr. Leere Bürgersteige. Wir betraten ein winziges Restaurant und nahmen an einem Fenstertisch Platz. Meine Eltern bestellten Tee, ich Diätcola. Wir waren die einzigen Gäste, bis auf einen älteren Herrn, der in der hinteren Ecke saß. Er trug Jägerkleidung. Irgendwie kam er mir bekannt vor: das tief gebräunte Gesicht, der gestutzte weiße Bart, das dichte weiße Haar. Es begann mir jedoch erst zu dämmern, als er die Kellnerin anlächelte und dabei die strahlend weißen Zähne entblößte. Da flackerte in jenem Teil meines Gehirns, in dem ich Angst erregende Erlebnisse abspeichere, ein Lämpchen auf. Es war Norbert LeBlanc. Der Sumpfmann.

Der Sumpfmann hatte mich während meines ersten Besuchs in Breaux Bridge in seinem kleinen Boot durch die umliegenden Gewässer gefahren, zwischen Reihen von moosüberwachsenen Zypressen, um nach Vögeln und anderem Getier Ausschau zu halten. Er kannte die Sümpfe wie seine Westentasche, wusste den Namen jeder Pflanze und Kreatur, die an uns vorbeiglitten. Ein Mann mit weicher Stimme, der breitesten Cajun-Akzent sprach und einen ausgeprägten Sinn für Humor besaß. Dass er dem Leben Spaß abzugewinnen verstand, war nicht zu übersehen – leider war auch zu erkennen, dass er sich an der Angst weidete, die mich packte, wenn er sich mit seinem Boot bis auf wenige Zentimeter den riesigen, langen grünen Baumstämmen mit den gelben Augen näherte: Alligatoren, von denen es in dem Sumpf nur so wimmelte. Von allen Seiten beäugten sie uns. Manchmal glitten sie unter die Wasseroberfläche und stießen an die Unterseite des Boots. Warum nur hatte Norbert jedes Mal gegrinst?

Ich berichtete meinen Eltern von meinem Ausflug mit dem Sumpfmann und zog einen Spiralblock aus dem Rucksack, in dem ich ziemlich willkürlich Beobachtungen und Zitate von besonders interessanten Menschen notiert hatte, denen ich im Laufe meiner

Arbeit für die *Today*-Show begegnet war. So auch einen Ausspruch von Norbert. Ich las ihn meinen Eltern vor:

> *»Ich habe meine gesamte Familie mit den Früchten der Natur ernährt. Gekauft haben wir Lebensmittel nur selten. Fleisch so gut wie nie. Das kam bei uns meist von Hochwild, Enten, Kaninchen und Eichhörnchen, die ich jagte. Ein Mensch, der in den Wäldern verhungert, hat es nicht anders verdient. Weil es dort überall zu essen gibt. Man muss sich nur umschauen.«*

»He, Kinder!«, flüsterte ich mit verstellter Stimme. »Daddy ist von der Jagd zurück und hat euch was Feines zum Essen mitgebracht ... Zunge von Eichhörnchen!«

»Jesusmaria!«, rief Mom. »Als Kind hast du nicht einmal meinen Hackbraten essen wollen!«

Dad warf mir einen verständnisvollen Blick zu.

»Nun ja«, sagte er. »Marge, aber ...«

»Ich weiß schon«, meinte sie kleinlaut. »Kochen war nicht mein Ding. Immerhin seid ihr noch am Leben. Mein Gott, wenn ich daran denke, wie viel Hackbraten damals vergeudet wurde.«

»Deine Konserven und Fertiggerichte haben uns geschmeckt«, tröstete ich sie. »Ebenso dein gegrillter Käse. Deine heißen Würstchen und Sandwiches waren auch prima. Heikel war's nur, wenn du dich an Hackbraten oder Rindfleischeintopf versucht hast.«

Meine Mutter nickte. »Da habe ich die Grenze meiner Fähigkeiten wohl überschritten«, räumte sie ein. »Junge, Junge, sind mir die Augen übergegangen, als wir unser Haus verkauften und ich in der Küche die Unterseite der Esstheke sauber machte, wo ihr gegessen habt. Die Essmengen, die dort klebten. Es war nicht zu fassen. Ich habe unter der Platte geschabt und gleichzeitig von oben geklopft. Riesenbrocken sind da runtergefallen. Ziegelgroß und steinhart.«

Versteinerter Hackbraten wahrscheinlich. Dazwischen Hamburger-Bratmasse und Rindfleischeintopf. Und wieder Hackbraten. Oder auch gekochte Möhren. Und anderes mehr, das aufzuzählen ich mir erspare. Moms Kartoffelbrei haben wir übrigens gemocht, nur fanden wir's besser, ihn als eine Art Mörtel zu nutzen. Wir haben eine Hand voll Kartoffelbrei genommen, unter die Platte der Esstheke geklatscht, und in diese Masse drückten wir dann das Essen, das uns nicht schmeckte. Unter der Theke befand sich ein großes Heizgerät, von dem wir heiße Knie bekamen und das sich als Kartoffelbreihärter als äußerst nützlich erwies. Auf diese Weise bildete sich im Lauf der Jahre Schicht um Schicht. Die Schichten wurden sozusagen Teil des Esstheke. Ein sachverständiger Archäologe wäre bestimmt in der Lage gewesen, die Schichtungen nach unseren Spiel- und Fernsehgewohnheiten Epochen zuzuordnen. Eine ganze Menge unerwünschter Essmaterie verschwand übrigens auch in den Ritzen des Heizgeräts. Loses Zeug – Fischstäbchen, die kleinen braunen Dinger im Thunfischauflauf oder die kleinen roten Dinger, die wir vorm Fernseher aus den Fertigmenüs zupften – steckten wir in die Hosentaschen, um sie anschließend ins Klo zu werfen und wegzuspülen.

Ich begab mich zum Tisch des Sumpfmanns und stellte mich vor. Er konnte sich sofort an unsere gemeinsame Bootsfahrt erinnern. Ich lud ihn an unseren Tisch ein, um ihn mit meinen Eltern bekannt zu machen. Er war auch so höflich, interessiert zuzuhören, als mein Dad ihm die Geschichte seines Drei-Hosen-für-siebenundzwanzig-Dollar-Kaufs erzählte.

Wir verließen gemeinsam das Restaurant. Der Sumpfmann verabschiedete sich draußen von uns. Wir traten den Rückweg zum Hotel Garni an, hatten jedoch kaum einen Schritt getan, als Dad auf dem Absatz kehrtmachte und wieder ins Restaurant stürmte. Durch das Fenster konnte ich beobachten, wie er dem Wirt die Hand schüttelte und auf unseren Tisch neben die drei Dollar, die ich bei einer Rechnung über vier Dollar bereits als Trinkgeld gegeben hatte, noch einen Fünfdollarschein legte.

»Genau die Art von Lokal, die ich liebe«, meinte er bei seiner Rückkehr. »So ist es früher überall in Amerika gewesen.«

»Mir gefällt es ja auch«, sagte ich. »Man muss aber aufpassen. Großstadtmenschen lassen sich in Kleinstädten oft von ihren nostalgischen Gefühlen hinreißen. Was ich jetzt sage, gilt nicht speziell für Breaux Bridge, sondern ganz allgemein: Proportional gesehen leben in kleineren Orten nicht weniger unangenehme Zeitgenossen als in den großen Ballungsräumen. Mag sein, dass man in kleineren Gemeinden die Haustür ohne weiteres offen lassen kann. Prima. Dafür haben aber die Bewohner dort häufig ein Brett vor dem Kopf. Und weil jeder jeden kennt, kriegen Leute, die neu zuziehen oder ein bisschen anders sind, Schwierigkeiten. Durch meine Arbeit fürs Fernsehen hab ich Hunderte Kleinstädte kennen gelernt. Ich kann gut verstehen, wie leicht man dort auf das Klischee von der heilen Welt hereinfällt. In Großstädten herrscht ein anderes Tempo.

Großstädter sind immer in Eile und haben vielleicht keine Zeit, um eine kleinen Plausch zu halten. Schafft man es jedoch, ihre raue äußere Schale zu knacken, erkennt man, dass es unter ihnen genau so viele liebe und nette Menschen gibt. Übrigens: Ein hoher Prozentsatz von Serienmördern kommt aus Kleinstädten.«

»Verdammt!«, murmelte Mom und schaute sich verunsichert um.

Als wir uns dem Bayou Teche näherten, erkannte ich Neal Angelle, der sich mit Kerry, Marguerita, Brendan und Matt im Nebenhof unterhielt. Neal, inzwischen Ende zwanzig, war ein weiterer Bekannter aus der Zeit meines ersten Besuchs in Breaux Bridge. Er hatte jüngst die letzten Prüfungen hinter sich gebracht, um als Anwalt im Bundesstaat Louisiana zugelassen zu werden, und arbeitete nun in der hiesigen Filiale der Kanzlei seines Onkels Randy.

»Hallo, Mike. Wie geht's?«

»Gut geht's, Neal. Sind Sie etwa dafür verantwortlich, dass das

Restaurant dieses Gericht mit dem komischen Namen auf die Karte gesetzt hat?«

»So ist es Sir, BUU-dän. Ich dachte, Sie würden gern mal echte Cajun-Wurst probieren.«

»Puuntäng?« Meine Mutter lachte.

»Aber nein! BUU-dän!«, wiederholte Neal, um das Wort dann zu buchstabieren: »B-o-u-d-i-n.«*

Ich stellte Neal meinen Eltern vor, klärte sie über die große Familie Angelle auf, der er angehörte, um gleich anzumerken, dass es in Breaux Bridge eigentlich nur Großfamilien gibt. Im Übrigen sind die Bewohner so tief in der Heimat mit ihren Bayous verwurzelt, dass sie den Verlockungen eines höheren Lebensstandards in anderen Landesteilen noch immer widerstehen. In Louisiana ist es nichts Ungewöhnliches, drei Generationen einer Familie als Nachbarn in ein und derselben Straße zu begegnen. Wenn man sich hier nach jemandem erkundigt, wird sich wahrscheinlich herausstellen, dass die um Auskunft gebetene Person mit diesem Jemand irgendwie verwandt ist. Nur ein Beispiel aus meinem bescheidenen persönlichen Bekanntenkreis: Jennifer Angelle – die Dame, die ich vor unserer Reise im Touristikzentrum angerufen hatte – ist mit Glen Angelle verheiratet und eine Kusine ersten Grades von Neales Vater John Angelle. Neals Oma mütterlicherseits ist eine geborene LeBlanc und eine entfernte Kusine von Norbert LeBlanc, dem Sumpfmann.

Neal wohnt in derselben Straße wie der Bürgermeister von Breaux Bridge. Dieser Jack Dale Delhomme hat einen Vetter namens Jake Delhomme, der als Quarterback in dem Footballteam spielte, das Louisiana in die US-Meisterschaftsspiele um den Superbowl brachte. Und wer war der Trainer der Jugendmannschaft gewesen, aus der Neal kam? Der gute alte Crip.

* Blutwurst, die in der Pfanne gebraten wird. Ursprünglich ein französisches Gericht. (Anm. d. Übers.)

»Dann wollen wir mal, Miss Marge.«

Crip deutete auf den Tanzboden im Mulate's, einem langgestreckten Flachbau am Stadtrand von Breaux Bridge. Ein fünfköpfiges Orchester spielte einen langsamen Cajun-Walzer. Ein halbes Dutzend Pärchen – in hellblauen Jeans und Cowboyhemden – zog am äußeren Rand der runden Fläche seine Kreise.

Mom zögerte. Sie protestierte, als Crip sie in Richtung des Orchesters entführte: Sie habe doch seit zwanzig Jahren nicht mehr getanzt. »Na, dann wird's aber höchste Zeit!«, rief Crip. Wenig später brachte der Hüne mit dem T-Shirt der Louisiana State University meiner Mutter den Cajun-Twostep bei.

Im Restaurantbereich saß Dad mit einer Menge Männer an einem Tisch. Er redete. Klar doch. Und sie hörten zu – aber gespannt und mit großem Interesse. Sie beugten sich vor, damit ihnen kein Wort entging. Ich bemerkte den seligen Ausdruck auf Dads Gesicht, wie er seine Lieblingsgeschichten vom Leben in anderen Zeiten erzählte. Bald darauf schwang auch er das Tanzbein im Rhythmus der Cajun-Musik – mit einer gewissen Tina.

Ich schaute vom Rand der Tanzfläche aus zu. Neben mir stand Tinas Ehemann, Wayne, ein freundlicher Herr mittleren Alters, der eine Louisiana-State-University-Baseballmütze trug. Als meine sichtlich glücklichen Eltern an uns vorbeitanzten, warf ich Wayne einen Blick zu und lächelte. Wayne erwiderte das Lächeln und beugte sich herüber, um mir über die laute Musik hinweg zuzurufen: »Laissez les bon temps rouler.«

8

Um sieben Uhr dreißig in der Früh war ich bereits wieder bei meiner Morgengymnastik – Seilspringen zu Cajun-Musik, auf einer schmalen Holzrampe, drei Meter über dem Bayou Teche. Ich hüpfte im Rhythmus des »La Valse du Malchanceux« von Steve Riley und den Mamou Playboys. Das Stück war auch unter dem Titel »The Unlucky Waltz« bekannt.

Am Abend zuvor waren wir sieben Leonards nach den »schönen Zeiten« in Mulate's zu unserem Hotel zurückgekehrt und dort von drei Huvals – Zach, Jeb und Brazos – noch mit einem privaten Ständchen empfangen worden. Sie sind Mitglieder einer Familienband, die ich bei meinem ersten Besuch der Stadt musizieren gehört und persönlich kennen gelernt hatte. Es gibt vierzehn Kinder im Huval-Clan, von denen sich die meisten der traditionellen Cajun-Musik verschrieben haben. Zach war mir zufällig im Mulate's über den Weg gelaufen. Er hatte sich nach dem Grund meines neuerlichen Besuchs erkundigt und daraufhin am späten Abend zusammen mit Jeb und Brazos im Foyer unseres Bayou Teche B & B Akkordeon, Gitarre und Fiedel ausgepackt und aufgespielt.

Brazos war Anfang zwanzig. Er spielt auch mit Steve Riley und den Mamou Playboys zusammen und war erst am Nachmittag mit ihnen von den Feierlichkeiten zur Verleihung der Grammy Awards aus Los Angeles abgereist. Die Band war in der Kategorie »Best Tradition Folk Album« nominiert worden, hatte den Preis jedoch nicht gewonnen. Zach hatte Brazos per Handy erreicht, als er auf dem Flughafen in Baton Rouge aus der Maschine stieg, und ihn gebeten, unverzüglich nach Breaux Bridge zu fahren. Die drei hätten an einem Sonntagabend sicher Besseres tun können als die Eltern eines Bekannten zu unterhalten. Aber nein, sie waren gekommen, um uns eine Freude zu machen.

Es war ein Erlebnis gewesen, ein Erlebnis, das während des Seilspringens zu den Rhythmen der Bayou-Region in mir nachwirkte. Dreißig Meter zu meiner Linken führte die berühmte Brücke in die Innenstadt, eine hohe, schon leicht rostige Stahlkonstruktion mit einem aufgemalten roten Crayfish. Der unter ihr durchfließende Bayou hatte die Breite einer vierspurigen Autobahn. Das Wasser war ein schmutziges Braun, in dem sich weiß Gott was nicht alles regte und bewegte, gewiss aber jede Menge Crayfish oder, wie die Einheimischen diese Krebsart nannten, *crawdads* und *mudbugs*. Ich hatte einen anderen Namen für sie: Hummerlinge. Sie kamen mir – aus gebührender Entfernung! – zumindest wie kleine Hummer vor.

Ich setzte das Seilspringen fort, nicht ohne die Ufer des Bayou in Erwartung irgendwelcher verdächtiger Aktivitäten im Auge zu behalten. Und tatsächlich, dort unten tat sich was. Aus dem Schatten der Brücke löste sich ein Ententrio und paddelte in meine Richtung – eine Entenfamilie, wie ich vermutete, als die drei Schwimmvögel etwa zehn Meter von mir entfernt waren. Wieso dann aber nur drei Enten? Gehören zu einer solchen Familie denn nicht sieben oder acht Tiere? Mich schauderte bei dem Gedanken, dass die fehlenden vier oder fünf im Magen eines Alligators gelandet sein könnten. Oder in Norbert LeBlancs Kühlschrank.

»Da seid ihr nun also schon eine Woche unterwegs«, sagte Cathy. »Und es macht dir noch immer Spaß?«

Ich hatte das allmorgendliche Seilspringen absolviert und vor dem weiteren Programm – Kniebeugen und Armstützen – eine Pause eingelegt, um Cathy anzurufen.

»Unvermindert«, entgegnete ich. »Ich mache mir nur Sorgen,

wir könnten wegen grenzüberschreitenden Transports von die öffentliche Sicherheit gefährdenden Subjekten festgenommen werden.« Meine Schilderung der jüngsten Wohnwagenabenteuer brachte uns beide zum Lachen. Ich berichtete Cathy von unserem schönen Aufenthalt in Breaux Bridge. Sie teilte mir mit, Megan sei wohlauf, und es sehe ganz danach aus, dass sie ihr Baby zum erwarteten Zeitpunkt zur Welt bringen würde.

»Ich kann's noch immer nicht fassen, Mick«, seufzte sie. »Dass unser Baby nun selbst ein Baby kriegt! Wie hat die Zeit nur so schnell vergehen können!?«

»Ja, das ist mir auch ein Rätsel.« Ich atmete einmal tief durch. »Haben wir beide uns nicht gestern erst kennen gelernt?«

Cathy ist am ersten Tag meines siebten Schuljahrs auf der Sacred Heart School in Hubbard Woods, Illinois, in mein Leben getreten. Sie war eine »Neue«. Eindruck hat ihr Erscheinen auf mich da nicht gemacht. Ich befand mich ja auch noch in der Phase, wo einem Jungen andere Jungs mehr imponieren und bedeuten als Mädchen. Im Übrigen fand ich es unmöglich, wie sie – im wortwörtlichen Sinn – von oben auf mich herabsah. Sie stammte aus Riesenland. All ihre fünf Geschwister waren überdurchschnittlich groß. Ihr Vater maß einen Meter dreiundneunzig, einer ihrer Brüder schließlich einen Meter sechsundneunzig. Cathy stellte ihr Wachstum bei einem Meter fünfundsiebzig ein, erreichte ihre volle Größe allerdings schon früh – in der siebten Klasse eben. Heute bin ich knapp drei Zentimeter größer als Cathy, war jedoch auch in dieser Hinsicht ein Spätentwickler. Als wir uns 1959 erstmals begegneten, war ich noch ein Knirps. Der drittkleinste Bub der Klasse!

Wir besuchten anschließend unterschiedliche katholische Highschools, trafen aber bei geselligen Veranstaltungen gelegentlich aufeinander – das nun freilich nicht im wörtlichen Sinn. Bestimmt wäre Cathy sonst entsetzt vor mir zurückgewichen;

denn inzwischen war ich zwar gewachsen, meine Nase aber leider auch.

An dieser Stelle muss zur Erläuterung folgende Geschichte eingeflochten werden. Ich hatte mich mit einer Gruppe von Kameraden zu einem Baseballspiel getroffen. Ich spielte auf der linken Seite. Mein Bruder Jack war am Schlagen. Er schickte den Ball längs der Grenzlinie des linken Außenfelds weit in den Raum. Ich jagte mit dem Rücken zum Innenfeld dem Ball hinterher, sprang hoch, reckte mich mit der Linken noch höher, fing den Ball mit der Rückhand, wandte den Kopf und ... knallte mit dem Gesicht an einen Baum. Als ich wieder zu mir kam, stellte ich fest, dass die Nase gebrochen war. Der Handschuh lag neben dem Baumstamm im Gras, der Ball neben meinem Fuß. Ich hatte nach dem Aufprall alles fallen gelassen.

Wir führten das Spiel zu Ende und gingen nach Hause. Jack ließ sich an der winzigen Esstheke in der Küche neben Timmy nieder. Timmy saß wie immer in der Mitte. Mein Platz war zwischen Timmy zur Rechten und der Wand zur Linken. Jack hatte Timmy zur Linken und rechts von sich den rot glühenden Herd. Dad war noch nicht von der Arbeit zurück, weshalb Mom noch in der Küche werkelte. (Die beiden aßen ja stets allein im Wohnzimmer.) Mom rührte die Ravioli aus der Dose im Topf.

»Was ist denn mit deiner Nase passiert?«, fragte Mom ruhig.

»Bin gegen 'nen Baum gerannt«, stieß ich durch meine dick geschwollenen Lippen hervor.

»Ach so«, sagte sie. »Dann gieß dir erst mal ein Glas Milch ein. Das Abendessen ist aber gleich fertig.«

Und damit hatte sich's. Was bedeutete schon eine gebrochene Nase?

Eine Woche danach schaute mein Freund Jim Kauss mit zwei geborgten Tennisschlägern und einer Büchse gebrauchter alter Bälle vorbei. Mit Tennis hatten wir eigentlich nicht viel am Hut. An diesem Nachmittag stand jedoch absolut nichts an, und die zwei öffentlichen Tennisplätze befanden sich nur eine Straße weiter. Beide waren belegt. Wir setzten uns auf die Bank. Ich machte mir keine Gedanken. Meine gebrochene Nase reagierte auf jede Berührung zwar immer noch empfindlich, aber was konnte ihr auf einem Tennisplatz schon passieren?

Wir haben uns ein paar Minuten lang unterhalten, bis Jim, ein nervöser Typ, kribbelig wurde, aufstand, einen Ball nahm und damit auf seinem Schläger spielte, um herauszufinden, wie lang er ihn wohl würde in der Luft halten können. Gar nicht lange – ein falscher Schlag, der Ball sprang weg, Jim riss seinen Tennisschläger reflexartig nach links, und der schwere Holzrahmen traf meine hyperempfindliche, geschwollene Nase. Ich legte den Kopf in die Hände und blickte stumm leidend zu Boden. Das Blut tröpfelte auf den Asphalt.

Einen Monat später drückten wir wieder die Schulbank; die Highschool erwies sich als Mühsal, was nicht an der Schule, sondern an mir lag. Die Schulleitung der Loyola Academy in Wilmette bestand Anfang der 1960er Jahre aus einem Team von Pädagogen, die ganz auf Zucht, Ordnung und Disziplin setzten, und fünfzehnhundert mehr oder weniger orientierungslosen Schülerinnen und Schülern. Keiner so hilflos und verloren wie ich. Die Lehrer beendeten jede Unterrichtsstunde mit der Frage, ob es seitens der Schüler noch Fragen zu dem behandelten Stoff gebe. Ich hatte noch Fragen; ich hätte zu allem und jedem noch Fragen gehabt, war aber zu schüchtern, um die Hand zu heben. So kamen die anderen voran, während ich weiter und weiter zurückfiel.

Meine Zerstreutheit machte alles noch schlimmer. So stellte beispielsweise ein Mathelehrer zur Erklärung irgendeiner geometrischen Form der Klasse die Aufgabe, ein Stück Torte zu zeichnen. Kein Problem – nur war die Form in meinem Heft dann falsch. Weil meine Mutter ungern buk, gab es bei den Leonards keine hausgemachten Torten, sondern Hostess Fruit Pies aus dem

Lebensmittelladen – portionsweise verpackte Törtchen, die *rechteckig* waren. Mit diesen Hostess Fruit Pies vor dem inneren Auge, begannen meine Gedanken zu wandern. Zu den unterschiedlichen Sorten von Hostess Fruit Pies: Apfel, Kirsche, Zitrone. Schon war die Konzentration beim Teufel. Gleich darauf träumte ich von unserer Familienreise nach Florida.

Die Fahrt nach Miami Beach – mit uns (damals) drei Brüdern im Fond des Kombis – schien endlos zu dauern. Als wir dann endlich die Küste erreichten, kamen mit uns auch der Regen und eine für die Jahreszeit ungewohnt kalte Witterung. Sie hielt eine Woche an. Schwimmen – das Hotel verfügte über einen Pool – war daher völlig ausgeschlossen. Um für Abwechslung zu sorgen, führte Dad uns zu einem Pier im Hafen, wo wir die Fischer bei ihrer Arbeit beobachteten. Einer von ihnen hielt einen Fisch an der Angel und war dabei, ihn aus dem Wasser zu ziehen, als ein Pelikan auf den Fisch herabschoss, ihn packte und wieder davonfliegen wollte. Im nächsten Moment kollidierte der Fischer mit dem großen Vogel, der wie wild mit den Flügeln schlug.

Wir haben nie erfahren, ob und wie der Mann seinen Köder aus dem Magen des Pelikans herausbekam, weil Dad uns eiligst vom Pier wegzog und über die Straße zu einem Minigolfplatz bugsierte. Beim dritten Loch begannen Jack und ich Timmy aufzuziehen. Timmy rächte sich, indem er unsere bunten Minigolfbälle aus dem Maul der Dinosaurieratrappe holte und sie über den Zaun auf die Hauptstraße warf. Es war faszinierend zu beobachten, wie die kleinen Bälle auf der Fahrbahn hüpften, von einem vorbeisausenden Wagen abprallten und zum nächsten sprangen.

Mein Vater zerrte uns von dort weg in ein Restaurant. Wir nahmen in einer Tischnische neben einem drahtigen Alten Platz, der zähnelutschend in seinem Sitz lehnte. Mein Vater machte dem Mann gegenüber eine Bemerkung. Der gab Widerworte. Wir waren schon ganz aufgeregt, weil das Ganze nach Streit roch. Doch dann erschien die Kellnerin mit vier so riesigen Baiserschnitten, wie wir sie noch nie gesehen hatten. Die herrliche weiße Schicht oben drauf war bestimmt einen halben Meter dick!

Die Schulglocke! Ende der Unterrichtsstunde. Na und? Überhaupt – was haben Torten mit Mathematik zu tun?

Im Frühjahr bemühte ich mich um Aufnahme in die Baseballmannschaft der Erstsemester. Vergebens. Ich war noch immer klein. Kleiner als fast alle anderen Spieler. Der Grund für die Ablehnung meines Aufnahmeantrags war freilich ein anderer. Ich litt plötzlich unter merkwürdigen Sehstörungen. Es war mir, als sähe ich den Ball hoch oben am Himmel hin und her springen. Den Trainern und meinen Eltern gegenüber habe ich nichts erwähnt; denn diese Beeinträchtigung meines Sehvermögens kam schleichend, in einer Art und Weise, dass ich die »Aus«-Schläge und Fehlgriffe zunächst als Anzeichen unerklärlicher nachlassender Fähigkeiten im Umgang mit dem Ball deutete.

Danach setzten sporadische Schwindelanfälle ein. Es passierte so alle vier bis fünf Monate, dass ich schlagartig unsicher auf den Beinen wurde und der Raum sich zu drehen begann; darauf setzte entsetzliches Kopfweh ein, dem wiederum Erbrechen folgte. Symptome, die ich auf eine Grippe zurückführte. Ein anderer, späterer Verdacht war, dass eine Gehirnerschütterung – Folge des auf meine Stirn prallenden Krocketballs, der Kollision mit dem Baumstamm und etlicher sonstiger Kopfverletzungen – meine Gehirnfunktionen beeinträchtigt haben könnte. Vielleicht bewegten sich die Baseballbälle deshalb auf so kuriose Weise. Möglicherweise fand ich darum selbst einfache schulische Aufgaben so schwierig.

Vielleicht war ich im Grunde gar nicht dumm, sondern lediglich anders.

Es waren Gedanken, die ich für mich behielt. Über die möglichen Ursachen meiner Schwierigkeiten in der Schule habe ich mit keinem Arzt oder Schulberater und auch mit meinen Eltern nicht geredet. Darüber habe ich nur Selbstgespräche geführt ... immer und immer wieder, bis ich mir irgendwann klar machte: Schlechte

Mike in seinem zweiten Studienjahr an der Loyola Academy.

Schulzeugnisse bedeuteten keineswegs, dass ich im Leben versagen müsste. Ganz im Gegenteil. Also: Was machte es schon, dass ich in Mathe, Englisch, Biologie und all den anderen Fächern schwach war! Ich war doch gut in ...Nun ja, es gab nichts, worin ich gut war. *Noch nicht.* Aber ich würde schon was finden, das mich auszeichnete. Oder es würde mich finden, auf mich zukommen.

Meine Eltern rieten mir, mich hinter die Bücher zu klemmen. Sorgen schienen ihnen meine mittelmäßigen und manchmal miserablen Resultate keine zu bereiten. Sie haben mir nie damit gedroht, ein schlechter Highschoolabschluss würde mich zum Besuch eines zweitrangigen Colleges und zu einem drittklassigen Lebensstandard verurteilen. Sie merkten, dass ich mir Mühe gab. Das war ihnen offenbar genug.

Zu jener Zeit war Dad noch in der Marketing-Abteilung der Zeitschrift *Sports Illustrated* tätig, die damals nicht so bekannt war wie heute. Ein mit dieser Stelle verbundenes Privileg waren Freikarten für die Eishockeyspiele der Chicago Blackhawks – für Sitze in der zweiten Reihe, nur wenige Meter von der Bande der Eisfläche entfernt, direkt gegenüber der Bank mit den Spielern des Gegners. Zur Halle brauchte man mit dem Auto eine halbe Stunde. Auf unseren Wunsch fuhr Dad uns bereits eine Stunde vor Spielbeginn hin, damit wir die Atmosphäre in uns aufsaugen konnten.

Das Ambiente – das milchig weiße Eis der Spielfläche, die leuchtend roten Holzsitzreihen, der Duft von Zigarrenrauch, die altmodische kastenförmige Tafel zur Ankündigung des Spielstandes, selbst die Hallendecke mit ihrem Wirrwarr aus Leitungskabeln, Balken, Hängelampen und den Laufplanken aus Metall – hat mich ganz und gar gefangen genommen. Ich habe die Spieler genau beobachtet, wenn sie zum Aufwärmen auf die Eisfläche glitten. Kein Detail ist mir da entgangen, von den Kratzern an den Seiten ihrer Schlittschuhe bis zu den kleinsten Abnutzungserscheinungen an ihren Trikots. Am genauesten hab ich freilich ihre Gesichter betrachtet, hab sie förmlich studiert, diese Gesichter, die alle von Narben gezeichnet waren. Bei einigen Spielern waren noch die Spuren kürzlich erlittener Verletzungen zu sehen, bei anderen dunkle Augenringe oder Zahnlücken.

Ich fand das alles höchst beeindruckend – und schön.

Die vielen Narben auf der Stirn und die geschwollenen Lippen waren keine Verunzierung, kein Makel, sondern Ehrenmale. Jeder dieser Spieler hatte es schwer gehabt, an die Spitze zu gelangen. Alle hatten einen harten, mühevollen Weg zurücklegen müssen, und man sah es ihnen an. Größe kommt nicht von selbst und nicht umsonst. Der Preis, den Eishockeyspieler der Spitzenklasse zu zahlen haben, ist deutlich sichtbar. Ein fehlender Zahn oder eine schiefe Nase gemahnte an die schmerzlichen Rückschläge, die sie hinnehmen mussten. Und das präsentierten die besten Spieler der Welt voller Stolz im Flutlicht des Stadions. Es hat mir gefallen.

Die Begeisterung seiner Söhne für diesen Sport hat Dad bewogen, einen Amateur-Eishockeyklub in einem Vorort von Chicago ausfindig zu machen – einen Klub, der Mitglieder ohne Ansehen ihrer Fähigkeiten aufnahm. Ich erstand auf einem Ramschmarkt ein Paar gebrauchte Schlittschuhe und eine uralte Ausrüstung und meldete mich an einem kalten Novembermorgen für den Termin an, zu dem eine Jury dann die Einstufungen für eine möglichst ausgewogene Mannschaft vornahm.

Die Bewertung fand auf einer Eisbahn im Freien statt. An der Bande warteten Hunderte von Spielern auf die Chance, die Jury mit ihren Leistungen zu beeindrucken: Jeder Spieler hatte vor dem Schuss aufs Tor eine Reihe von Hindernissen zu bewältigen. Die meisten Bewerber waren erfahrene Spieler, die, wie ich feststellte, mit diesem Sport bereits im Alter von fünf oder sechs Jahren begonnen hatten. Ich hoffte auf ein Quäntchen Glück, darauf, erst gegen Ende, wenn die Mehrzahl der übrigen Bewerber abgezogen war, aufgerufen zu werden. Als Schüler im zweiten Highschooljahr, der noch nie Eishockey gespielt hatte, war ich nicht versessen darauf, mich vor aller Augen zu blamieren und ausgelacht zu werden. Und wessen Name wurde, als endlich der Lautsprecher in Aktion trat, für den ersten Lauf aufgerufen? Der meine!

Ich war grottenschlecht, verlor mehrmals die Kontrolle über den Puck und das Gleichgewicht, ging zwei- oder dreimal zu Boden. In der Schlussbewertung rangierte ich auf einem der letzten Plätze. Dennoch, Eishockey sagte mir zu, ich hatte während des Laufs ein gutes Gefühl. Der Spielfluss, das Teamwork, selbst der Körperkontakt entsprachen, wie mir schien, meinen Veranlagungen. Ich war ein ausgesprochen schneller Läufer – konnte ich da nicht vielleicht auch auf Schlittschuhen schnell sein? Die Sehstörungen, die mir die Teilnahme am Baseballspiel unmöglich gemacht hatten, gehörten zusammen mit den Schwindelanfällen der Vergangenheit an.

Eine Woche später wurde ich einer Mannschaft zugeteilt. In den ersten Spielen habe ich kläglich versagt. Ich muss ein komisches Bild abgegeben haben. Die Handschuhe, die ich auf dem Ramschmarkt erworben hatte, stammten wohl aus Großvaters Mottenkiste. Die Hosen waren zu kurz, die Schienbeinschützer abgetragen. Ich war das neue Gesicht mit der schäbigsten Montur – wie ein Statist aus den 1940er Jahren, der versehentlich als Charakterdarsteller in einen hypermodernen Actionfilm geraten war. Na schön, die Kleiderfrage war rasch zu lösen, mit meiner neuen Rolle zu Rande zu kommen jedoch bedeutend schwieriger. Zur Beseitigung dieses Problems sprang ich über meinen eigenen Schatten. Ich tat etwas, das meinem Charakter nicht entsprach, und stellte den Wecker auf sechs Uhr. Eine Stunde früher als eigentlich notwendig! Bis zu diesem Moment hatte ich noch nie auch nur ein Jota mehr als das absolut Nötigste geleistet! Schularbeiten, Alltagspflichten, sommerliche Ferienjobs – da wurden von einem Jungen nur Durchschnittsleistungen verlangt. Und in solchen Situationen, in denen nichts Besonderes von mir erwartet wurde, wo man sich nicht anstrengen musste, um hohen Anforderungen gerecht zu werden, hatte ich mich wohl gefühlt.

Als dann morgens der Wecker läutete, begann mein Bewusstsein gleich ein Entschuldigungsschreiben für den »normalen« Jungen aufzusetzen, der auch fürderhin nur das »Normale« tun wollte: damit er sich umdrehen und weiterschlafen konnte. Es war ja Schultag und draußen noch finster. Außerdem war es kalt. Doch ich gab mir einen Ruck und stand auf.

Die Eisbahn in Glencoe lag fünf oder sechs Straßen weiter. Eishockeyspielen war während der üblichen Öffnungszeiten nicht gestattet. Wer üben wollte, musste das also vor dem Öffnen tun. Es war eine Bahn aus natürlichem Eis auf einem leer stehenden Gelände inmitten eines Wohngebiets. Um neun Uhr abends kamen die Parkwächter, rollten ihre Schläuche aus und spritzten Wasser auf die Fläche. Bis zum Morgen war das Eis dann spiegelglatt wie Glas.

Ich fuhr, um Zeit zu sparen, mit dem Familienauto hin, parkte den Wagen in einer Seitenstraße, direkt an der Eisbahn, stieg aus und schloss die Tür ganz leise. Kälte verstärkt Geräusche und trägt sie weiter als sonst. Es waren nur fünfzehn Meter bis zur Eisfläche, aber der Weg dahin war mit einer zwanzig bis fünfundzwanzig Zentimeter dicken, krustigen Schneeschicht bedeckt, die bei jedem Schritt knirschte, als liefe jemand über Nussschalen mit Lautverstärkern. Ich ließ mich auf einer Schneebank nieder und zog die Schlittschuhe an. Es war so kalt, dass ich die Hände mit meinem Atem zu wärmen versuchte. Anschließend stand ich auf und glitt aufs Eis.

Es wurde keine Strafexpedition, keine Selbstzüchtigung oder Schinderei! Es gab keine Sprints, kein unentwegtes Abfeuern des Pucks, bis die Hände bluteten! Ehrlich gesagt, habe ich fast überhaupt nicht richtig geschossen, weil ich niemanden aufwecken wollte. Eine gegen Holzplanken geschlagene Scheibe verursacht nämlich einen Heidenkrach. Ich bin also nur Schlittschuh gelaufen, habe den Puck mit dem Schlagholz hin und her geschoben, während ich vor- und zurückglitt, wendete, einen kurzen Vorstoß unternahm, umdrehte und – das Wichtigste von allem – so tat, als ob ich ein Tor geschossen hätte. Die bloße Vorstellung eines Treffers genügte, um mich stets von neuem zu motivieren.

Eishockeylektion Nr. 1: Kopf nach oben!

Die Übungszeiten dauerten nicht lange. Dreißig bis maximal vierzig Minuten, dann Frühstück, anschließend Schule. Ich vollbrachte keine Heldentaten. Machte lediglich ein ganz klein wenig mehr als üblich. Gelegentlich leisteten mir meine Brüder oder ein Freund aus der Nachbarschaft, Tony Cascino, Gesellschaft. Zusammen machte es echt Spaß. Ein paar Wochen später – im dritten Eishockeymatch meines Lebens! – schoss ich bereits drei Tore. Da begann mir zu dämmern, dass es überhaupt nicht schwierig war, ein Ziel zu erreichen. Man muss sich nur etwas mehr Mühe geben.

Zu jener Zeit hatte Cathy den Entschluss gefasst, sich öffentlich mit mir sehen zu lassen. Wir waren gern zusammen, haben viel gelacht und uns stundenlang unterhalten. Als ihren »Freund« mochte sie mich trotzdem nicht betrachten; so weit war es noch nicht. Ich hatte meinerseits Probleme, offen zu Cathy zu stehen. Ich hatte von uns Brüdern als Erster Kontakt mit dem feindlichen Lager (Mädchen) aufgenommen. Insofern musste ich in der Anfangsphase gewissermaßen im Untergrund operieren. Anrufe tätigte ich diskret, nur von öffentlichen Münzfernsprechern. Wenn ich mit ihr ins Kino oder in ein Restaurant essen ging, musste ich vor allem meiner Brüder wegen Ausreden erfinden, um mein Fehlen beim Abendessen plausibel erscheinen zu lassen.

Mit ihrem fantastischen Gespür für jegliche Diskrepanz zwischen Sein und Schein muss Mom geahnt haben, dass etwas im Busch war. Sie gab sich freilich gelassen und deckte, während ich wieder einmal ein Lügengebäude zur Erklärung dafür errichtete, warum ich an diesem Freitag nicht am gemeinsamen Abendessen teilnehmen konnte, meinen Teller Fischstäbchen mit einer Aluminiumfolie ab. Die Alibis zur Kaschierung meines Werbens um Cathy wurden allerdings mit der Zeit recht durchsichtig. Einmal wollte ich mit ihr einen James-Bond-Film besuchen. Um mich von zu Hause loszueisen, gab ich vor, versprochen zu haben, beim Anstrich der Schulkapelle zu helfen – ein erbärmlicher Versuch, gleichzeitig moralische Pluspunkte zu sammeln, damit ich die Familienkutsche benutzen konnte. Doch um sein Ziel zu erreichen, unternimmt ein verzweifelter Mann eben verzweifelte Anstrengungen. So machte ich mich schließlich in blitzblank gewienerten braunen Mokassins, einem sauberen Pullover und einer neuen Hose auf den Weg – in einem Outfit, das bei einem, der vorhatte, eine Kapelle zu streichen, höchst verdächtig wirkte.

Die Hose fühlte sich irgendwie merkwürdig an. Nachdem ich Cathy abgeholt hatte, wurde mir auch klar, warum: Es steckte kein Portemonnaie in der hinteren Tasche! Was hieß: Marsch zurück nach Hause! Da meine Freundin, die nicht meine »Freundin« war, jedoch von dieser ihrer »Nichtexistenz« nichts wusste, musste ich nun ihr gegenüber eine Ausrede erfinden, um ihr verständlich zu machen, warum ich den Wagen so weit von unserem Haus entfernt parkte. Was gar nicht so einfach war. Mir wollte nichts Rechtes einfallen. Die Notlüge, die mir am selben Tag zu früherer Stunde aus der Patsche hatte helfen müssen, kam nicht schon wieder in Frage, nämlich die Flunkerei über die Ameisenkolonne, die unsere Einfahrt entlangmarschierte und ein solch einzigartiges Beispiel von Teamwork bot, dass ich es nicht übers Herz brachte, sie mit unserem alten Pontiac Bonneville platt zu machen.

Mom und Dad saßen im Wohnzimmer, als ich durch die Haustür und, mit einem kaum hörbaren Murmeln den Grund für meine überraschende Wiederkehr vorbringend, die Treppe hinaufstürmte. Nach einigem Herumsuchen fand ich die Geldbörse in einer blauen Jeans, die infolge eines Spiels am Nachmittag in einem Knäuel schmutziger Wäsche gelandet war. Also wieder in Windeseile treppab. Kein Gedanke daran, das Tempo zu drosseln, bevor ich das Haus nicht sicher verlassen hätte. Da – ein erschreckender Anblick, der eine allzu abrupte Bremsung verursachte. Auf den gewachsten Fliesen verloren die Sohlen meiner neuen Schuhe die Bodenhaftung. Und ohne die neu erlernte Kunst des Schlittschuhlaufens hätte ich gewiss den Halt verloren, als ich, ein Bein nach vorn und hochgestreckt, auf dem anderen Fuß durch die Eingangsdiele schlitterte.

Im Wohnzimmer saß Cathy.

Meine Eltern hatten sie sozusagen an den Haaren aus dem Auto gezerrt und ins Haus verschleppt. Ein Sonderkommando der Polizei wäre von der Schnelligkeit und Effizienz dieser Geiselnahme beeindruckt gewesen. Aber Cathy war eine siebzehnjährige katholische Schülerin; sie wirkte sichtlich mitgenommen. Ihre Eltern – Bill und Adele O'Brien – waren liebe, höfliche Menschen mit eher steifen Umgangsformen. Infolgedessen war Cathy auf eine gewaltsam herbeigeführte Privataudienz mit Prinzessin Whoopy Cushion und Sir Laugh-a-lot gänzlich unvorbereitet.

Die Situation war heikel. Ich musste Cathy so schnell wie möglich wieder zum Wagen bringen, bevor Dad hinter meine Spielchen kam und meine zwei jüngeren Brüder spitzkriegten, dass ein weiblicher Teenager in unser Haus eingedrungen war. Jack war kein Problem, denn er befand sich mit seinem Freund Rich Freeman, unserem örtlichen Sprengstoffexperten, auf Tour. Eine von fern herüberschallende Knallfroschexplosion vermittelte mir eine ziemlich genaue Vorstellung davon, wo sich die beiden aufhielten. Tim und Kevin aber trieben sich hier im Haus herum und würden, die Großmutter im Schlepptau, mit Sicherheit binnen Minuten auf der Bildfläche erscheinen.

»Wir müssen los«, sagte ich. »Der Bond-Film beginnt in zwanzig Minuten. Die Vorstellung ist bestimmt ausverkauft.«

»Ach, du gehst nicht die Kapelle anstreichen?«, erkundigte sich Mom in übertrieben ernsthaftem Ton.

»O, äh, also, dort werden wir ja den Film sehen ... in der Kapelle ... auf einer Leinwand ... bevor wir die Kapelle streichen«, erwiderte ich und drängte die völlig verwirrte Cathy durch die Haustür ins Freie.

»James Bond in der Kapelle?«, rief Mom mir in gespieltem Erstaunen nach, als ich mit Cathy zum Wagen hastete.

»He, Cathy, schau mal!«, brüllte uns Dad von der Eingangstreppe nach.

»Nicht umdrehen!«, flüsterte ich, während ich die Beifahrertür des Bonneville öffnete und Cathy auf den Sitz schob. Durch die Windschutzscheibe haben wir meinen Vater dann vor der Haustür eine Art Stepptanz auf weichen Sohlen aufführen sehen, und dabei klapperte er mit zwei Löffeln, die er verkehrt herum in seiner rechten Hand hielt.

»Was ist hier eigentlich los«, fragte Cathy entgeistert.

»Er spielt irgendein Löffelspiel«, brummte ich.

»Es geht doch nicht darum!«, sagte sie. »Ich meine, was war da in deinem Elternhaus los?«

In dem Augenblick kamen Timmy und Kevin aus dem Haus gestürmt, rannten um den tanzenden, Löffel klappernden Vater herum und kreischten in Kleinmädchenmanier meinen Namen.

»Das willst du gar nichts wissen«, sagte ich zu Cathy. »Es würde eine Ewigkeit dauern, um dir alles zu erklären.«

Ich hatte beträchtliches Flakfeuer seitens meiner Brüder auszuhalten und fühlte mich wie befreit, weil es in Zukunft nicht mehr den ganzen Hokuspokus von doppelter Terminplanung und komplizierten Lügengebäuden brauchte, um einen Abend mit einem Mädchen zu verbringen. Die Gefahr, familiär der Lächerlichkeit preisgegeben zu sein, war jedoch keineswegs gebannt. Darin lag auch der Grund für Komplikationen in meiner Beziehung zu Cathy. Sie tanzte gern, ich nicht. Es war einfach zu riskant; denn an den geselligen Abenden der Highschoolschüler geisterten Kamerafreaks von der Jahrbuch-Redaktion durch den Saal. Ein Klicken, und schon wäre ich sozusagen im Watusi*-Taumel auf Zelluloid festgehalten, so dass diese Welt – hauptsächlich aber meine Brüder – mich beglotzen und verspotten könnten. Folglich bin ich nicht tanzen gegangen, und Cathy machte sich auf die Suche nach Tanzpartnern.

* Ein Solotanz, dessen Ursprünge auf den afrikanischen Stamm der Watussi zurückgehen und der während der 1960er Jahre in den USA für kurze Zeit fast so beliebt war wie der Twist. (Anm. d. Übers.)

In dieses Vakuum trat eine andere frühere Klassenkameradin von der Grammar School namens Mary Jo Potter. Sie war an ihrer Highschool (für Mädchen) Klassenbeste und -sprecherin. Von manchen wird ihre Verbindung mit mir wahrscheinlich als geistiger Abstieg gewertet worden sein. Die Liaison währte das ganze Schuljahr über. Meinem Ego hat sie gut getan, meinem Ruf nicht. Ich galt nun als Weiberheld. Dem machte die Einladung zu Mary Jos Abschiedsparty ein abruptes Ende.

»Ich hab gar nicht gewusst, dass deine Familie aus Glencoe wegzieht«, sagte ich völlig überrascht am Telefon.

»Tut sie ja auch nicht«, antwortete Mary Jo.

»Aber wieso gibst du dann eine Abschiedsparty?«

»Ich geh ins Kloster«, erwiderte Mary Jo. »Ich werde Nonne.«

»*Du gütiger Himmel!*«

Nun hätte ich versuchen können, die frei gewordene Zeit zu füllen, indem ich mich der Meute meiner Highschool anschloss. Aus irgendeinem Grund wies mein innerer Kompass jedoch bereits in die entgegengesetzte Richtung. Mir lag nichts daran, dem Mainstream zu folgen. Ich fühlte mich nicht wohl in großen Gruppen. Natürlich, die Abende an den Wochenenden waren lang und fade. Die anderen gingen tanzen oder zu Partys, während ich allein zu Hause saß. Es war an einem Sommerabend, etwa nach der Hälfte meiner Highschoolzeit. Ich hatte mich wieder einmal abgesondert, als sich etwas ereignete, das meiner Suche nach einer Rolle in der Welt eine neue Richtung gab.

Es war ein Open-Air-Folkkonzert im nahe gelegenen Ravinia-Park – eine riesige Grasfläche mit einem überdachten Musikpavillon, in dem während der Sommermonate an Mittwoch- und Freitagabenden Konzerte stattfanden. Mein älterer Bruder Jack und seine Freunde fuhren oft dorthin, meist wohl nur, um zwischen den Leuten, die sich dort zu amüsieren suchten, umherzuschlendern. Eines Abends fuhr ich mit ihnen zum Park, ging dort aber meiner eigenen Wege. Ich begab mich zu dem Musikpavil-

OBEN: Ein Tanz in der Sacred Heart School: (v.l.n.r.) Erin Bazner, Cathy O'Brien, Jim Kauss, Mike Leonard, Dan Gleason und John McKechney gönnen sich eine Pause mit Popcorn.
UNTEN: Vom Popcorn seiner Sinne beraubt, bricht Mike seinen Eid und tanzt.

lon, wo ein uns nicht besonders bekannter Liedermacher auftreten sollte, und zwar allein mit einer sechssaitigen elektrischen Gitarre und einer Mundharmonika: Bob Dylan. Ich stand hinter der letzten Sitzreihe, an ein Geländer gelehnt, und beobachtete, wie er das Mikrofon einstellte und die Gitarre stimmte. Dann begann er zu singen. Zwei Stunden später hatte ich mich noch immer nicht von der Stelle gerührt.

Lyrik hatte mich stets verwirrt. Anspruchsvolle Literatur war mir fremd, mein Wortschatz begrenzt. Die Grammatik beherrschte ich nur schlecht, ich konnte mich schriftlich nicht gut ausdrücken. Und war mit einem Mal, wie ich so dastand und zuhörte, von der Macht der Worte verzaubert.

»And if you hear vague traces of skipping reels of rhyme
To your tambourine in time, it's just a ragged clown behind
I wouldn't pay it any mind
It's just a shadow you're seeing he's chasing.«

Damals, Mitte der 1960er Jahre, trat Dylan noch allein, ohne Begleitmusiker, auf. Seine Stimme war kristallklar. Die Songs, deren Texte ich bis dahin mitgesummt hatte, handelten von Mädchen, Autos oder vom Surfen. Was ich hier hörte, zeichnete ein völlig anderes Bild vom Leben.

»Got killed by a blow, lay slain by a cane
That sailed through the air and came down through the room
Doomed and determined to destroy all the gentle
And she never done nothin' to William Zanzinger.«

Noch bevor die Nacht vorüber war, hatte ich begonnen, mir über korrupte Politiker, Rassentrennung, Wettrüsten und eine Menge anderer brisanter Themen Gedanken zu machen, die mich zuvor weder interessiert noch berührt hatten.

Am nächsten Tag stellte ich mit noch größerem Erstaunen fest, dass ich über mich selbst nachdachte: Vielleicht war es gar nicht so übel, ein Außenseiter zu sein, und keine Schwäche, für sich zu stehen. Dylan zählte nicht zum Mainstream, war nicht so beliebt wie die Beach Boys, nicht so charismatisch wie Elvis. Er lächelte nicht von tausenden Plakaten herab, stand nicht auf den Charts. Das alles schien für ihn unwichtig.

Am übernächsten Tag kaufte ich mir ein Dylan-Album, dann ein zweites. Und noch eins. Mit Beginn des neuen Schuljahrs im Herbst konnte ich die Texte all seiner Lieder auswendig. Und noch etwas anderes hatte ich gelernt, etwas, das den Menschen in meiner Umgebung verborgen blieb. Sie sahen in mir nach wie vor den sich abrackernden Schüler am Rande der Highschoolszene. Darüber war ich jedoch längst hinaus. Ich lebte in der Zukunft … für etwas, das ich richtig gut konnte, etwas *Kreatives*, etwas *Schöpferisches*. Und es war nicht nur Wunschtraum, sondern Gewissheit. Eine Erkenntnis, die mir nicht durch einen Schulberater oder meine Eltern vermittelt worden war, sondern weil ich mich von der Menge abgesondert hatte und rein zufällig einem Musiker begegnet war. Ein Erlebnis, das mich seelisch verwandelte, das mir Hoffnung gab.

»For the loser now will be later to win
›Cause the times they are a-changin‹.«

Jetzt musste ich mich nur auf die Suche nach meiner ganz spezifischen Begabung machen. Ich durfte nicht aufgeben, musste nur Geduld beweisen. Eines hatte sich bei mir nämlich nicht verändert – dass ich ein langsam lernender Mensch war.

9

»Erzähl mal was von Touhy, Jack.«

Mom stachelte Dad an, eine weitere Geschichte aus seinen frühen Lebensjahren in Paterson zum Besten zu geben. Sie saß auf der Wohnwagencouch.

»Was hast du gesagt?«, fragte Dad und schaute von einem Packen Zeitungen hoch, die über den Esstisch ausgebreitet lagen.

»Touhy!«, brüllte Mom.

»Ach so. Tommy Touhy.« Dad lachte stillvergnügt in sich hinein und lehnte sich zurück. Da hatten wir ihn nun schon eine ganze Woche lang eindringlich davor gewarnt, im Wohnwagen während des Fahrens auf einem Klappstuhl zu hocken, doch es kümmerte ihn einen feuchten Kehricht, wie gefährlich es war – obwohl am Klappstuhl sogar ein diesbezügliches Hinweisschildchen klebte.

Es war zehn Uhr morgens, der Himmel finster. Seit Tagen, seit unserer Abreise von Breaux Bridge hatte es schon geregnet; und es wollte nicht aufhören, so dass wir unseren Plan aufgaben, in Bay St. Louis, Mississippi, die Küste zu genießen. Ich hoffte auf Wetterbesserung bis Montgomery in Alabama, denn wir wollten uns die Stadt gern ansehen. Dort hatten bahnbrechende Ereignisse in der Geschichte der amerikanischen Bürgerrechte stattgefunden. Der Regen hörte aber nicht auf, und darum hielten wir auch nicht an. Auf der Fahrt durch das südliche Georgia in Richtung Atlanta hatte Matt das Steuer übernommen. So konnte ich vom Liegesessel aus die vorübergleitende Landschaft bewundern.

»Tommy Touhy hielt sich meist im Gebäude der Feuerwehr

auf. Es lag nur ein paar Schritte von uns entfernt«, begann Dad zu erzählen. Sein Holzklappstuhl schwankte bei jedem Schlagloch. »Wir sind selbst oft hingegangen. Es war ein Treffpunkt. Die Feuerwehrleute sind nett zu uns Jungs gewesen. Nach Ballspielen und vor Tanzveranstaltungen durften wir ihre Duschanlagen benutzen. Daheim hatte doch keiner von uns eine Dusche. Tommy Touhy hat immer auf einem Stuhl an der Wand gesessen, den er nach hinten kippte.«

Mein Vater lehnte sich noch ein Stückchen weiter zurück, so dass die vorderen Stuhlbeine etwa zwanzig Zentimeter vom Fußboden abhoben. Bei einer unerwartet heftigen Schwankung des Wohnwagens wäre er bestimmt mit dem Kopf gegen den Kühlschrank geknallt.

»Tommy war Boxer. Ein Profi, mit schon hundert Kämpfen im Ring, oft im Zeughaus von Paterson, direkt gegenüber der Feuerwehr. Eine prima Halle für alle möglichen Veranstaltungen – Basketballspiele, Radrennen, Zirkus und einmal im Monat Boxkämpfe. Wir haben uns reingeschlichen. ›Piggie‹ Shields ist an einem Regenwasserrohr emporgeklettert, auf eine Laufplanke ziemlich hoch oben, dann durch ein Fenster eingestiegen und drinnen nach unten gerannt, um uns die Tür zu öffnen. Der Chefhausmeister hieß Paddy Doran. Ihm war völlig klar, was da lief, er hat aber so getan, als ob er's nicht wüsste. Man hätte uns auch ganz offiziell hineinlassen können; uns machte es aber mehr Spaß, so zu tun, als ob wir das System austricksten. Wenn wir drin waren, schickten wir einen wieder hinaus, zum Laden von ›Happy‹ Mahoney, um einen Kasten Mineralwasser zu kaufen. Die Dosen Mineralwasser haben wir dann unter uns aufgeteilt und an die Leute auf den Sitzplätzen verkauft.«

»Hat euer Kumpan wirklich ›Piggie‹ geheißen?«.

»Jawoll, ›Piggie‹«, antwortete Dad. »Weil er ein sehr kleiner Junge war. Darum nannten wir ihn ›Piggie‹. Kurzform für Pygmäe.« Ich schaute zu Matt hinüber, der mir zuzwinkerte.

»Worüber haben wir noch gesprochen?«, fragte Dad.

»Tommy Touhy!«, brüllte Mom.

»Ach ja«, sagte Dad. »Tommy Touhy«, fuhr er fort, »war ein Draufgänger. Hat aber auch 'ne Menge einstecken müssen. Vor allem Kopfschläge. Mit dem Alter ist er rundlich geworden. War aber ein feiner Kerl. Hat uns oft zu Hause besucht. Meine Mutter mochte ihn gern. Er hatte eine jüngere Schwester. Tilly. Ein schönes Mädchen. Ist Krankenschwester geworden, die Tilly Touhy.

Nun ja. Im Haus der Feuerwehr hing eine Uhr mit Glocke, die zu jeder Viertelstunde läutete, und wenn die erklang, ist Tommy Touhy immer von seinem Stuhl aufgesprungen und hat ein paar Hiebe ausgeteilt. Wer in der Nähe stand, kriegte einen ab. Keine Reflexhandlung. Er konnte nichts dafür. Danach hat er sich wieder hingesetzt.

Es war ziemlich komisch. Da saßen wir also herum, quatschten und schielten gleichzeitig nach der Uhr. Ungefähr dreißig Sekunden vor dem Glockenschlag sind alle aufgestanden, um von Tommy wegzukommen. Dann ertönte die Glocke. Tommy sprang auf, boxte ein paar Mal in die Luft, nahm wieder Platz, und wir begaben uns wieder zu unseren Stühlen. Eine Viertelstunde später das Gleiche, und das den ganzen Tag über. An Heiligabend war die Kirche zur Mitternachtsmette brechend voll, aber Tommy Touhy hatte eine Kirchenbank für sich allein. Während so einer Messe wird ja viel gebimmelt und geläutet.«

»Und wie waren die Boxkämpfe im Zeughaus?«, fragte ich.

»Prima waren die«, antwortete Dad. »Eine Reihe hervorragender Boxer hab ich erlebt. Max Schmeling, Tony Galento, James Braddock. War ein guter Mensch, dieser Braddock. Bin ihm einmal persönlich begegnet. Bei den Boxkämpfen im Zeughaus war ich oft Rundenjunge – so einer, der nach jeder Runde mit einer großen Nummerntafel durch den Boxring lief.

Dort haben wir aber auch selber geboxt. In den Golden-Gloves-Turnieren. Zu denen haben sich immer alle Jungs angemeldet. Veranstalter war die Wohlfahrtsorganisation der Polizei. Damit wir nicht auf der Straße herumlungerten. Sie stellte zwei Paar Boxhandschuhe und zwei Paar Turnhosen zur Verfügung. Je ein Paar rote und ein Paar blaue. Nach jedem Kampf kamen die Jungs, die gerade geboxt hatten, in den Umkleideraum und gaben die Turnhosen und Boxhandschuhe an die Nächsten weiter. Den kleinen Jungs schlabberte die Hose bis über die Knie, bei den großen saß sie knapp wie eine kurze Unterhose. Am Abend waren die Sachen völlig durchgeschwitzt, die Handschuhe tonnenschwer. Das Letzte, was man sich wünschte, war ein Match gegen einen starken Gegner zum Ende des Tages. Da haben meine Freunde mir zugeflüstert: ›Heute Abend kriegste die Knochen aus'm Leib geschlagen, Jackie!‹«

Der Klappstuhl schwankte. Dad beugte sich nach vorn. Ich atmete erleichtert auf, als alle vier Stuhlbeine wieder auf dem Boden standen. Dad begann vor sich hin zu lachen, lehnte sich wieder zurück und durchlebte die gefahrvollen alten Zeiten in seiner Phantasie aufs Neue.

»Damals hat es in Paterson einen Lokalpolitiker namens Jack Breslin gegeben. Beruflich ein hohes Tier. Stationsvorsteher oder so was Ähnliches. Dieser Typ war stets auf der Suche nach einem Dreh, der ihn ins Rampenlicht brächte. Er fuhr zu Devegas – einem Discounter-Sportladen – und kaufte acht Paar Boxschuhe in verschiedenen Größen für uns Jungs in den Golden-Gloves-Kämpfen. Bevor er sie den Organisatoren übergab, ließ er jedoch seine Initialen – G. B. – groß auf die Sohlen malen. Zum Turnier heuerte er dann einen örtlichen Fotografen an, einen Nichtsnutz namens Izzy Singer, der mit seiner großen schweren Kamera, so schnell er konnte, den Ring umkreiste, um an der richtigen Stelle zu sein für den Fall, dass einer von uns k.o. ging. Dann machte er sein Foto, brachte den Film zur *Paterson Times* und versuchte den Redakteur zu bequatschen, das Foto am nächsten Tag im Sportteil zu drucken. Dann war also den Tag drauf einer von uns flach auf dem Rücken liegend in der Zeitung, und alle sahen das große »J. B.« auf den Schuhsohlen. Breslin war ein cleverer Typ. Er hat aus der Sache lokalpolitisch ganz schön PR-Kapital geschlagen.«

Mein Sohn Matt hing an Dads Lippen. Wenn man es schafft, Dad von seinem Sermon über die K.o.-Schläge abzubringen, die dem kleinen Mann von den brutalen Mächten der modernen Gesellschaft verpasst werden, wird er zu einem famosen Erzähler. Seine Geschichten sind voller faszinierender Details, kurioser Namen und verschrobener Charaktere, an die er sich mit bemerkenswerter Klarheit erinnert. Es bedarf jedoch ausgeklügelter Strategien und disziplinierten Vorgehens, um ihn vom Rückfall in seine ermüdenden moralischen Tiraden abzuhalten. Die beste Methode – nicht nur bei meinem Vater, sondern in allen interviewartigen Situationen – ist die bestimmte, klare Anschlussfrage, wie etwa:

– Welche Farbe hatte Tilly Touhys Haar? (Rot.)
– War Tommy Touhy verheiratet? (Ja.)
– Hat er seine Frau je versehentlich geschlagen? (Nein.)
– Warum nicht? (Weil sie ihn verlassen hatte.)
– Hat sie ihn bei geistiger Gesundheit verlassen? (Ja, und mit seiner ganzen Barschaft.)
– Wie weit lag euer Haus von der Feuerwehr entfernt? (Hundert Meter.)
– Bist du in den Golden-Gloves-Boxkämpfen je k.o. geschlagen worden? (Ja.)
– Wie oft? (In jedem Kampf.)
– In welcher Phase des Kampfes? (In der ersten Runde.)

Es ist freilich auch von entscheidender Bedeutung, Anschlussfragen rasch zu stellen. Bei meinem Dad kann die Konzentration in Windeseile schwinden. Nehmen wir den Bericht über das Foto eines bewusstlos am Boden liegenden Amateurboxers mit dem großen »J. B.« auf den Schuhsohlen im Sportteil der *Paterson Times* als Beispiel. Diese Geschichte konnte im Gehirnschaltkreis meines Dad augenblicklich einen Umleitungsmechanismus in Gang setzen, und bevor man kapierte, wie einem geschah, erging Dad sich bereits in einer endlosen Klage darüber, wie kleine Zeitungen heute von seelenlosen Medienkonzernen ruiniert werden. Verhindern lassen sich solch abrupte Abweichungen vom Thema bei ihm äußerst selten. Es ist daher absolut in Ordnung, ihn brüsk mitten im Satz zu unterbrechen. Ein letzter Ratschlag noch für alle, die den Mut haben, ihn an ihren Eltern oder Großeltern auszuprobieren: Stellen Sie kurze, kleine Fragen; sie führen nahezu immer zu langen, großen Antworten.

»He, Jack, ich hab auf einer Seite einen Schinken«, sagte meine Mutter mit einem Ausdruck des Schmerzes und drückte beide Hände an die linke Brustseite.

»Wie hast du den Schinken bekommen?«, fragte Dad, der in einer Zeitung blätterte.

»Von dem verflixten Sturz vor ein paar Tagen«, klagte Mom. »Kannst du dich erinnern? Ich hab vorm Bett die Stufe nicht bemerkt und bin gegen den Kleiderschrank geknallt.«

»O ja«, sagte mein Vater und blätterte weiter in der Zeitung.

Mom schaute aus dem Fenster und schüttelte den Kopf. »Mist, allmählich gehen die Lampen aus. Und dann?«

»Tun's die Räder nicht mehr«, antwortete Dad und linste über die Brillengläser. »Und wenn die Räder nicht mehr wollen, ist das Spiel aus. Dann senkt sich der Vorhang.«

Meine Eltern sprachen wieder Slang, *ihre* Verkehrssprache: ein Alltagsslang der Städte, der fast hundert Jahre alt und ausgestorben war, aber von zwei Menschen aus Paterson, Jersey, noch immer benutzt wurde, von zwei Alten, denen der Unterschied unklar wäre zwischen einem »Etymologen« und einem »Optometriker« oder, wie meine Eltern sagen, einem »Lampendoktor«.

Augen waren »Lampen«, Arme »Flügel«, Beine »Räder«, große Ohren »Segel«. All diese Ausdrücke enthielten ein Element der Übertreibung und Ausschmückung. Wenn auf dem Bürgersteig jemand mit besonders großen Ohren vorbeiging, würde mein Vater möglicherweise sagen: »Mit dem solltest du nicht im Sturm spazieren gehen. Er wäre im Nu weg.« Die Ausdrucksweise war nicht bösartig, sie wies nur auf Offensichtliches hin: Der Mann hatte nun mal große Ohren, was ihm selbst ebenso bekannt war wie allen anderen. Warum es also totschweigen oder übergehen?

Der Verkehr wurde dichter, als wir den äußeren Ring von Atlanta, der Hauptstadt des US-Bundesstaats Georgia, erreichten. Aus den schweren, dunklen Wolken versuchte ein Streifen Licht hervorzubrechen.

»He, Marge«, rief Dad, »soll ich dir bei der nächsten Tankstelle Kaugummi kaufen?«

»O ja«, antwortete sie. »Und vielleicht auch noch 'ne Granola, die Sorte mit Zimtgeschmack.«

»Wetten, du hättest als Teenager nie gedacht, dass man an einer Tankstelle mal Granola würde kaufen können?«, warf ich ein.

»Ich habe noch vor fünf Jahren überhaupt nicht gewusst, was, zum Teufel, Granola überhaupt ist«, erwiderte Mom. »Ehrlich gesagt, weiß ich heute noch nicht, woraus Granola gemacht wird.«

»Ich auch nicht«, räumte ich ein. »Das Zeug wurde von Hippies erfunden, wenn ich mich nicht irre. Ein Gemisch aus Nüssen und … ach, wozu muss man das schon wissen!«

»Wisst ihr, was eine wirklich gute Erfindung ist?«, fragte Dad plötzlich. »Der Teebeutel!«

Von dem nassen Teebeutel, der an seinen Fingern hing, tropfte braune Flüssigkeit auf seine blaue Hose.

»Die ersten Teebeutel wurden, so viel mir bekannt ist, aus Seide hergestellt«, fuhr Dad fort. »Habt ihr übrigens gewusst, dass Paterson früher auch als ›die Seidenstadt‹ galt? Eine Schande, was mit den Arbeitsplätzen in der Seidenindustrie passierte, nur weil irgend so ein Großunternehmen den Arbeitern keinen angemessenen Lohn mehr zahlen wollte und …«

Die Geschwindigkeit, mit der sich diese Überleitung vollzog, kam sogar für mich überraschend.

»Ja, ja, ja«, unterbrach ich ihn. »Aber der Erfinder des Teebeutels hätte sich eine bessere PR-Agentur suchen sollen. Niemand kennt seinen Namen, keiner dankt ihm seine Erfindung. Deswegen heißt der ›Teebeutel‹ heute einfach ›Teebeutel‹. Sonst würden wir heute vom ›Otto-Schmeigal-Beutel‹ reden oder wie immer der Typ geheißen haben mag.«

Dad reagierte mit einem Kopfschütteln. Er ließ seinen Teebeutel wieder in die Tasse plumpsen.

»Wisst ihr übrigens, wer für seine Erfindung viel mehr Anerkennung erhielt, als er verdient hätte?«, fuhr ich fort. »Der Erfinder der Dopp-Tasche. Des Rasierzeugbeutels. Ich glaube, der Kerl hieß in Wirklichkeit Doppler oder so ähnlich, und der Name ist dann abgekürzt worden auf Dopp. Aber selbst das tut ihm noch zu viel der Ehre an. Ich meine, also bitte, es ist doch ein bloßer Lederbeutel. Andererseits gibt es da diesen Menschen beim 3M-Konzern, der das Post-it-System erfand; der hätte es tatsächlich verdient, namentlich herausgestellt zu werden. Ich habe vor ein paar Jahren einmal in einer *Today*-Sendung …«

»He, Marge! Weißt du noch, wie in unserer Jugend der Tankstellenbesitzer hieß?«

Dad unterbrach *mich*. Was war los? War *ich* für Zuhörer mittlerweile so unerträglich wie Dad?

»Meinst du ›Neck‹?«, fragte meine Mutter zurück.

»Genau. ›Neck‹ hat er geheißen!« Dad lachte.

»Lass mich mal raten«, schaltete sich Matt ein. »Der Mann hatte einen dicken Hals?«

»Und ob der einen dicken Hals hatte!« Dad pfiff durch die Zähne.

»Und lang war er auch!«, fügte Mom hinzu. »Wie bei einer Giraffe!«

»Als du vorhin die Geschichte von den Kämpfen der Amateurboxer in Paterson erzähltest, hast du einen gewissen ›Happy‹ Nochwas erwähnt«, sagte ich. »Der ist dann wohl immer glücklich gewesen.«

»Oha«, entgegnete Dad. »Happy Mahoney! Dem gehörte der Süßwarenladen. Nee, dem haben wir den Spitznamen ›Happy‹ gegeben, weil er ein furchtbarer Trauerkloß war.«

»Okay, verstehe.« Matt nickte Dad vom Fahrersitz aus zu, bevor er seinen Kopf in Richtung Mom drehte. »Aber was war das vorhin mit dem ›Schinken‹?«

»Das ist unser Ausdruck für einen großen Klumpen«, erklärte Mom. »Ein buckliger Mann sieht aus, als würde er auf dem Rücken einen Schinken tragen – ein richtig großes Stück, so wie man's bei einem echten Metzger bekam. Darum haben wir gesagt: ›Du hast auf dem Rücken einen Schinken.‹«

»Das habt ihr doch wohl niemandem, der auf dem Rücken einen Schinken hatte, tatsächlich ins Gesicht gesagt?«, meinte Matt sichtlich beunruhigt.

»Klar doch. Wenn er ein Freund war«, krähte Dad. »Warum denn nicht? Er hat ja selber gewusst, dass er einen Buckel hatte. Bei uns um die Ecke in Paterson lebte damals George Bott. Der Vater war Polizist. Wachtmeister Bott. Also, dieser George Bott hatte etwas mit den Beinen. Sie waren lahm. Er ging mit Krücken. Damit konnte er sich prima bewegen, beugte seinen Oberkörper auf den Krücken nach vorn und zog die Beine schwungvoll nach. Wir haben ihm den Spitznamen ›Swinger‹ gegeben.«

Dad machte eine Pause. Er grinste.

»Swinger war unser Freund. Es war toll, ihn in der Nähe zu haben, für den Fall, dass es zu einer Schlägerei kam. Sein jüngerer Bruder Larry war leicht zu besiegen. Aber nicht Swinger. Mein Gott, was der mit seinen Krückstöcken anstellen konnte!«

Matt sah völlig verdutzt drein. »Aber wer würde sich denn mit einem Krüppel prügeln wollen?«, fragte er mitfühlend. »Das wäre doch unmenschlich.«

»Hast du schon mal 'nen Schlag mit einem Krückstock abgekriegt?«, gab Dad zurück. »Tut höllisch weh, sag ich dir. Wenn Swinger es schaffte, mit dem Rücken zur Wand zu stehen, war er unschlagbar. Weil er zum Kämpfen dann nämlich beide Krücken einsetzen konnte. Weißt du, bei einem Kampf ist alles eine Frage der Reichweite.«

»Und Swinger hatte gar nichts dagegen, dass man ihn Swinger* nannte«, folgerte ich.

»Nein, natürlich nicht!«, rief Dad mit Nachdruck. »Wir haben ihn damit doch als einen von uns anerkannt. Der Spitzname traf ja auch zu. Schwach waren bei ihm bloß die Beine. War eigentlich nicht anders, als wenn jemand einen als ›Linken‹ oder ›Roten‹ bezeichnet. Konnte ja nichts dafür, dass er schlechte Räder hatte, und wir haben uns auch nicht über ihn lustig gemacht. Heute ist man furchtbar ängstlich und vorsichtig. Als ich die Grammar School besuchte, in der Zeit, als ich in der sechsten Klasse war, ist eine Nonne vom Direktorium durch alle Klassen gegangen, um uns zu sagen: Am nächsten Tag werde ein Neuer kommen, und dieser Neue sei anders, wir dürften ihm keinen Spitznamen verpassen. Am nächsten Tag ist also dieses Kid aufgetaucht, Reyes hieß er mit Familiennamen; er kam von den Philippinen. Es dauerte eine Viertelstunde, bis er seinen Spitznamen weg hatte – ›Flip‹. Ein guter Junge. Und die Woche war noch nicht vorbei, da haben ihn auch die Nonnen ›Flip‹ genannt. Hat bei allen Sportarten mitgemacht, nichts anbrennen lassen, dieser Flip Reyes, und war glücklich, dass wir ihn Flip nannten.«

»So etwas würde heutzutage nicht durchgehen«, bemerkte ich. »Neulich hat ein Bekannter mir eine Geschichte aus einer Gram-

* Auch in der Bedeutung von »der große Schläger«. (Anm. d. Übers.)

mar School unserer Gegend erzählt, die Turnstunde betreffend. Die Kids lernten Seilspringen. Zwei oder drei von ihnen kamen damit aber irgendwie nicht zurecht. Daraufhin hat der Turnlehrer alle Seile aus dem Turnsaal verbannt. Jetzt macht die ganze Klasse Seilspringen ohne Seile, imaginäres Seilspringen. Man wollte nicht, dass die Kinder, die mit dem Seil Probleme hatten, sich benachteiligt und minderwertig fühlen.«

»So ein Quatsch!«, murrte Dad. »Und nun lernen alle Kinder nicht richtig Seilspringen! Statt dass man zu den wenigen geht und ihnen sagt: Macht doch nichts, dass ihr Probleme habt, probiert's halt noch mal. Und wenn ein anderes Kind sich über sie lustig macht, knöpft man sich's vor und lässt es ein paar Strafrunden drehen!«

»Großer Gott! Das geht doch nicht!«, warf Matt ein. »So etwas bedeutet: ein Kind öffentlich demütigen. Da hast du gleich einen Prozess am Hals!«

»So ein Bullshit!«, schimpfte Mom.

Es hatte endlich aufgehört zu regnen. Als wir Atlanta erreichten, hellte der Himmel sich auf. Ich hatte zuvor meinen Freund Danny Wilson angerufen, einen Afroamerikaner Anfang vierzig, der nun in einem Autohof auf uns wartete, um uns zum Haus eines Kumpels zu bringen, wo wir ein bisschen bleiben sollten. Danny und seine Freunde waren aufgeweckte, clevere Typen, so dass meine Eltern ein paar zeitgemäße neue Vokabeln und vielleicht auch ein paar neue Gesten aufschnappen konnten, um noch mehr Leute zu erstaunen und zu verwirren.

Die Begegnung würde auf jeden Fall interessant werden, weil es nicht viele Menschen von der Art Mr. Wilsons gibt. Er ist ein sehr spiritueller Mensch und glaubt, dass unser erstes Zusammentreffen vor nahezu fünfzehn Jahren vorherbestimmt war – dass das Aufeinandertreffen zwei so unterschiedlicher Existenzen einen besonderen Grund haben musste. Ich weiß nicht, was ich von solchen Vorstellungen halten soll, obwohl es mich nachdenklich macht, dass sich in meinem wie im Leben von Bekannten schicksalhafte Zufälle häufen.

So ist beispielsweise meine Freundschaft mit Danny über eine Postsendung zustande gekommen, die ich beinahe weggeworfen hätte, ohne sie zu öffnen. Sie traf 1990 bei mir ein. Ein Regisseur der *Today*-Sendung in New York hatte das Päckchen an mich weitergeleitet. Es enthielt ein Videotape und einen Brief, der auf die Arbeiten eines jungen Künstlers namens Lyndon Barrois in New Orleans aufmerksam machte; als Material verwendete er die Verpackung von Kaugummi. Auf zehn bis fünfzehn Zentimeter große Plastiken aus Abfall von Kaugummihülsen hatte die Kunstwelt nun nicht gerade gewartet. Die *Today*-Regisseure schickten mir die Sachen also gewissermaßen zur stillen Beerdigung.

Ich schob das Öffnen des Päckchens immer wieder hinaus, bis es auf meinem Schreibtisch schließlich unter Bergen von Papieren begraben lag. Als ich es Monate später bei einer Aufräumaktion wieder entdeckte, wollte ich es schon in den Papierkorb werfen, weil ich dachte, die Sache habe sich eh von selbst erledigt, tat es dann aber doch nicht, sondern habe den Brief gelesen, dessen Verfasser mich bald mehr beschäftigte als sein Anliegen. Was war das für einer, dass er sich solche Mühe machte, einem Freund zum Durchbruch zu verhelfen, obwohl dabei für ihn selbst nichts heraussprang? Und wen glaubte er überhaupt für diese Sache gewinnen zu können? Große Nachrichtensender investierten weder Zeit noch Geld, um zwei junge Schwarze ins Rampenlicht zu rücken, deren einer Kunststücke schuf, die nach vorherrschender Meinung keine Kunst waren, und deren anderer ... gab es über ihn überhaupt etwas zu berichten?

Das Lesen brachte mich auf einen Gedanken, der sich auf ein Ereignis in meinem früheren Leben bezog, als ich Ende zwanzig, verheiratet und Vater von drei Kindern war. Wir waren finanziell klamm. Ein Freund kam uns zu Hilfe. Dank seiner moralischen Unterstützung fand ich die Kraft und den Mut weiterzumachen, als die Aussichten mehr als schlecht schienen. Ohne seine Hilfe hätte ich es nie ins Fernsehen geschafft.

Meine Gedanken kehrten zu dem Künstler aus New Orleans und seinem Freund, dem Briefeschreiber, zurück. Statt mir das Video im Päckchen anzuschauen, wählte ich die Nummer auf dem Briefbogen. Danny Wilson meldete sich. Eine Woche später stand ich mit ihm in seiner bescheidenen Wohnung in New Orleans, während ein Kamerateam eine Gruppe winzig kleiner Figuren filmte, die sein Freund Lyndon aus Verpackungsmaterial für Kaugummi zum Leben erweckt hatte.

Zu jener Zeit bestand das Innere der Verpackung eines Kaugummistreifens aus Stanniol. Und dieses Material verwendete Lyndon für seine winzigen Plastiken – Material, über das er dank des gigantischen Kaugummikonsums seiner Mum Sylvia in Hülle und Fülle verfügte. Er drechselte das Stanniol zu menschlichen Gestalten, die er detailgenau anmalte und dann so arrangierte, dass sie eine Sportszene darstellten – ein hoch komplexer Schaffensprozess, der Lyndon total in seinen Bann schlug. Es faszinierte ihn, aus nichts etwas zu kreieren, winzige Abfallreste in Kunstwerke zu verwandeln. Die Geschichte wurde im Rahmen der Show *Today* im Oktober 1990 gesendet. Das Echo war für Lyndon überwältigend. Von überall her kamen Anrufe. Ein Unternehmen gab fünfzehn solcher Kunstwerke für Ausstellungen an fünfzehn Orten in Amerika in Auftrag. Die Bezahlung war gut. Lyndon begann zu sparen, um einen anderen Plan zu verwirklichen, von dem er seit langem träumte – ein Studium für Zeichentrickfilme zu absolvieren.

Unterdessen gab Danny die Hoffnung nicht auf, dass ein Praktikum bei einer PBS-Radiostation* ihm weiterhelfen würde. Es fehlte nicht an warnenden Stimmen: Die Chancen, in einem Kreativbereich Fuß fassen zu können, seien gering. Danny und Lyn-

* Öffentlich subventionierte Sender mit Bildungsauftrag und entsprechendem Programm. (Anm. d. Übers.)

don ließen sich davon nicht beeindrucken. Genauso wenig wie ich selbst es getan hatte. Wir drei blieben in Kontakt. Lyndon lud mich zu seiner Hochzeit ein, dann heiratete auch Danny.

Die Einfahrt zum Autohof lag eine Meile vor uns auf der rechten Seite. Seit dem Posteingang von Dannys Päckchen waren fast fünfzehn Jahre vergangen. In der Zwischenzeit hatte sich viel ereignet. Dannys Praktikum hatte tatsächlich zu einer Anstellung als TV-Kameramann in Minneapolis geführt, die er allerdings aufgrund von Budgetkürzungen wieder verlor; danach war er bei einem Radiosender untergekommen, anschließend ins Event-Management gewechselt, wo er bei enorm langen Arbeitszeiten relativ wenig verdiente. Doch Danny gab nicht auf und blieb positiv gestimmt – was sich auszahlte. Er fand eine Position als Road Manager für große Musikstars von LL Gool J bis Ja-Z. Der damit verbundene Stress ständigen Auf-Achse-sein-Müssens begann seinen Tribut zu fordern, so dass er über andere Optionen nachzudenken begann, als ihn die Einladung eines Freundes erreichte, sich eine neue Art von Musik anzuhören. An dem Tag, so erzählte Danny, habe er endlich begriffen, warum Gott ihn in die Welt gesetzt hatte.

»Mr. Wilson«, sagte ich nach der Begrüßung, »ich möchte Sie mit meinen Eltern bekannt machen.«

»Hi, Mom. Ich bin Danny Wilson.«

Der hochgewachsene schlanke Mann mit der blauen Baseballkappe umarmte meine Mutter und kam den Mittelgang des Holiday Rambler entlang, um Dad die Hand zu schütteln.

»Hallo, Dad. Freut mich, Ihre Bekanntschaft zu machen, Sir.«

Danny Wilson, glücklich verheiratet und Vater einer Tochter, war nun Hauptgeschäftsführer eines Rundfunksenders in Atlanta sowie Mitbegründer und Gesellschafter der Holy Hip Hop Holdings, Inc., eines Verbundes von Video-, Funk-, Internet- und Printvertriebsfirmen für ein Musikgenre, das Hiphop-Musik mit religiösen Botschaften verbindet.

Was Lyndon angeht, so hat er es tatsächlich geschafft, eine Hochschule für Zeichentrickfilme zu absolvieren ... und vieles mehr. Nach einer eindrucksvollen Serie von Aufträgen für Film und Fernsehen avancierte Lyndon Barrois, der junge Mann, der das künstlerische Potenzial von weggeworfenen Kaugummiverpackungen erkannt hatte, zum Leiter für die Trickfilmeffekte in allen Schlachtszenen der Kassenschlager *Matrix Reloaded* und *Matrix Revolutions.*

»Alle mal herhören!«, rief Danny aus dem Holiday Rambler. »Ich möchte euch hier in Atlanta meinen Freund Terrell vorstellen. Er ist der Produzent, der mit mir bei etlichen Holy-Hip-Hop-Konzertvideos zusammengearbeitet hat. In seinem Haus befindet sich ein Schneideraum. Ich habe mir gedacht, dort könnten wir Ihnen am besten eine Vorstellung von unserer Arbeit vermitteln.«

Unsere Wohnwagen wurden in einer Sackgasse vor Terrell Taylors großem Haus geparkt. Es steht in einem der reicheren Vororte von Atlanta. Während alle übrigen ausstiegen und Terrell nebst dessen Vetter C-Dash begrüßten, nahm Danny mich beiseite. Ihm war ein Detail von Dads Garderobe aufgefallen, das einen starken Kontrast zum ansonsten »normalen Seniorenstil« bildete.

»Die blaue Mütze!«, sagte Danny im Flüsterton. »Im ersten Moment hab ich mir gesagt: ›Nein, das kann doch nicht wahr sein‹; aber dann hat Ihr Vater sich umgedreht, und er hatte wirklich ein Kangol auf dem Kopf, und ich dachte: ›Mannomann, ist der cool.‹«

In schwarzen Wohnbezirken galten Mützen der Marke Kangol noch immer als etwas Besonderes. Ich hatte keine Ahnung, wann und wo mein Vater diese dunkelblaue Mütze mit dem winzigen Kangol-Känguru-Logo erstanden hatte, doch war mir eins klar: Zum Zeitpunkt des Kaufs hatte Dad keinen blassen Dunst, dass seine Kopfbedeckung einmal der letzte Schrei werden würde. Ich fragte Danny – nur weil mich interessierte, wie er reagieren würde –, ob mein Vater seiner Meinung nach wisse, was für ein cooles Teil er da trage.

»Nein!«, rief Danny. »Er weiß es nicht. Aber er ist trotzdem cool. Total cool.«

Terrell hatte bereits alles vorbereitet, als wir im Studio zur übrigen Gruppe stießen. Meine Eltern saßen schon vor dem riesigen Fernsehbildschirm, in den zwei Sesseln, die speziell für sie dort platziert worden waren, die anderen auf Stühlen weiter hinten im Raum.

»He, Danny«, sagte ich. »Klären Sie meine Eltern doch mal über die Hintergründe der Musik auf, die wir gleich hören werden.«

»Musik wie von Puff Daddy?«, fragte Mom.

»Nicht schlecht geraten.« Danny lachte. »Nein. Vor ein paar Jahren hieß diese Musik Rap, heute nennt man sie Hiphop. Beides kommt aus der gleichen Kultur und wurde populär, als die Budgets gekürzt wurden und die Musikinstrumente aus den Schulen verschwanden. Daraufhin haben die Kids ihre eigene Art Musik gemacht. Hiphop ist eine Form, um sich selbst auszudrücken. Das gilt auch für Holy Hip Hop, nur dass den Hiphop-Rhythmen hier religiöse Texte unterlegt werden. Hier wird den Leuten eine Alternative angeboten, die Möglichkeit, positive Botschaften zu hören, ohne dass sie, hm, Sie wissen schon …«

»Ohne dass die Leute ihre Rhythmen aufgeben müssten?«, schlug Dad vor.

»Yeah!«, rief Danny. »Die Leute müssen nicht ihre Rhythmen aufgeben. Geben Sie mir ein Pfund! Wissen Sie, was das bedeutet?«

»Klar«, antwortete Dad und streckte Danny eine geballte Faust entgegen. Es heißt: ›Reichen Sie mir Ihre Hand.‹«

»Da sehen Sie's! Er versteht uns!«, schrie Danny. »Er versteht.«

Dann setzte die Musik ein, und was immer Dad verstanden haben mochte, war dahin. Er gab sich offensichtlich Mühe, den

Eindruck zu erwecken, als ob die Musik ihn mitreiße; doch ihm war anzusehen, dass er total verloren war. Was Dad oder Mom anging, hätte der Hiphopper des Videos seine Verse genauso gut auf Finnisch in die Welt hinausschreien können. Es kam aber noch schlimmer: Dad begann seinen Kopf im Rhythmus zu bewegen, oder, genauer gesagt, sein Kopf ruckte zwar rhythmisch auf und ab, aber nicht im Hiphop-Rhythmus. Meine Kinder bogen sich vor Lachen, das von der dröhnenden Musik geschluckt wurde. Die letzten Töne klangen wie das ersterbende Wimmern eines Zahnbohrers. Die Farbe kehrte in die Gesichter meiner Eltern zurück.

»Der Schmuck des Hiphoppers hat mir gefallen«, log Mom.

»Jaja, seine Glasur.« Danny nickte. »Ein Ausdruck für Schmuck und Juwelen. Also, wenn ich sagen wollte: ›Mrs. Leonard, Sie sind völlig glasiert‹, dann heißt das: Ihr Schmuck gefällt mir.«

Mom drehte sich zu Dad um. »He, Jack«, sagte sie, »zum Valentinstag wünsch ich mir von dir ein bisschen Glasur.«

Eine erneute Lachsalve. Wieder ein Begeisterungsausbruch vonseiten Dannys.

»Auf mein Wort!«, rief er und lieferte gleich die Übersetzung mit. »Das bedeutet: ›Ich gebe Ihnen Recht.‹ Auf mein Wort!«

Nach einer Weile weiteren höflichen Parlierens begaben wir uns wieder zu unseren Wohnwagen, wo wir uns von Danny und seinen Freunden verabschiedeten. Meine Eltern nahmen auf der Couch Platz. Sie winkten Danny, Terrell und C-Dash durchs Fenster zu.

Bis zum Campingplatz in Winder, Georgia, war es nicht mehr weit. Ich brachte die kniffligen Begriffe Zufall, Glück, Eingebung sowie die Frage ins Gespräch, ob Gott für unser aller Leben nun einen Plan hat oder nicht.

»Ich denke, wir dürfen nicht erwarten, auf solche Fragen eine Antwort zu finden«, meinte Dad.

»Manche Erlebnisse bringen einen aber zum Nachdenken«, wandte ich ein. »So kam ich auf einer Fahrt nach Ioawa vor zehn Jahren in einer kleinen Stadt an einem Kloster vorbei und beschloss, es mir anzuschauen, weil ich nicht in Eile war. Ich habe den Leuten im Besucherzentrum nichts von meiner Fernsehtätigkeit bei NBC gesagt. Ich wollte nur mal gucken, ob es überhaupt Ansatzpunkte für eine Reportage gab. Viele der Mönche dort hatten das Schweigegelübde abgelegt. Sie arbeiteten draußen auf dem Feld. Das Kloster war Selbstversorger. Zum Teil verkaufte es seine landwirtschaftlichen Erzeugnisse in einer Cafeteria, die der Öffentlichkeit zugänglich war. Das Kloster betrieb auch einen kleinen Souvenirladen. Ich ging hinein und schaute mich um. Als ich in einem Buch blätterte, hörte ich hinter mir plötzlich eine Stimme: ›Sind Sie Ire?‹

Heiliger Hiphop: (v.l.n.r.) Danny Wilson, Marge, Mike, Jack, Terrell Taylor und C-Dash.

Hinten im Laden saß ein uralter Mönch. Er war bestimmt über neunzig. Wie eine Mumie sah er aus. Ich ging zu ihm.

›Sind Sie Ire?‹, wiederholte er. ›Ich frage, weil Sie mir wie ein Ire vorkommen.‹

›Nun ja, ich bin irischer Abstammung‹, entgegnete ich. ›Und ich nehme an, dass Sie selbst irischer Herkunft sind.‹

›Stimmt‹, sagte er. ›Ich komme aus Tipperary.‹

›Sind Sie zwischenzeitlich mal wieder dort gewesen?‹

Er starrte mich an, als ob ich ihm eine völlig abwegige Frage gestellt hätte.

›Ich habe das Kloster seit meinem Eintritt nie mehr verlassen. Seit ich siebzehn Jahre alt war.‹

›Würden Sie Ihre alte Heimat gern wiedersehen.‹

›O ja‹, sagte er. ›Sehr gern. Geht aber nicht. Dies ist der Ort, wo Gott mich braucht. Hier werde ich auch sterben.‹

›Aus welcher Gegend in Tipperary kommen Sie denn?‹, fragte ich. ›Ich habe die ganze Grafschaft bereist.‹

›In meinem Dorf sind Sie bestimmt nicht gewesen.‹ Er kicherte. ›Da fährt kein Fremder hin. Es ist ein ganz unbedeutender kleiner Ort.‹

›Hat Ihr Heimatdorf einen Namen?‹

›Es heißt Fethard‹, sagte er und buchstabierte.«

Meine Eltern lauschten gespannt. Ich flocht an dieser Stelle Einzelheiten über die Reise ein, die ich 1982 im Auftrag von NBC unternahm, und berichtete, wie ich damals oft allein über Land gefahren war, jedoch stets die Videokamera bei mir hatte für den Fall, dass etwas Interessantes auftauchte. Dann setzte ich meine Erzählung über den alten irischen Mönch fort.

»Nachdem er mir mitgeteilt hatte, er stamme aus einem Dorf Fethard, schaute ich auf ihn hinunter und sagte: ›Ich habe nicht nur von Fethard gehört, ich bin sogar dort gewesen.‹

Der Mönch schwieg lange, bevor er den Kopf hob, mich ansah und im Flüsterton fragte: ›Und wie ist es dort heute?‹

›Genauso wie in Ihrer Erinnerung‹, habe ich geantwortet, weil ich ja wusste, dass manche ländlichen Gegenden Irlands sich jeder Veränderung widersetzen. ›Sie werden mir wahrscheinlich nicht glauben, aber ich kann es beweisen. Sie können sich selbst vergewissern. Ich habe nämlich in Ihrem Dorf gefilmt: die Kirche, die Hauptstraße, die mitten durch Ihr Dorf führt, den Friedhof, die Ladengeschäfte ...‹ und nannte eine ganze Reihe aufgenommener Stätten, die mir gerade in den Sinn kamen.

Der alte Mönch schien wie vom Donner gerührt, als ich ihm dann noch Dutzende anderer kleiner Dörfer schilderte, die ich während meines zehntägigen Irlandaufenthalts besucht hatte, von denen die meisten schöner und von größerem historischem Interesse als sein Heimatdorf waren. Fethard war jedoch das einzige Dorf gewesen, wo ich – unerklärlicherweise – den inneren Drang verspürt hatte, zu meinem Leihwagen zurückzukehren, die Kamera auszupacken und nicht nur ein paar Schnappschüsse zu machen, sondern die Szenerie über zehn Minuten lang von allen Seiten auf Video zu bannen.

Der Mönch in seiner Sprachlosigkeit hat mich so gerührt, dass ich versprach, ihm eine Kopie des Bandes zu schicken. Er könne seine Heimat auf einem TV-Bildschirm sehen, wenn das Kloster die Möglichkeit habe, sich ein VHS-Gerät auszuleihen, erklärte ich ihm. Nach meiner Rückkehr habe ich zu Hause die alten Videos durchgesehen, das Band mit den Aufnahmen von Fethard gefunden und eine Kopie zur Post gebracht.

Monate später habe ich einen handgeschriebenen Brief aus Iowa erhalten, einen kurzen Dankesbrief in krakeliger Schrift, in dem der Mönch mir zum Schluss mitteilte, ein wie reich gesegnetes Leben ihm doch beschieden gewesen sei. Gott habe all seine Gebete erhört, insbesondere nun auch seine letzte Bitte erfüllt, vor seinem Tod noch einmal seine Heimat sehen zu dürfen.«

Meine Eltern richteten sich auf und starrten mich ungläubig an.

»Ist das nicht eine sonderbare Geschichte?«, fragte ich, nur um die anhaltende Stille zu unterbrechen.

»Allerdings«, erwiderte Mom.

10

»Noch zwei Wochen, Meg.«

»Ich weiß, Dad. Ist das nicht toll?«

Ich sprach über Handy mit meiner Tochter und steuerte den Holiday Rambler durch die Blue Ridge Mountains von North Carolina. Hinter mir, zur Rechten, saß Mom – seitwärts auf der Couch, die Beine hoch, die Hände gefaltet – und sagte kein einziges Wort. Der Anblick eines Handys in Lenkradnähe löst bei ihr sonst einen Sturm von Beschimpfungen und Verwünschungen aus. Doch diesmal blieb sie still. Der Marge-Kosmos ist unberechenbar.

»Hast du eine Vorahnung, ob's ein Mädchen oder ein Junge wird?«

»Ich glaube, es wird ein Junge«, antwortete Megan. »Bei euch kam zuerst Matt, bei meinen Schwiegereltern vor meinem Jamie sein Bruder Marcy. Moose hat überhaupt nur Söhne zur Welt gebracht. Darum denke ich mal, dass es ein Junge wird. Ein Mädchen wäre mir aber genauso lieb.«

»Bist du froh, dass du es nicht vorher weißt?«

»Ja. Cathy sagt, für eine Frau gibt es während der Wehen und der Niederkunft nur zwei Dinge, auf die sie sich verlassen kann: Schmerzen und Ungewissheit. Warum sollte ich auf das Schöne von beiden verzichten wollen? Siehst du das nicht auch so? Und wo habt ihr letzte Nacht geschlafen?«

»Oje, oje«, antwortete ich. »Letzte Nacht war ziemlich unheimlich. Wir haben nämlich in einem großen Wald kampiert ... in irgendeinem Naturpark in Georgia. Und weil wir Februar haben – und keine Saison –, waren wir mit unseren zwei Wohnwagen ganz allein im großen, finsterenWald.«

»Und wie hat Moose darauf reagiert? Ist bei ihr die Sicherung durchgebrannt?«, wollte Megan wissen.

»He, Moose!«, rief ich mit einer leichten Bewegung des Kopfes in ihre Richtung, ohne die Augen von der Straße zu nehmen. »Megan möchte gern wissen, wie du den Campingplatz letzte Nacht gefunden hast!«

»Nervig«, erwiderte meine Mutter in freundlichem Ton, ohne sich von der Aussicht auf die Berge ablenken zu lassen. »Ich hätte mir vor Angst fast in die Hosen gemacht.«

»Es hat ihr prächtig gefallen«, gab ich scherzend weiter und senkte danach die Stimme, um Megan unsere Ankunft zu nächtlicher Stunde ausführlicher zu schildern. »Du hättest Moose hören sollen, als wir auf der Fahrt durch den Forst nach dem Campingplatz suchten! Wir mussten ganz langsam fahren, damit wir die Ziffern auf den Orientierungstafeln erkennen konnten. An einer Stelle stieß sie einen gellenden Schrei aus: ›O mein Gott! Schaut nur, hinter den Büschen drüben steht ein Bär. Er fixiert uns. Und er hat Bärenbabys bei sich.‹ Das mit den Bärenbabys fand ich irgendwie ulkig. Obwohl es totaler Quatsch war. Ein paar Minuten später glaubte sie einen Pistolen-Schießstand zu sehen. Mit Schützen!«

»Einen Pistolen-Schießstand? Mitten im Wald?« Megan lachte. »Aber es war ...«

»Natürlich hat sie keinen Schießstand und auch keinen Bären mit Jungen gesehen. Sie hat uns bloß Angst einjagen wollen! Damit nicht sie allein sich fürchten musste.«

»Und, habt ihr es mit der Angst zu tun gekriegt?«

»Aber ja, verdammt«, antwortete ich rasch. »Du kennst doch die Leonards: Nacht plus Wald ist Herzklopfen. Wir haben zusammen im Holiday Rambler zu Abend gegessen, uns dann getrennt und im jeweiligen Wohnwagen verbarrikadiert. Ich glaube, keiner von uns hat gut geschlafen. Es war das perfekte Szenario für einen Horrorfilm – Camperfamilie mutterseelenallein in finsterem Wald! Das Weitere kannst du dir selbst ausmalen: ein wegen Inzucht degenerierter, in die Wildnis ausgebüxter Großstädter mit Axt, ein irres wildes Tier oder ein Außerirdischer.« Megan und ich ergingen uns in Erinnerungen an Film- und Fernsehmonster der letzten Jahre – ein Unterhaltungsspiel, das meine Brüder und ich schon als Teenager entwickelt hatten. Megan genoss solche Gespräche, wie wir sie im Familienkreis oft führten, indem Cathy und ich meist irgendein lächerliches Thema anschnitten und es dann mit todernster Miene in trockenem Ton lang und breit mit allen diskutierten. Es war eine lustige Art und Weise, mit den Kids Gemeinschaft zu pflegen.

Es war früher Nachmittag, als wir mit unseren Wohnwagen in Ashville, North Carolina, auf das Gelände des Biltmore Estate einbogen. Ich hatte mir gedacht, in Anbetracht ihrer bescheidenen Anfänge würden meine Eltern es vielleicht interessant finden, einen Teil des Tages auf dem größten privaten Landsitz Amerikas zu verbringen. Das 1895 bezogene, auf einem hundertfünfundzwanzig Morgen großen Grundstück erbaute hochherrschaftliche Haus diente George und Edith Vanderbilt mit ihrer jungen Tochter Cornelia als Zufluchtsstätte. Vierzig bis fünfzig Vollzeitbedienstete für eine dreiköpfige Familie! Über vierhundert Arbeitskräfte zur Instandhaltung des Anwesens!

»Könnt ihr euch vorstellen, dass ein Mensch morgens bloß die Augen aufmachen muss, um solch eine Aussicht zu genießen!?« Dad spähte durch die Windschutzscheibe des Holiday Rambler. Wir nahmen die letzte Kurve der fast sechs Kilometer langen Einfahrt und sahen es nun zum ersten Mal in seiner Gänze, dieses alle Vorstellungen sprengende Herrenhaus mit zweihundertfünfzig Räumen. »Bloß die Augen aufmachen und solche Aussicht haben!«, wiederholte Dad ungläubig.

George Vanderbilts immenser Reichtum ging auf das Dampfschiff und den Eisenbahnwaggon zurück, zwei von Großpapa Cornelius begründete Industriezweige, die der hauptsächlich mit Hilfe miserabel bezahlter Immigranten aufbaute. Das Biltmore Estate – jetzt Eigentum der Vanderbilt-Erben – zählt zu den meistbesuchten Touristenattraktionen North Carolinas. In einem für *Today* gedrehten Feature hatte ich Biltmore House einmal benutzt, um anhand seiner fast surrealen Dimensionen die mit dem jährlichen Frühjahrsputz verbundenen Alltagsscherereien zu veranschaulichen. (»Ich geh jetzt die Dachrinnen reinigen, Liebling ... Also bis dann – Ende Sommer seh'n wir uns dann wieder.«)

Wie so oft bei meinen Dreharbeiten hatte ich mich mit einer Person vor Ort angefreundet, in diesem Fall mit Elizabeth Sims, die in der Biltmore Marketing-Abteilung tätig war. Als ich feststellte, dass unsere Reiseroute nah an Ashville vorbeiführte, rief ich Elizabeth an und fragte, ob wir auf einen Sprung vorbeikommen dürften. Elizabeth begrüßte mich jetzt mit einer Umarmung. Nachdem ich ihr meine Eltern und die anderen vorgestellt hatte, zeigte sie uns das Haus bei einer Kurzführung. Es war später Nachmittag, die offiziellen Öffnungszeiten waren vorbei, so dass wir das Gebäude für uns allein hatten.

»Was Sie sehen, ist ausschließlich Originaleinrichtung und -mobiliar«, erklärte Elizabeth, als sie uns durch ein Marmorportal in George Vanderbilts Herrenflügel mit Billardzimmer, Rauchersalon und Waffenkammer geleitete. Hinweise auf ein Interesse an Sport und Gymnastik enthielt er – natürlich – keine.

»Ach du heiliger Strohsack!«, rief Kerry beim Betreten des Bankettsaals. Eine sechs Meter hohe Zimmerdecke! Ein Esstisch mit Bestuhlung für über sechzig Personen. An den Wänden flämische Gobelins. Fahnen. Ausgestopfte Tierköpfe. Statuen. Holzschnitzereien. Am anderen Ende ein dreifacher Kamin.

»He, Marge, komm, geben wir eine Dinnerparty«, sagte Dad.

»Yeah«, gab Marge zurück. »Mit Chef Boyardee!«*

Die Immobilienbranche berechnet die Größe des Wohnraums gewöhnlich nach Quadratfuß oder -metern. Auf dem Biltmore Estate denkt man in Morgen. Man stelle sich vor, das Heizen, Kühlen oder – schlimmer noch – Einrichten eines Hauses mit viereinhalb Morgen Wohnfläche planen zu müssen. Irgendwer hat einmal ausgerechnet, dass im Biltmore House achtundachtzig amerikanische Heime durchschnittlicher Größe Platz finden würden. Wir liefen weiter. Uns gingen die Augen über angesichts der fünfundsechzig Kamine, der Kunstschätze, der Kegelbahn, der über dreißig Schlafzimmer für Familie und Gäste, der drei Küchen, des inhäusigen Swimmingpools.

»Die Vanderbilts hatten vierunddreißig Badezimmer – zu einer Zeit, da ein Badezimmer in den Berggegenden North Carolinas noch nicht mal zur Standardeinrichtung eines Hauses gehörte«, erläuterte Elizabeth, während wir das Schlafzimmer von George Vanderbilt betraten. »Die Wände hier sind mit auf Sackleinen aufgetragenem Gold bezogen.«

George und Edith Vanderbilt besaßen übrigens getrennte Schlafzimmer. Vielleicht hat er ja geschnarcht.

Auf jeden Fall hat er viel gelesen. Seine Privatbibliothek besteht aus mehr als zehntausend Büchern in blank polierten Holzregalen auf zwei Ebenen, die mit einer imposanten Wendeltreppe verbunden sind. Die Titel haben mich nach einem raschen Blick allerdings nicht beeindruckt. Kein einziges Werk aus der Hardy-Boys-Reihe**, dafür aber jede Menge Kunst. Imposante Büsten großer Persönlichkeiten. Riesendeckengemälde eines Morgenhimmels voller Engel. Wenn hinter solcher Ästhetik die Absicht gestanden haben sollte, dem Betrachter ein Gefühl seiner eigenen

* Name einer Marke für Fertignahrung in Konserven. (Anm. d. Übers.)

** Legendäre wertkonservative Serie von Detektiv- und Abenteuerromanen für Jungen (1927–1979), verfasst von verschiedenen Autoren unter dem Reihenpseudonym Franklin W. Dixon nach einem von Edward Stratemeyer vorgegebenen Konzept. (Anm. d. Übers.)

Bedeutungslosigkeit zu vermitteln, muss man sagen: Dies ist dem Hausherrn voll und ganz gelungen. Zu dieser Einschätzung schien auch Matt gelangt zu sein. Er deutete auf einen gigantischen Globus in der Ecke und formte mit den Lippen das Wort »Originalgröße.«

Was sich da beim Durchschreiten eines Raums nach dem anderen an Pracht und Prunk entfaltete, ließ jeden von uns in Ehrfurcht erstarren. Dad allerdings war zwischendurch immer wieder eine innere Unruhe anzumerken; manchmal wirkte er sogar erregt. Ihn schien irgendetwas stark zu beschäftigen. In einem Mammutsaal, der optisch von den gerahmten Porträts etlicher Vanderbilts beherrscht wurde, wandte er sich schließlich zu mir und flüsterte in mein Ohr: »In so 'ner Umgebung war meine Mutter mal angestellt.«

Dads Mutter, Annie Smith, verließ Irland in jugendlichem Alter, um im Haushalt einer wohlhabenden Familie in New Jersey zu arbeiten. Sie wurde dort gut behandelt, hat sich aber auch immer so verhalten, dass nie ein Zweifel aufkam: Sie kannte ihren Platz in der Welt, wusste, wo sie hingehörte, nämlich in die Arbeiterklasse. Wozu freilich anzumerken wäre: Eine blutjunge Immigrantin ohne Grammar-School-Abschluss hatte kaum die Möglichkeit, auf die Beurteilung ihrer Person durch die Hüter der gesellschaftlichen Ordnung Einfluss zu nehmen. Auch ihren Sohn, meinen Vater, haben sie dazu nie befragt, weshalb er für Annie Smith posthum das Wort ergreift, wann immer er dazu Gelegenheit hat.

Annie Smith an ihrem Hochzeitstag.

Seit Beginn unserer Reise war kein Tag vergangen, an dem er

Annie nicht erwähnt hätte. Ihre Freundlichkeit, ihr Mitgefühl, ihre Charakterstärke. Und wenn Dad von Annie erzählte, erzählte er auch von seinem Vater, von Tom Leonard – wie hart er malocht, wie er sich aufgeopfert, was er nicht alles getan hatte, um seinen Kindern ein besseres Leben zu ermöglichen, als ihm selbst

Marge, Jack und Mike unmittelbar nach ihrer Entscheidung, das Biltmore Estate in Ashville, North Carolina, nicht zu erwerben.

zuteil geworden war. Tom und Annie hatten ihre Fehler und Schwächen gehabt – er trank gelegentlich einen über den Durst, sie war manchmal zu ängstlich –, doch die unangenehmen Erfahrungen und Seiten, deren es einige gegeben haben musste, waren im Lauf der Jahre verblasst, vor allem dank der Einsicht, dass jeder Mensch auf seinem Lebensweg Niederlagen und Rückschläge einstecken muss; auch die Smiths, die Leonards und sogar die Vanderbilts. Entscheidend ist, wie Menschen mit solchen Schicksalsschlägen umgehen, wie sie mit ihren Verletzungen zurechtkommen, wie sie ihr Leid und ihren Schmerz kompensieren. Wenn man einmal weiß, wie, wo oder warum einer die Hucke voll bekam, sieht man ihn oder sie in einem anderen Licht und kann verstehen, woher die seltsamen Verhaltensweisen oder verrückten Marotten rühren.

Nach Ende der Führung spazierten wir zum Ende eines Nebengartens, von wo aus wir die rückwärtige Seite des Monumentalbaus und ein gutes Stück von den achttausend Morgen bestaunen konnten, die heute noch zu dem Besitz gehören. Elizabeth hatte uns wegen eines aktuellen Termins kurz verlassen müssen. Wir nahmen also im Freien Platz und warteten auf ihre Rückkehr.

»Manchmal können reiche Leute mir fast leidtun«, meinte Mom. »Sie wirken unglücklich.«

Dad nahm den Hut ab und kratzte sich am Schädel. Von dem riesigen Dach im Hintergrund ragten Dutzende Kamine empor. »Glücklich kann man nur durch eigenes Schaffen werden«, sagte er. »Glück kann man sich nicht kaufen. Mein Vater besaß bei seiner Landung in Amerika ganze zehn Dollar, und mit zehn Dollar kommt man nicht weit, wenn man nur eine zweitklassige Schulbildung hat. Das war im Jahr 1900 nicht anders als heute.«

»Wie ist er am Ende nach New Jersey gelangt?«, erkundigte sich Margarita.

»Nun, irgendwie fand er den Weg zu einer Pension in New York City. Dort hat er gehört, in Jersey City gebe es Arbeit. Also ist er nach Jersey City, wo er einen Job als Trolleybus-Schaffner bekam, zu dem eine Uniform mit glänzenden Messingknöpfen gehörte. Diese Uniform gab ihm das Gefühl, wichtig zu sein. Im Trolleybus haben die Fahrgäste sich nach ihm gerichtet, wenn er die Kordel zog und die Glocke läutete. Sie haben ihn beachtet. So komisch es klingt – aber für einen neunzehnjährigen Bauernbub in der Fremde bedeutet es unendlich viel, wenn von ihm Notiz genommen wird. Irgendwie baute er dann aber Mist und war die Stelle los. Damit hatte er auch seinen Status verloren. ›Man hat mir meine Knöpfe abgenommen‹, wie er sich ausdrückte.

Zu jener Zeit tat sich in Paterson viel, da gab's etliches an Industrien«, erzählte Dad weiter. »Paterson hatte damals, wie schon erwähnt, den Beinamen ›die Seidenstadt‹, weil ein Großteil der Seide in Amerika in den Spinnereien Patersons produziert wurde. Aber nicht nur das. Auch Lokomotiven, Maschinen, Pistolen, alles Mögliche. Gebraucht wurden in Paterson hauptsächlich Facharbeiter. Mein Vater hatte aber keine Fachausbildung, also machte er, was alle Iren machten, und versuchte, als Polizist oder Feuerwehrmann unterzukommen. Dort gab's jedoch gerade mal keinen Bedarf. Doch er hatte trotzdem Glück. Für irgendwelche Ausschachtungsarbeiten kriegte er eine Schaufel in die Hand gedrückt, und so ist er dann bei der New York Telephone Company gelandet.«

»Und bei der ist er wie lange geblieben?«, erkundigte sich Brendan.

»Bis er in den Ruhestand ging. Selbst während der Weltwirtschaftskrise arbeitete er dort. In der Zeit bekam er zwar keinen Lohn, aber Scrips: Gutscheine, die – nur in ganz bestimmten Geschäften – gegen Lebensmittel und andere Waren eingetauscht werden konnten. Am Ende ist Dad Vorarbeiter gewesen. In seiner Gegenwart hat nie einer ein schlechtes Wort über seine Telefongesellschaft fallen lassen dürfen. Er war ihr treu ergeben. Was immer die Company anordnete – er hat's getan.«

»Ist er an Telegrafenmasten hochgeklettert?«, fragte Brendan.

»O ja«, antwortete Dad mit Begeisterung. »Auch das. Er hat einfach alles gemacht. Einmal war eine Telefonleitung gebrochen, die direkt über einem anderthalb Meter dicken unterirdischen Wasserrohr verlief, und weil man nicht die leiseste Ahnung hatte, wo der Bruch eingetreten war, blieb nur eine Möglichkeit, ihn zu lokalisieren: Man musste einen Arbeiter in die Wasserröhre hineinschicken. Die Wahl fiel auf meinen Vater.

Der Wasserspiegel wurde um die Hälfte gesenkt und ein behelfsmäßiges Holzfloß mit einer Laterne vorn gebaut. Mein Vater musste sich mit dem Gesicht nach oben aufs Floß legen. Man gab ihm ein paar Werkzeuge und schob ihn ins Rohr.«

»Mein Gott! Da wird einem ja angst und bange!«, rief Matt.

»Finster war's obendrein ... und klaustrophobisch«, fügte ich hinzu.

»Er hatte Anweisung, sich im Inneren des Rohrs mit eigener Kraft vorwärts zu schieben, bis er die defekte Stelle gefunden hätte«, fuhr Dad fort, »die Störung zu beheben und sich auf seinem Floß danach bis andere Ende zu stoßen. Und das Wasserrohr war acht Kilometer lang.«

Alle stöhnten auf. Es war schon ein eigenartiges Erlebnis, diese Geschichte zu hören, während die Nachmittagssonne hinter dem Dach des herrschaftlichen Hauses allmählich unterging und das monumentale Zeugnis Vanderbiltschen Reichtums einen zunehmend längeren Schatten warf.

»Mein Vater tat, wie ihm geheißen, und schickte ein Stoßgebet zum Himmel: Gott möge geben, dass niemand vergäße, dass er, Tom Leonard, sich in dem Rohr befand! Dass keiner versehentlich den Wasserspiegel auf Normalhöhe anheben würde, solange er da drin war. Mein Vater hat die Bruchstelle gefunden und ausgebessert und das andere Ende der Röhre unbeschadet erreicht. Dort wartete ein Lokalreporter, der wissen wollte, warum er sich überhaupt zu solch einer Arbeit bereit erklärt hatte. ›Weil es mein Job ist‹, lautete seine Antwort.«

»O Mann! Da hätte *ich* an seiner Stelle gekündigt«, erklärte Matt.

»Nein! Hättest du nicht«, widersprach Dad, »nicht wenn dir klar gewesen wäre, dass es für dich keinen anderen Job gab.«

»Wie haben deine Eltern sich kennen gelernt?«, fragte Margarita.

»Da bin ich mir nicht sicher«, antwortete Dad. »Vermutlich auf einem der geselligen Abende für irische Einwanderer. Geheiratet haben sie in St. Bridget's Church, und irgendwann haben sie das Haus an der Pennigton Street bezogen, in dem ich groß geworden bin. Mein Vater hat es für viertausend Dollar gekauft und fünfundzwanzig Jahre später wieder für viertausend Dollar verkauft. Er hielt es für das beste Geschäft, das ein Mensch machen konnte. ›Wir haben ja all die Jahre umsonst gewohnt‹, wie er sich ausdrückte. Er hatte natürlich eine Menge Arbeit hineingesteckt. Eine Dampfheizung eingebaut, die Fußböden aus Hartholz sowie die Stromleitung und Kupferrinnen verlegt. Nach hinten hinaus den Garten angelegt. Wir bewohnten das zweite und dritte Stockwerk. Das Erdgeschoss war vermietet: fünfunddreißig Dollar im Monat.

Im Erdgeschoss wohnte während der Weltwirtschaftskrise ein kinderloses Ehepaar. Als der Mann seine Stelle verlor, konnte er die Miete nicht mehr zahlen. Eines Tages habe ich meinen Vater zu meiner Mutter sagen hören: ›Annie, ich klopf mal bei dem Mann an und frage, wann er glaubt, zahlen zu können.‹ Da ist meine Mutter böse geworden und sagte: ›Geh bloß nich' so fragen, wenn ein Mensch in Not is. Da kann er ja nix dafür.‹ Die Leute wissen gar nicht, wie schlimm es damals war. Ihr könnt euch das heute einfach nicht vorstellen.«

»Ich hab gelesen, dass viele Menschen Selbstmord begingen«, sagte ich. »Ist das auch unter euren Bekannten vorgekommen?«

»Bei denen, die wir dem Namen nach kannten, ja. Man hörte ja dauernd von solchen Fällen. Aber nicht unter den Leuten, mit denen wir direkt zu tun hatten. Die armen Leute, die Arbeiter, unsere Nachbarn, waren ja Armut und Not gewohnt. Nein, Selbstmord, das war etwas für solche wie die da ...« Dabei deutete Dad mit einer Handbewegung auf das Herrenhaus.

»Unsereinem machte materieller Verlust weniger zu schaffen. Für die anderen war es vor allem eine Frage von Gesichtsverlust. Es ging darum, dass sie sich nicht mehr in ihrem Klub sehen lassen konnten. Dass sie nicht mehr zu Partys eingeladen wurden.

Dass sie Angst hatten, was über sie geredet wurde. Ihre Bedeutung hing von Geld und Reichtum ab. Dabei sollte es eigentlich gar keine Schande sein, bankrott zu gehen. Ehrlos wird man vom *Reichwerden* … wenn man auf die falsche Tour reich wird, auf Kosten anderer.«

»Yeah, aber die Leute beten den Reichtum an«, warf Mom ein. »Nimm Donald Trump als Beispiel – wo der auftaucht, drehen die Leute vor Bewunderung durch.«

»Mit dem Kerl kann ich nichts anfangen«, brummte Dad. »Ich versteh nicht, wie dieser Donald tickt.«

»Aber er wird bewundert. Er ist ein Star«, betonte Mom.

»Für wen?«, schoss Dad zurück.

Doch plötzlich schlug die Stimmung um. Er gluckste in sich hinein. »Wir hatten immer Gäste im Haus«, begann er wieder zu erzählen. »Onkel Johnny Smith hat, mit Unterbrechungen, viele, viele Jahre bei uns gewohnt …«

»Hatte deine Mutter denn nichts dagegen, dass er über so lange Zeit immer wieder bei euch lebte?«

»Sie hat es sogar gefördert. Hielt im Hinterhaus immer ein Zimmer frei für Menschen, die kein Dach überm Kopf hatten. Wir saßen eines Morgens beim Frühstück, als meine Mom zu Vater sagte: ›Tommy, da ist ein komischer Kerl im hinteren Schlafzimmer.‹ Daraufhin Vater: ›Dann geh und frag ihn, wer er ist, wenn er aufwacht.‹«

»Und wer war er?«, wollte Kerry wissen.

»Hahn«, antwortete Dad. »Mit Nachnamen hieß er Hahn. Ein Kanadier. War ein Kollege von Johnny Smith oben in Middletown, New York. Hatte seine Stelle verloren. Wusste nicht, wohin. Da hat ihn Johnny Smith in den Zug nach Paterson gesetzt, ihm den Weg zu unserem Haus erklärt und wie er durch den Hintereingang hineinkäme und wo das Zimmer mit dem freien Bett lag. Der Zug war bei Nacht in Paterson eingetroffen. Hahn hatte einfach nur Johnnys Anweisungen befolgt.«

Matt schüttelte den Kopf. »Und wie lang ist er dann bei euch geblieben?«

»Drei Jahre, bis er heiratete. Ein paar Jahre danach hielt plötzlich ein Laster vor unserer Haustür. Mit neuen Möbeln für unser Wohnzimmer – ein Geschenk von Hahn.

Meine Mutter hat wahnsinnig gern Heiratsvermittlerin gespielt«, fuhr er fort. ›Ownie‹, hat sie zu einem anderen zeitweisen Mitbewohner gesagt, ›ich hab ein wundervolles Mädel für Sie.‹ Das Wort machte die Runde, und bald hatte Ownie tatsächlich eine Freundin. Mein Vater scherzte: ›Es gibt drei Kommunikationsmittel: ›Telegrafen, Telefon und Weibertratsch.‹«

Über ein dermaßen kitschiges Klischee mussten alle im Wohnwagen lachen, was Dad veranlasste, sich über eine weitere komische Begebenheit aus seiner Kindheit auszulassen.

»In Paterson lebte eine Frau namens Clara Delaney. Sie kam uns oft besuchen, war nicht völlig taub, aber schon extrem schwerhörig. Meine Mutter hat sie angebrüllt: ›Haste schon was zu essen gehabt, Clara? Möchteste mit uns zu Abend essen?‹ Meine Mutter hatte eine Schwäche für Menschen, die es irgendwie schwer hatten, egal, ob das nun körperliche Ursachen hatte, sie finanziell in Schwierigkeiten steckten oder bloß einsam waren. Nun, Clara hatte allerdings nicht nur Schwierigkeiten mit dem Hören ...

Sie hatte noch ein anderes Problem: Wind lassen.

Moms Gekicher wurde plötzlich richtig albern. Dass sie mit zweiundachtzig Jahren beim Thema Blähungen noch ausflippt, ist wirklich erstaunlich.

»Clara ließ dauernd einen fahren«, fuhr Dad trotz Moms Gegackere fort. »Und weil Clara selbst es ja nicht hören konnte, nahm sie an, dass es auch wir nicht hörten. Mein Vater sagte immer: ›Clara ist so taub, die kann nicht mal mehr die eigenen Fürze hören.‹ Seit ich Probleme mit dem Sehen habe, streicht Marge das nun mir immer aufs Brot.«

Mom japste nach Luft. Wenn wir sie nicht so gut gekannt hätten, wäre jetzt ein Anruf beim Notarzt fällig gewesen.

»Da saß Clara dann also mit uns am Esstisch und trötete lustig drauflos. Und irgendwann bemerkte einer von uns – ohne die Stimme zu dämpfen, weil sie es ja nicht hören konnte: ›Jesses, war das eine Stinkbombe, hoffentlich stürzt nicht das Dach ein.‹ Und ein allgemeines Prusten setzte ein. Clara lächelte nur, dachte, da hätte jemand einen Witz erzählt, und ließ noch einen fahren. O mein Gott, haben wir gewiehert. Sogar meine Mutter.«

Es war eine völlig absurde Szene: ein herrschaftliches Haus, das zu den kulturellen Wahrzeichen des Landes zählt; ein Monument von Bildung und Zivilisation – und davor nun drei Generationen von Leonards, drei Generationen von Knallfröschen, die sich ob der Erinnerung an eine alte Dame, die sich selbst nicht furzen hören konnte, totlachten.

»O mein Gott«, seufzte Mom, als sie sich endlich wieder eingekriegt hatte, »und dabei hab ich mir mein ganzes Leben gewünscht, Klasse zu haben wie Jackie Onassis.«

Als Elizabeth zurückkehrte, machte sie mir ein Zeichen. Sie nahm mich beiseite – ob wir Lust hätten, eine Nacht in wirklich komfortablen Hotelbetten zu schlafen, wollte sie wissen. Auf dem Biltmore Estate befand sich auch ein Vier-Sterne-Hotel, »The Inn«, das nur ein paar Minuten entfernt lag. Ich machte Elizabeth darauf aufmerksam, es könne dem Ruf des Hotels schaden, wenn dort zwei Wohnwagen und eine Gruppe von schäbig aussehenden Typen mit Kleidung in Müllsäcken, zwei Gitarren und einem Banjo auftauchten. Worauf Elizabeth nur lachte und meinte, es sei ihr eine Ehre, uns im Hotel des Biltmore Estate willkommen zu heißen.

»So eine liebe, nette Frau!«, meinte Dad. Wir waren in den eleganten Speisesaal geführt worden. Wo, wie sich herausstellte, das Tragen von Jeans nicht erlaubt war. Was insofern ein Problem darstellte, als meine Söhne samt Schwiegertochter sonst nichts anzuziehen hatten. Die Lösung des Problems: Die Garderobenvorschrift wurde außer Kraft gesetzt, und die Gastgeberin platzierte uns an einen großen Tisch in einer entlegenen Ecke.

»Ja, Elizabeth ist cool«, sagte ich zu Dad. »Sie hat mir übrigens gesagt, aus der Unterhaltung mit dir viel gelernt zu haben. Das hier ist nun ihr Dank.«

»Und eine ausgezeichnet informierte Fremdenführerin ist sie auch«, fügte Mom hinzu. »George Vanderbilt ist, wie sie mir berichtete, recht jung gestorben, schon in seinen Fünfzigern, an einer Blinddarmentzündung. Das viele Geld hat ihn nicht retten können.«

»Man kann nichts mitnehmen«, kommentierte Dad. »Man muss alles zurücklassen.«

»Er hat wirklich was zurückgelassen«, sagte ich. »Wenn dies Haus kein angemessenes Erbe ist …«

»Unglaublich«, murmelte Matt. »So ein Kasten für eine dreiköpfige Familie! Ich wette, sein Grab hat die Größe meiner Garage.«

»Sind deine Eltern eigentlich in Paterson begraben?«, fragte Margartia meinen Vater.

»Ja, oder jedenfalls ganz in der Nähe. Ich bin dort seit dem Tod meines Vaters nicht mehr gewesen. Mein Gott, das ist nun auch schon über dreißig Jahre her. Der Friedhof liegt, glaube ich, in der Nachbarstadt Totowa; der Grabstein ist meiner Erinnerung nach klein und bescheiden, mit den Namen meiner Eltern, meiner Schwester und meines Bruders.«

»Und was ist mit deinen Eltern, Moose?«, fragte Brendan. »Liegen sie auch dort? Auf demselben Friedhof?«

»Meine Mutter ist in Arizona begraben. Dort wohnten wir in den 1970er Jahren, als sie starb. Mein Vater … ja, also, ich vermute, dass er … Ich bin mir nicht sicher. Wir fahren aber doch wohl nicht nach Paterson!? Da gibt's für uns nichts zu besichtigen. Außerdem soll die Stadt schrecklich heruntergekommen sein.«

»Ich möchte aber doch noch mal hin, Marge«, erklärte Dad.

»Aber warum denn?«, schimpfte Mom. »Ist ja doch alles beim Teufel.«

»Ich möchte unser altes Viertel noch einmal sehen. Das Zeughaus. Die Feuerwehr«, flehte er. »Ich möchte mich an die guten alten Zeiten erinnern, die wir dort erlebten.«

»Was ich erlebt habe«, sagte Mom tonlos, »muss ich nicht noch einmal erleben. Man soll im Leben nie zurückgehen, das deprimiert. Man muss nach vorn schauen.«

Die letzten drei Sätze hatte Dad offenbar nicht gehört. «Pennigton Street 14 ...«, sagte er. Er sprach mit sich selbst. »Mein Gott, haben die Eltern gerackert, damit wir ein schönes Heim hatten. All die Mühen und Sorgen ... und sie gaben nie auf, gaben sich nie geschlagen. Was sie durchmachten, als Tommy und Anna starben, habe ich erst begriffen, als ich selbst Vater geworden war. Meine ältere Schwester hat es damals auch nicht verstanden. Sie haben es uns verheimlicht ... Anna hat im Nebenzimmer gelegen. Ich wusste, irgendwas stimmte da nicht. Plötzlich hörte mein Vater meine Mutter rufen: ›Tom, unsere Kleine ist tot.‹«

Dad hielt inne, um einen Schluck Wasser zu trinken. An unserem Tisch war es totenstill geworden.

»Als ich durch die Tür guckte«, fuhr Dad fort, »sah ich, wie mein Vater den Kopf auf den Tisch gelegt hatte und weinte.«

So wie – rund achtzig Jahre später! – nun auch mein Vater.

Mom schüttelte betrübt den Kopf.

»Wir sollten nicht zurückkehren.«

11

Wir hätten das Hotel am Morgen vor neun Uhr verlassen sollen. So war es geplant. Es hat nicht geklappt. Aber es klappt ja nie. Jetzt klinge ich schon wie Mom.

»Es gab aber doch keinen Orangensaft.«

»Warum hast du nicht Wasser getrunken? Wasser tut's auch.«

Es waren die ersten Worte, die ich vernahm, als ich die vordere Tür des Holiday Rambler öffnete. Ich wurde Zeuge eines langsamen, mühsamen Aufstiegs über den Nordosthang des Mount Everest – bei den fahrenden Leonards die zwei ausklappbaren Metallstufen, die zum Wohnwagen hinaufführten.

»Herrgottsakra …! Und wenn ich nun stürze und mir die Schulter ausrenke …«

»Du wirst schon nicht stürzen, Marge … aber wenn du dich nicht sputest, kann's passieren, dass ich wegen Überschreitens der Altersgrenze vor Betreten des Wohnwagens dahinscheide.«

»He, wenn du jetzt nicht brav bist, darfst du mich nicht mehr füttern«, nörgelte Marge.

»Bei mir würdest du zumindest Orangensaft kriegen.«

»Wie großzügig!«, brummte Mom und ließ sich auf ihren Couchplatz fallen. Dad setzte sich neben sie.

»Worüber streitet ihr denn jetzt schon wieder?«, wollte ich wissen.

»Über nichts«, sagte Mom mit einer geringschätzigen Geste. »Es passt ihm bloß nicht, dass ich meine Pillen heute Morgen mit Champagner eingenommen habe. Als wir gestern Abend auf unser Zimmer gingen, fanden wir einen netten Willkommensgruß vom Hotelmanagement vor. Dazu 'ne Pulle Champagner. Ich liebe Schampus. Es wär eine Sünde gewesen, ihn stehen zu lassen. Also hab ich das ganze verfluchte Pillenzeug, das ich schlucken muss, mit ein bisschen Champagner runtergespült.«

Dad schüttelte den Kopf. Ich bereitete den Fahrersitz für ein produktives Mehrzweckmanagement vor, indem ich für mein Handy, mein Banjo, meine Musik-CDs und meine Dose Red Bull auf der Konsole Platz machte. Durch die Windschutzscheibe konnte ich den Winnebago am anderen Ende des Hotelparkplatzes sehen. Matt und Margarita verfrachteten gerade den letzten prallvollen Müllsack mit den Kleidersachen in den Wohnwagen. Brendan und Kerry standen abseits. Sie schienen sich zu kabbeln. Schon wieder.

Ich machte es mir hinterm Steuer bequem und griff nach meinem Handy. Für die Nacht in dem feinen Hotel des Biltmore Estate hatte Elizabeth eine letzte Dankesbotschaft verdient. Und obwohl wir wie Waldschrate wirkten – Dad mit Cowboyhut, Mom mit von Make-up-Flecken verunziertem altem Tenniskäppi, wir in Bluejeans und mit Müllsäcken statt Koffern –, hatten wir beim Personal anscheinend einen guten Eindruck hinterlassen.

»Ich kann's noch immer nicht fassen, Jack! Dass du ins Hotelbett gekackt hast!«

»Denkst du wirklich, ich ... Es war eine Premiere.«

Ich erstarrte mitten in der Bewegung. Die Linke umklammerte das Handy. Der Zeigefinger der Rechten – er sollte eben die SMS an Elizabeth senden – blieb zehn Zentimeter über dem SENDE-Knopf in der Schwebe. Meine Augen starrten ins Leere. Das Herz pochte wie wild. Von der Couch her hatte es sich angehört, als ob weiter nichts passiert wäre! Wie konnten die beiden – bei dieser Neuigkeit! – so seelenruhig klingen?

»Vielleicht lag's am Nachtisch. Ich weiß nicht«, meinte Dad völlig unbekümmert. »Ich hab nicht die Absicht, Bettscheißen zur Gewohnheit zu machen.«

Ich drehte mich so abrupt um, dass meine Eltern erschreckt zusammenfuhren.

»Hab ich richtig gehört?«, bellte ich Mom und Dad an. »Sprecht ihr wirklich davon, wovon ich glaube, euch sprechen gehört zu haben?«

»Du meinst darüber, dass dein Vater ins Bett geschissen hat?«, fragte Mom in völlig normalem Ton.

»Ahhhhh …« Mir blieb die Spucke weg.

»Yeah«, fuhr Mom fort. »Es war drei Uhr morgens, als ich durch ein komisches Geräusch wach wurde.« Mom versuchte es nachzuahmen, indem sie mit kurzen raschen Handbewegungen über die Couch strich. »Dein Vater stand mit einem Handtuch oder Waschlappen in der Hand über sein Bett gebeugt und rubbelte das Bettlaken.«

Dad schaute mich hilflos grinsend an. Mom setzte die Horrorstory fort.

»›Zum Teufel, Jack, was treibst du denn da!?‹, sagte ich. Und er erwiderte: ›Oh, ich hab ins Bett geschissen. Ist aber schon wieder ganz sauber.‹«

Mir wurde schwindlig.

»Das darf doch wohl nicht wahr sein!«, stammelte ich. »Elizabeth war so liebenswürdig, jedem von euch ein großes komfortables Einzelbett zur Verfügung zu stellen und …«

»Ich weiß«, unterbrach mich Dad, »und dann habe ich Scheiße gemacht.«

Matt kam die Stufen des Wohnwagens hochgestürmt und kriegte eben noch den letzten Satz mit. »Was hast du eben gesagt?«

»Guten Morgen, Matt«, sagte Dad frohgemut. »Ich war gerade dabei, deinem Vater zu berichten, dass ich letzte Nacht ins Bett geschissen habe. Ich habe es aber wieder sauber gekriegt. Gar keine Affäre also. Findest du nicht auch, dass es wirklich sehr freundlich von Elizabeth war, uns kostenlos im Hotel schlafen zu lassen? Ich hätte ihr schriftlich Dankeschön sagen sollen.«

Matts Kopf wandte sich mir ruckartig zu. Der Mund stand ihm offen. Wir starrten uns ratlos an. Meine Eltern nahmen sich von neuem des Themas an, ob es besser sei, Tabletten mit Orangensaft oder mit Champagner einzunehmen.

Ich legte das Handy auf die Konsole, ließ den Motor an. Es war der falsche Moment, Elizabeth anzurufen. Die Stimme hätte mich verraten. Elizabeth hätte gleich die Schwingungen registriert, welche die wackligen Strebepfeiler meines moralischen Seins erschütterten. Ich hätte eine Lüge auftischen, so tun müssen, als ob alles in Ordnung wäre, obwohl sich die Leonards in Wahrheit aus dem Staub machten, nachdem sie in die Hand geschissen hatten, die sie fütterte.

Als wir das Gelände des Biltmore Estate verließen, wählte Matt auf seinem Handy verstohlen eine Nummer. Er gab Margarita, Kerry und Brendan, die uns im Winnebago folgten, die furchtbare Neuigkeit durch. Schreie des Entsetzens am anderen Ende der Leitung – so laut, dass ich sie sogar noch aus Matts Handy schallen hörte. Als dann der erste Schrecken vorüber war, stellte sich seltsamerweise ein ganz andersartiges Gefühl ein.

Bewunderung.

Dad hatte eine besonders unangenehme, demütigende Situation alter Menschen erlebt – und er hatte sie mit einer Nonchalance gemeistert, als ob es lediglich darum gegangen wäre, eine lästige Mücke zu verscheuchen. Statt wegen des Kontrollverlusts über den eigenen Körper, über den nur wenige offen zu sprechen wagen, in eine Depression zu verfallen, machten Dad und Mom kein großes Trara. Der Inkontinenz war das Moment der Peinlichkeit genommen.

Der Vorfall mochte neuartig sein, die Verhaltensweise im Sinne einer Lebensstrategie war es nicht. Meine Eltern hatten nie ein Problem damit gehabt, ihre Schwächen zuzugeben und über eigene Fehler zu lachen. Sie waren der Auffassung: Menschen sind nun mal unvollkommen. Ich habe davon profitiert, in solch einer gedanklichen Atmosphäre aufzuwachsen. Ich musste nicht vollkommen sein, musste nicht vorgeben, klüger oder tüchtiger zu sein, als ich war. Und weil es für mich normal war, viele meiner Unzulänglichkeiten und Ängste offen einzugestehen – meine Probleme mit Mathe, mit Rollschuhlaufen, mit Insekten, schlammigem Seegrund –, wurde denjenigen, die sich über mich lustig machen wollten, von vornherein der Wind aus den Segeln genommen. Deshalb konnte ich immer Neues ausprobieren und es, wenn's schief ging, noch mal versuchen, ohne mich vor Spott fürchten zu müssen. Es war eine Lebensweise, die sich später – nach unzähligen Experimenten, von denen leider sehr viel mehr in die Hose gingen, als mir lieb war – als richtig erwiesen und ausgezahlt hat.

Von Ashville ging die Fahrt in nordöstlicher Richtung weiter. Wir kampierten über Nacht in der Nähe von Winston-Salem, North Carolina. Anschließend führte die Reise uns durch Greensboro, Burlington und Durham zur Grenze nach Virginia. Nächstes angepeiltes Ziel war das College im Norden des Staates Maryland, wo mein Vater studiert hatte. Ein Blick auf die Landkarte zeigte, dass Richmond auf unserem Weg lag. Also griff ich nach dem Handy und wählte Don und Julien an, in der Hoffnung, einem Tag, der ein wenig langweilig zu werden versprach, etwas Würze zu verleihen.

Don Jones und Julien Scott waren während der Aufnahmen für eine Folge der *Brendan Leonard Show* in unser Leben getreten – während einer Episode, die im Disney-World-Park in Orlando, Florida, spielte. Dort war uns spontan die Idee gekommen, einen Wettbewerb zu veranstalten: Wer von Brendans Freunden würde im verrücktesten Touristenlook aus einem der Disney-Souvenirshops wieder herauskommen? Don und Julien waren mit einer Gruppe anderer Afroamerikaner zufällig vorbeigeschlendert, hatten einige saukomische Kommentare vom Stapel gelassen, woraufhin wir sie zu Juroren des Wettbewerbs ernannten.

Es war Don, der den Hörer abnahm. Als ich ihm das Konzept unserer Reise darlegte – einem betagten Ehepaar die Vereinigten Staaten zu zeigen, um seine Lebensgeister zu wecken –, machte Don den Vorschlag, meinen siebenundachtzigjährigen Vater in ein Gokart mit frisiertem Motor zu setzen und in einem Rennen herauszufordern. Eine großartige Idee, wir mir schien – aus Altersgründen hatte Dad nämlich eben seinen Führerschein abgeben müssen, und ein solches Abenteuer könnte ihm vielleicht ein Gefühl von Jugend vermitteln. Ich gab meine Einwilligung, dass Don – ein kräftiger Typ Mitte dreißig – und Julien – ein Mittzwanziger mit jugendlich gestyltem Haar und einer Skorpion-Tätowierung am Hals – Dad wie ein gleichwertiges Mitglied des Teams behandelten.

Sie zogen das Spielchen von Anfang an fachmännisch auf. »Ich weiß nicht. Wie soll ich das nun angehen?«, fragte Julien, der vor Dad in seinem Gokart drohend auf und ab schritt. »Soll ich ihm die Sache leicht machen? Oder sollen wir alles ganz normal ablaufen lassen?«

Don nahm den Ball auf. »Bloß keine Zugeständnisse! Kein falsches Mitleid«, zischte er.

Dad reagierte mit verlegenem Grinsen, was in diesem Fall bedeutete, dass er aufgrund des Motorenlärms, seines eng sitzenden Sturzhelms, seines schlechten Ohrs und der Tatsache, dass zwei auf der Straße groß gewordene schwarze Jungs seinen Sprachradarschirm mit einem verbalen Schnellfeuer lahmlegten, den Sinn und Zweck dieser Veranstaltung überhaupt nicht mitbekam. Er sah mich an, zwinkerte mir zu und hob den Daumen.

»Warum sind wir bloß hergekommen?«, jammerte Mom. »Ich fühle mich hier wie ein Wrack.«

Was nicht für Dad galt. Er hatte gar nicht erst die Gelegenheit, sich wie ein Wrack zu fühlen. Er kam ziemlich rasch von der Bahn ab. Nach der ersten Runde landete er im Graben. Und das war's dann für ihn – von wegen noch einmal so richtig Gas geben!

Das Gokart-Team vor einem »harten Wettrennen«, das nur eine Runde dauerte.

»Schluss mit dem Quatsch! Nie wieder!«, rief Mom, als ich den Holiday Rambler vom Parkplatz der Gokart-Rennbahn zum Highway in Richtung Williamsburg lenkte, wo wir zu nächtigen gedachten. Wir erreichten die historische Stadt vor Anbruch der Dunkelheit. Die Geschäfte hatten jedoch schon geschlossen, weshalb wir in einem Restaurant zu Abend aßen, bevor wir auf den Campingplatz fuhren und zeitig zu Bett gingen. Am nächsten Morgen hingen Eiszapfen an den Seitenspiegeln unseres Wohnwagens. Wir befanden uns wieder in den kalten Zonen der USA.

Von Williamsburg fuhren wir nordwärts, durch Fredericksburg, Alexandria und Washington, D. C., bevor wir die Grenze nach Maryland überquerten. Es war ein angenehmes Fahren bei relativ wenig Verkehr.

Mount St. Mary's liegt auf hügeligem Gebiet im Norden Marylands – ein angesehenes kleines katholisches College, von dem mein Vater vier Wochen vor Beginn seines Studiums noch nie gehört hatte. Es war Zufall, dass er überhaupt von dem College erfuhr. Nach seinem Abschluss an der St. Joseph's Highschool ministrierte Dad einem in Paterson auf Besuch weilenden Priester. Dieser erkundigte sich nach Dads Zukunftsplänen. Dad erwiderte, er hoffe auf einen Studienplatz an der nahe gelegenen Se-

Jack als Student an der Mount-St.-Mary's-Universität in Emmitsburg, Maryland.

ton Hall University, obwohl er auf sein Bewerbungsschreiben noch immer keine Antwort erhalten habe. Der Geistliche machte Dad den Vorschlag, er solle es doch beim Mount St. Mary's College versuchen, zu dem der Priester gewisse Beziehungen hatte. Und so geschah es, dass Dad ein paar Wochen später – rittlings auf einem Überseekoffer im offenen Laderaum eines Kleinautomobils sitzend – den Campus erreichte und von den zwei Freunden, die ihn hingebracht hatten, vor irgendeinem Collegegebäude abgesetzt wurde.

»Ich habe geläutet«, erzählte Dad. »Father McCormick hat aufgemacht. Bei uns Studenten hieß er immer nur ›Balls‹ McCormick.«

Nach der Geschichte hinter diesem Spitznamen* habe ich mich lieber nicht erkundigt.

»›Balls‹ McCormick musterte mich von oben bis unten«, fuhr Dad fort, »und sagte nur: ›Junge, bist du staubig!‹ Damit hatte ich im Mount St. Mary's meinen Spitznamen weg. ›Dusty‹. Mein Gott, war mir dieser Name verhasst! Es gab nur einen einzigen Grund, warum ich selig war, als das Studium nach vier Jahren endete und ich weg konnte: Seither hat mich niemand mehr ›Dusty‹ genannt.«

Dad war richtig aufgekratzt. Seit seinem letzten Besuch in Mount St. Mary's war fast ein halbes Jahrhundert vergangen. Er hatte ein Gutteil des Morgens darauf verwandt, die richtige Garderobe für den großen Anlass auszuwählen. Hatte ein frisches Hemd anprobiert, ein zweites, ein drittes. Unsere zwei Wohnwagen standen, etwa eine Autostunde vor Emmitsburg, Seite an Seite, wo wir uns Essen zum Mitnehmen besorgt hatten. Nun saßen wir alle miteinander beim Lunch im Holiday Rambler und lauschten Dad, der voller Stolz erzählte, wie außergewöhnlich und selten zur Zeit der Weltwirtschaftskrise der Besuch eines Colleges war. Aus seiner Abschlussklasse an der Highschool in Paterson hatten nur zwei oder drei Mitschüler über die für ein Weiterstudium erforderlichen Mittel verfügt. Ihm selbst war es nur dank des Geldes möglich, das seine Mutter im Lauf der Jahre auf die hohe Kante gelegt hatte. Für sie – eine Frau, die nicht mal über den

* »Balls« – unrespektierliches Slangwort insbesondere unter Jugendlichen für Hoden, »Eier«. (Anm. d. Übers.)

Grammar-School-Abschluss verfügte – bedeutete ein Collegediplom die Welt.

»Die Gesamtkosten betrugen nicht mal tausend Dollar«, erklärte Dad zwischen zwei Bissen Sandwich. Er gab sich größte Mühe, sein neues Hemd nicht zu beschmutzen. »Inklusive Studiengebühren und Logis – alles inbegriffen. Mein Vater hat mich im College nur ein einziges Mal besucht, zur Abschlussfeier.«

»Und deine Mutter?«

»Nein«, sagte Dad kaum hörbar, »meine Mutter hat das College nie gesehen.« Er nahm einen kräftigen Zug aus seiner Wasserflasche.

»Während der Weihnachtszeit meines zweiten Studienjahrs war ich zu Hause«, fuhr er fort, »und wir sind nach New York City gefahren, um Mae Kramer zu besuchen, eine gute Freundin unserer Familie. Außerdem wollten wir uns auch die Weihnachtsbeleuchtung der Stadt anschauen. New York liegt gar nicht weit weg von Paterson. Es sind bloß etwa dreiundzwanzig Kilometer. Es war also überhaupt keine anstrengende Reise für uns – für meine Mutter, meinen Vater, meine ältere Schwester Mary und mich. Wir haben Mae abgeholt, parkten den Wagen und gingen entlang des Bürgersteigs spazieren, als meine Mutter plötzlich am Boden lag. Ich wusste nicht, was passiert war, sah nur meinen Vater auf den Knien, um ihr zu helfen. Sie hat sich nicht bewegt. Mae wühlte in ihrer Handtasche, fand ein kleines Buch, schlug eine Seite auf, reichte mir das Büchlein und bat mich, laut zu lesen. Es waren Sterbegebete. Meine Mutter war aber schon tot.«

Im Wohnwagen war es still. Ich wusste, dass Dad seine Mutter schon früh verloren hatte. Von den Umständen ihres Todes hatte ich jedoch nie etwas erfahren. Nun bekam ich eine Vorstellung: Die Weihnachtsbeleuchtung in den Straßen New Yorks, das Gebetbuch, Mae Kramer …

»Mein Vater war ein gebrochener Mann. Die Todesursache erfuhren wir erst später. Ein Aneurysma, eine krankhafte Erweiterung einer Schlagader. Mutter hatte früher am Tag den Arzt aufgesucht, uns aber davon nichts gesagt. Ein Leichenwagen brachte sie zum Leichenschauhaus von New York City. Wir waren gegen Mitternacht wieder zu Hause. Ich war völlig verloren, bin am nächsten Morgen in Paterson herumgelaufen und in das Herrenmodengeschäft gegangen, in dem Leslie Breslin arbeitete, die unserer Familie nahe stand. ›Ich brauche eine schwarze Krawatte‹, sagte ich. ›Wieso eine schwarze?‹, fragte Leslie. ›Für eine Beerdigung‹, antwortete ich. ›Zu wessen Beerdigung denn?‹, wollte sie wissen. ›Für die Beerdigung meiner Mutter‹, erwiderte ich, und Mrs. Breslin ist in Tränen ausgebrochen.«

»War es ein großes Begräbnis?«, fragte ich.

»Die St. Joseph's Church war brechend voll«, sagte Dad. »Mutter hatte sich ja auch so vielen Menschen gegenüber freundlich und hilfsbereit erwiesen. Alle sind gekommen. Das Begräbnis fand aber nicht gleich statt. Es gab eine Verzögerung, weil der Leichnam in New York City nicht freigegeben wurde. Wir schickten Charlie Scanlon nach New York, den Leichenbestatter von Paterson, um Mutter heimzuholen. Da musste jedoch erst ein Wust von Bürokram erledigt werden, weil meine Mutter doch in einem anderen Bundesstaat gestorben war und die Behörden sicher gehen wollten, das kein Unrecht geschehen war – also, dass wir meine Mutter nicht umgebracht hatten. Die Unterstellung machte meinem Vater schwer zu schaffen. Er wollte Mutter unbedingt bei sich haben, damit sie nicht im Leichenschauhaus allein war. Schließlich haben wir den Leichnam freibekommen und daheim Totenwache gehalten, zwei Tage lang. Johnny Smith ist nicht von ihrer Seite gewichen. Die ganze Zeit über hat er auf einem Stuhl neben dem Sarg gesessen und zwei Nächte lang nicht geschlafen. Dann haben wir sie begraben, und ich bin nach Weihnachten zum College zurückgefahren.«

»Wirst du schon nervös?«, rief ich Dad zu, als wir auf dem Highway das erste Schild zur Ausfahrt nach Emmitsburg passierten.

»Nicht nervös! Nur aufgeregt!«, antwortete Dad. »Vor Glück bei dem Gedanken an die schönen alten Zeiten!«

»Aber damals hast du mich doch noch nicht gekannt!«, schoss Mom quer.

»Ich weiß!«, sagte Dad. »Du hast Sonne in mein Leben gebracht!«

»Und Donnerwetter«, murmelte Mom.

Dad begann zu kichern. »Mit dem Donnerwetter hat sie Recht«, flüsterte er bewusst so laut, dass Mom es hören konnte.

Es war ein kalter, klarer Februartag. Die Hügel hatten Tupfer von Schnee.

»Wird denn im College noch jemand leben, der dich kennt?«, fragte Matt vom Beifahrersitz aus.

»Ich glaube, ja. Ein Priester«, antwortete Dad. »Er gehörte zum Studentenjahrgang über mir und hat anschließend das Priesterseminar besucht. Father Fives. Ich hoffe und bete, dass er da ist. Er wird sich bestimmt an mich erinnern. Hoffentlich ... Schau mal nach vorn, Marge. Da – Roddy's Creek. Roddy lebte am Rand des Campus. Herrje! Gleich sind wir da.«

Es war früher Nachmittag, als wir auf den Campus von Mount St. Mary's College fuhren und hinter einer Turnhalle parkten. Wir hatten uns beim College nicht telefonisch angemeldet. Daddy war kein bekannter oder sonstwie wichtiger alter Herr, kein bedeutender Stifter oder spendabler Wohltäter; insofern konnten wir nicht damit rechnen, dass man den roten Teppich für uns ausrollte. Es kam Dad auch nur darauf an, uns den schönen Campus seiner Alma Mater zu zeigen, Father Fives guten Tag zu sagen und von einem – irgendeinem – Collegemitglied noch einmal bestätigt zu bekommen, dass »The Mount« wirklich etwas ganz Besonderes darstellte.

»Herrlich, nicht wahr?«, rief Dad.

Er führte uns einen Fußweg entlang zu einer Gruppe älterer Gebäude.

»Seht ihr das Fenster auf der Linken, im ersten Stock? Das war mein Zimmer. Dort oben haben Johnny Backus und ich gewohnt.« Mein Vater lachte zufrieden in sich hinein. »Bei einem Besuch hat Johnnys Vater einen Zehndollarschein in eins seiner Lehrbücher gelegt. Als er beim nächsten Besuch nachsah, lag der Schein noch drin. Dabei hat Johnny seinem Vater wer weiß was erzählt, wie fleißig er studiert!«

Dad lachte erneut. Auf dem Pfad vor uns plätscherte ein Springbrunnen. »Zu meiner Zeit hat jeder Student dort auf dem Weg zur Vorlesung einen Schluck Wasser getrunken.« Dad beugte sich vor und nahm einen Schluck. »Ahhh!« Er nickte zufrieden. »Ist immer noch gut.«

Wir mussten mehrmals fragen, bis wir endlich die Campus-Buchhandlung fanden. Dad legte ein Tempo vor, bei dem wir kaum Schritt halten konnten.

»Das hier ist für ihn das Höchste«, meinte Margarita, als wir die Buchhandlung betraten, »das Wichtigste der ganzen Reise. Meinst du nicht auch?«

»Doch«, sagte ich. »Warte nur, bis er jemand vom College trifft. Dann kommen wir hier so schnell nicht wieder weg!«

Meine Mutter musterte eine Kollektion von Kaffeebechern mit dem Collegewappen. Dad fand einen Angestellten, der ihm Father Fives' Nummer gab und ein Telefon zur Verfügung stellte. Ich platzierte mich so, dass ich das Telefongespräch mithören konnte.

»Können Sie sich noch an mich erinnern?«, fragte Dad ganz erregt. »O ja, wirklich ... ein Jahrgang nach dem Ihren ... Ja ... Sie waren uns allen ein leuchtendes Vorbild. Jeder von uns wäre gern so klug und gescheit gewesen wie Sie ... Erinnern Sie sich an Father McCormicks Gedicht:

»Wenn ihr die nötigen Prüfungen nicht schafft, dürft ihr nicht damit rechnen, bei uns Erfolg zu haben ... und die nötigen Prüfungen werdet ihr nie schaffen, wenn ihr an Fritzens Bier euch wollt laben.«

Dad lachte und erläuterte den Anlass unseres Aufenthalts in Mount St. Mary's. Er fragte, ob es möglich sei, sich mit Father Fives irgendwo auf dem Campus zu treffen. Plötzlich wurde Dad still und hörte zu. Sein Lächeln verschwand.

»Wirklich?«, sagte er leise. »Wo denn? ... Oh, das habe ich selbst durchgemacht. Prostata und so weiter. Zahllose Kuren und Behandlungen ... O mein Gott ... Ja. Sie haben ein schönes Leben gehabt ... Sie haben Gott für vieles zu danken ... Ja ... Wir werden für Sie beten ... Sie waren der beste Student am College ... Danke, dass Sie mit mir gesprochen haben. Ich wünsche Ihnen gute Besserung ... Auf Wiedersehn.«

Dad gab dem Buchhändler das Telefon zurück, dankte ihm und ging langsam zu Mom hinüber.

»Father Fives ist schwer krank. Krebs«, sagte er.

»Du wirst ihn also nicht sehen können?«, fragte Mom.

»Nein«, antwortete Dad leise. »Dafür ist es zu spät. Er kann das Bett nicht mehr verlassen.«

Langes Schweigen. Es war, als ob Dad die Orientierung verloren hätte. Er kratzte sich am Kopf, entfernte sich mit schleppenden Schritten und kam nach ein paar Metern wieder zurück. Entfernte sich von neuem und war wie verwandelt. Er hatte sich diese Heimkehr so wundervoll vorgestellt, davon geträumt, dass man ihn hier freudestrahlend willkommen hieß, sich an den dürren irischen Buben aus Paterson erinnerte ... an sein Baseballspiel ... an seine gute Laune ... an den stets hilfsbereiten, guten Kameraden.

»Gehen wir zum Verwaltungsbüro«, sagte Dad plötzlich mit neuem Mut. »Dort wird man sich freuen, von der weiten Reise zu hören, die wir unternommen haben, um das College zu besuchen. Ich glaube nicht, dass von meinem Jahrgang noch viele leben.«

Wir folgten meinem Vater durch etliche Korridore und beobachteten, wie er seinen Kopf durch eine Tür nach der anderen streckte. Seinen Besuch ein ums andere Mal erklärte und fragte, wo ein Collegevertreter zu finden sei, der vielleicht ein paar Minuten für einen Altschüler erübrigen könne. Schließlich wurde er an eine Rezeption verwiesen. Dort thronte hinter einem mächtigen Tisch eine Dame mittleren Alters. Dad stellte sich vor. Fragte höflich, ob er der im Büro hinter der Dame tätigen Amtsperson kurz seinen Gruß entbieten dürfe.

»Er ist zurzeit nicht in seinem Zimmer«, beschied die Dame. »Er nimmt an Sitzungen teil, die sich bis sechzehn Uhr hinziehen.«

»An Sitzungen auf dem Campusgelände?«, fragte Dad.

»An Sitzungen auf dem Campusgelände«, bestätigte sie.

»Warum«, schlug Dad grinsend vor, »holen wir ihn dann nicht kurz heraus?« Stellte der Frau dann Mom vor und machte sie mit Matt bekannt. Matt hatte eine kleine Filmkamera dabei. Er wies darauf hin, dass unsere Reise möglicherweise zu einer Serie für *Today* verarbeitet würde. Die Dame ließ sich herab, das Filmen des Gesprächs zu gestatten. Ich begab mich für ein Telefonat an die frische Luft. Dad unternahm einen neuerlichen Versuch, mit dem Collegevertreter in Kontakt zu treten.

»Er nimmt an einer Fakultätssitzung teil, die bis sechzehn Uhr dauert«, wiederholte die Dame.

»Ich würde aber wirklich gern ... Wir sind fast dreitausend Kilometer gereist ...« Dad kam ins Stottern.

»Da kann man nichts machen, Jack«, schaltete Mom sich mit einem gehörigen Schuss Sarkasmus in der Stimme ein. »Das College hat ja nicht wissen können, dass du kommst!«

»Gibt's denn gar niemanden, mit dem ich sprechen könnte?«, erkundigte sich Dad demütig.

»Lassen Sie uns mal schauen«, sagte die Frau und sah in eine Namenliste. »Wen kennen Sie denn noch?«

»Niemanden mehr«, meinte Dad. »Ich bin schließlich ein alter Mann.«

Die Frau begann Namen vorzulesen. Sie kapierte es einfach nicht. Vielleicht war es auch nur ein Ausweichmanöver. Dad setzte seine Versuche fort, lächelte freundlich, lachte gutmütig – doch vergebens.

»Ich wäre ja schon froh, wenn ich einfach nur irgendjemanden sehen könnte, nachdem ich eine so weite Strecke gefahren bin«, flehte Dad. Auf seinem Gesicht begannen sich Enttäuschung und Niedergeschlagenheit auszubreiten. Die Reaktion der Rezeptionistin erschöpfte sich wiederum in der Frage, wen er denn in Mount St. Mary's kenne.

An diesem Punkt wäre mir der Geduldsfaden gerissen. Die Frau hielt sich an Schema F. Sie war kleinkariert. Es kümmerte sie keinen Deut, dass der alte Mann in einem Wohnwagen quer durch die USA gereist war, seine Frau, seinen Sohn, drei Enkelkinder und die Ehefrau eines Enkels mitgebracht hatte, um ihnen sein altes College zu zeigen. Und außerdem bestand die Chance, dass das sechs Millionen umfassende Publikum der *Today*-Show einen Auftritt seines Besuchs miterleben würde.

»Ich wüsste nicht, an wen ich sie verweisen könnte«, erklärte die Frau. »Sind Sie denn nie zu den Jahrgangstreffen gekommen?«

»Nein«, sagte Dad verzweifelt. »Ich bin seit meinem Abschluss nur ein einziges Mal hier gewesen.« Und gab sich noch einmal alle erdenkliche Mühe, ihr klarzumachen, dass wir nun schon drei Wochen unterwegs seien und der Besuch von Mount Saint Mary's als Höhepunkt der Reise gedacht war, die ihn auch zu seinem Geburtsort und dem Marinestützpunkt bringen sollte, wo er im Zweiten Weltkrieg gedient hatte.

Wäre ich zugegen gewesen, hätte ich meinem Zorn freien Lauf gelassen. Was für ein Unsinn, dieses Gerede, sie wisse nicht, an wen sie Dad verweisen könne. Es befanden sich eine Menge Leute auf dem Campus. Sie hätte sich doch irgendeinen Studenten schnappen können oder auch einen Arbeiter oder Angestellten. Irgendjemand, damit der sich vielleicht zehn Minuten mit dem alten Herrn unterhielte, ihm die neue Cafeteria zeigte oder einen Prospekt in die Hand drückte. Ihm das Gefühl vermittelte, willkommen zu sein. War das wirklich so schwer?

»Also dann, vielen Dank auch!«

Das war alles, was Dad als Reaktion zustande brachte. Er schlich fast aus der Rezeption. Verließ den Campus mit gesenktem Haupt. Die Details dieser Geschichte habe ich erst erfahren, als ich mir Matts Videoaufnahmen ansah, und da saßen wir bereits auf dem Yogi Bear Campground in Williamsport, Maryland. Ohne Dad. Der war allein spazieren gegangen.

»Genau darum möchte ich nicht wieder an die Orte meiner Vergangenheit zurückkehren«, sagte Mom und nippte am Wein in ihrem Pappbecher. »Da hegt man hochgespannte Erwartungen, die nur enttäuscht werden können, und dann bläst man Trübsal. Das vergangene Leben ist vorbei. Aus. Man soll es ruhen lassen. Man muss nach vorn schauen.«

»Ich an seiner Stelle hätte es aber nicht dieser Frau überlassen, die Zügel in die Hand zu nehmen«, entgegnete ich. »Ich bin mir absolut sicher, dass es in dem College Menschen gibt, die Dad mit offenen Armen empfangen hätten. Wenn sich einem jemand in den Weg stellt, muss man ihn ignorieren und sich andere Möglichkeiten suchen.«

»Schon«, sagte Mom. »Du kennst aber doch deinen Vater. Er ist allen gegenüber immer viel zu nett und zuvorkommend.«

12

»Mensch, ist das hier unheimlich!«

Brendan kam in den Holiday Rambler gestürmt, als Letzter, um an einem frühen gemeinsamen Frühstück teilzunehmen.

»Ich hatte Angst, aus dem Winnebago zu steigen, weil da plötzlich zwei so seltsame Vierbeiner auftauchten. Eine weiße Bulldoge und ein so überfressenes Hundevieh, wie mir noch keins untergekommen ist. So dick, dass die Beine nicht mehr zu sehen waren. Schaute aus wie ein Luftkissenschiff.«

Kerry sprang von ihrem Stuhl auf und spähte angestrengt durch die Windschutzscheibe.

»Wo sind sie denn? O mein Gott! Der sieht ja aus wie eine Robbe.«

Ich drängte mich ans Fenster. Matt und Margarita mir nach. Mom und Dad blieben am Tisch in der Essnische sitzen; sie hatten sich eben Milch über das Müsli in den weißen Styroporschüsseln gegossen.

»Seht euch die Beine an!«, staunte Margarita.

»Wie Zigarrenstummel!«, meinte Matt. »Wir befinden uns doch nicht etwa auf einem Atommüllplatz, wo Menschen mitsamt ihren Haustieren mutieren!?«

Wir hatten am Vorabend die Staatsgrenze überschritten und befanden uns im Westen von New Jersey, wo wir – erstmals während der Reise – Mühe hatten, einen Platz für die Nacht zu finden. Alle in unserem Führer aufgelisteten Anlagen waren um diese Jahreszeit geschlossen. Wir hatten uns zwischen einem Wal-Mart-Parkplatz und einem nicht aufgeführten Campingplatz entscheiden müssen, der angeblich über Anschlüsse für Strom und Wasser verfügte. Wir warfen eine Münze. Der Kopf – Campingplatz! – lag oben. Kaum hatten wir aber einen Fuß aus dem Wohnwagen gesetzt, als unser vermeintlicher Glücksgriff sich auch schon als Riesenfehler entpuppte.

»Ich glaube, ich bin in Hundekot getreten«, stöhnte Kerry und leuchtete mit der Taschenlampe ihre Schuhe ab. »Verdammt! So ein Scheißplatz!«

Der in totalem Dunkel liegende und mit Abfällen übersäte Campingplatz lag in der Senke eines dicht bewaldeten Hügels: Heimstatt einer bunt gemischten Ansammlung von Trailern, in denen allem Anschein nach auch Menschen hausten, die jede Verbindung zur zivilisierten Welt abgebrochen hatten und den Rest ihres Lebens auf Camp Hundeklo verbrachten. Von Pfählen und Bäumen hingen Drähte und Kabel herunter, andere lagen in wirrem Durcheinander am Boden – alles gestohlenes Material, wie ich vermutete, und außerdem gefährlich; zumal ich persönlich eine Heidenangst vor allem habe, was irgendwie mit Elektrizität zu tun hat, seit ich als Hilfshausmeister in einem Chicagoer Hochhaus während der Semesterferien einen Elektroschock erlitt.

Wir suchten mit den Taschenlampen noch die nähere Umgebung unserer Wohnwagen ab, als aus dem nächststehenden Trailer ein bärtiger Kerl mit nackter Riesenwampe stieg. Erster Gedanke: Frag ihn, warum er mitten im Winter ohne Hemd rumläuft. Zweiter Gedanke, eher ein Reflex: Das lässt du besser bleiben. Ich rief ihm stattdessen ein freundliches Hallo zu. Keine Antwort. Er stierte mich bloß ewig lang an. Eine Reaktion, die bei meinem inneren Unhöflichkeitsdetektor normalerweise einen Alarm auslöst, aufgrund dessen ich meinen ins Leere gegangenen Gruß mit einer rhetorischen Floskel höchstpersönlich selbst beantworte. Diesmal hielt ich mich zurück.

Wir überstanden die Nacht, ohne Mordopfer zu werden, nahmen hinter der Windschutzscheibe die morgendliche Haustierparade von Camp Hundeklo ab, zogen die Stecker aus den Anschlüssen für den Strom und die Schläuche aus denen für das Wasser – und los ging's. Waren wir froh, verschwinden zu können, bevor der Fettwanst auftauchte!

Wir fuhren Richtung Osten und schwenkten dann nordwärts, mit dem Ziel Morristown und College of St. Elizabeth's, der Alma Mater meiner Mutter. Sie sprach stets sehr positiv von ihrem College, war jetzt aber keineswegs so aufgekratzt wie Dad auf dem Weg zu Mount St. Mary's. Eine Rückkehr in die Vergangenheit war ihre Sache nicht, obgleich sie das, was sie einmal gelernt hatte, nie vergaß. Meine Mutter erinnert sich an alles, wie sich während einer kurzen Pause an der Route 287 erneut herausstellte. Sie saß am Tisch in der Essnische des Holiday Rambler, als es plötzlich aus ihr heraussprudelte: »Gleichförmig beschleunigt ist eine Bewegung bei konstant positiver Bewegung ...«

Kurzes Schweigen, dann in einem Singsangton: »Sehr gut!«

»Was, zum Teufel, war denn das?«, fragte ich.

»Newton'sche Bewegungsgleichung«, antwortete Mom.

»Und was bedeutet es?«

»Keine Ahnung«, sagte Mom, schüttelte den Kopf, biss in ihr Muffin und verkündete: »Ich war eine recht gute Studentin. Ich konnte immer alles auswendig.«

»Warst du auch eine aufmüpfige Studentin?«, wollte ich wissen.

»Schon ... Einmal haben wir ein Gesangsvereinskonzert gestört. Den Chor von Seton Hall ... *Männer*chor! ... Der Dirigent unterbrach das Konzert und ermahnte die Mädchen in der ersten Reihe, sich doch bitte zu benehmen. Eine von uns gab daraufhin ein Zeichen mit der Hand, woraufhin alle die Beine gleichzeitig übereinander legten. Plötzlich tauchte eine Nonne mit Papier und Bleistift auf und notierte unsere Namen. Zwei Wochen Ausgangssperre!

Ein andermal ... bin ich ohne Hausarrest davongekommen. Es

war trotzdem komisch … Eine von uns war furchtbar ordentlich … ihr versteht schon, so richtig etepetete … die Schubladen immer tipptopp. Die anderen haben gewettet, ich würde mich nicht trauen, die Kleiderschubladen dieses Mädchens durcheinanderzubringen. Hab ich dann natürlich. Die feine Mamsell ging aus ihrem Zimmer, zack, ich rein, und …«

Marge gähnt sich durch die Collegevorlesung über die Bedeutung der Sperrstunde.

Mom fuchtelte mit den Armen herum, in einer Art Pantomime vom Verwüsten des Raums.

»O là là … Hat die hinterher ein Theater gemacht! Das Blöde war nur, dass ihr Dad mich an den Wochenenden immer nach Hause mitnahm. ›An diesem Wochenende wird mein Vater dich nicht mitnehmen‹, hat die Pute gedroht, und ich musste tatsächlich allein im College bleiben … Zwei Wochen lang hat sie kein Wort mit mir geredet. Die Sache hat sich später aber wieder eingerenkt. Zu meiner Hochzeit ist sie gekommen. Ihr Mann hat Alzheimer, ist inzwischen in einem Kriegsveteranenheim.«

Weiter ging's über die 287 nach Norden, bis wir auf eine kurvenreiche Landstraße bogen, die durch eine herrliche Hügellandschaft mit wunderschönen Wohnhäusern führte. New Jersey – das gilt auch für andere Staaten und Städte – kriegt aufgrund von Klischees, die auf Menschen zurückgehen, die nur mit simpelsten Vorstellungen von der Welt zu leben imstande sind, immer miese Noten. Diese Leute brauchen ein Kernweltbild, an dem sie unbedingt festhalten. Mein Kernweltbild begann Risse und Sprünge zu zeigen, die mit jeder Stunde, jeder Meile dieser Reise größer wurden.

Angenommen, Mom ist wirklich eine so große Pessimistin, wie sie tut – warum ist sie dann ausschließlich auf die Zukunft ausgerichtet? Und warum, fragte ich mich, ist Dad bei seinem ewigen Optimismus so auf die Vergangenheit fixiert? Das passte doch irgendwie gar nicht zusammen. Und was war mit mir? Ich hatte mit den Jahren eine besondere Stärke entwickelt, Dinge in Gang zu bringen, weil ich Widrigkeiten und Missgeschicke ignorierte. Hatte ich geglaubt. Und fragte mich nun: Wer ist denn stärker – ein Mensch, der die Welt nach seinen Wünschen zu formen sucht, oder jemand, der akzeptiert, was das Leben ihm zumutet?

BUMS.

»Jesus Maria!«, rief Mom. »Hast du dich am Kopf gestoßen?«

Mein Vater war hingefallen und lag auf dem Boden, der umgekippte Klappstuhl über seinen Beinen.

Dieser verflixte Holzklappstuhl.

Dad hatte unsere wiederholten Warnungen ignoriert. Da lag er nun und hielt sich den Kopf. Mom hatte Mühe, zu ihm zu kommen. Der Wohnwagen schlingerte durch die Hügellandschaft.

»Du hast doch gewusst, dass die Straßen in dieser Gegend viele Kurven haben«, schrie ich ihn an. »Warum musst du immer auf dem blöden Klappstuhl sitzen?«

»Um Zeitung zu lesen«, erwiderte er sanftmütig, während Matt ihn zum bequemen Sessel geleitete.

»Zum Zeitunglesen kann man doch überall sitzen«, belehrte ich ihn. »Es scheint fast so, als wolltest du es darauf ankommen lassen. Ich meine, was hast du dir eigentlich dabei gedacht …«

»Ich bin völlig in Ordnung … okay«, unterbrach er mich. »Ist doch nichts passiert!«

In meinem Zorn mischte sich Trauer. Ein Siebenundachtzigjähriger fällt nicht einfach bloß hin. Dad musste bei diesem Sturz einen Schock erlitten haben. Und die Straße vor uns war voller plötzlicher Steigungen, abschüssiger Strecken und Kurven. Man konnte nicht weiter als bis zur jeweils nächsten Biegung sehen. Wenn ich nun abrupt bremsen oder seitlich ausweichen müsste, um die Kollision mit einem entgegenkommenden Fahrzeug zu vermeiden!? Dad hatte sich schon bei einem an sich überflüssigen harmlosen Sturz am Kopf verletzt und nur mit einiger Mühe wieder aufgerappelt. Nun tat er so, als ob nichts geschehen wäre. Um im Wohnwagen für bessere Stimmung zu sorgen. Die bedrückte Stimmung besserte sich aber nicht.

»Herrje, warum wollen mir immer alle ans Leder?«, murmelte er vor sich hin.

Es war später Morgen, als wir uns Morristown näherten. Dad hatte eine Prellung an der Stirn, schien sonst aber wohlauf. Jedenfalls überspielte er, was immer er an Beschwerden spüren mochte, mit guter Laune – um Moms willen.

»Sieht allmählich vertraut aus, die Gegend, was Marge? Schon ein bisschen aufgeregt?«

»Klar«, sagte sie. Es klang aber gleichgültig, und sie blickte nach wie vor ungerührt aus dem Fenster. »Sie wissen nicht, dass ich komme. Also gucken wir nur mal kurz rein und machen, dass wir gleich wieder fortkommen. Ich bin hungrig.«

Es war ein kleiner Campus mit begrenzten Parkmöglichkeiten. Ein Parkwächter, dem ich kurz Sinn und Zweck unserer Fahrt erläuterte, erlaubte uns, die Wohnwagen am Rande einer Zufahrt zu parken, die offenbar zum Verwaltungsgebäude führte. Wir traten ein. Fanden das Büro der Rektorin, die allerdings nicht anwesend war. Sie nehme, wie man uns mitteilte, an einer Sitzung auf dem Campus teil, der sich eine Messe und ein offizielles Mittagessen anschlössen. Sie war also nicht verfügbar. Mom nahm es mit liebenswürdigem Kopfnicken hin. Die Vorzimmerdame bemerkte unsere Videokameras und erkundigte sich, ob die Filme für den Hausgebrauch seien. Gewiss, antwortete Matt, fügte dann aber hinzu, dass ein Teil als Material für eine Reisereportage seinen Weg in die *Today*-Show finden könnte. Worauf wir prompt weitergeleitet wurden. Die Verwaltungsangestellte im nächsten Büro schien freilich wenig Interesse daran zu haben, ihrem armen kleinen College via *Today* einen kräftigen PR-Schub zu sichern.

Nichts wie fort.

Der lauwarme Empfang im College bildete eine gewisse Parallele zu der Behandlung, die Dad in Mount St. Mary's erfahren hatte – mit einem Unterschied allerdings: Mom war es völlig schnurz.

»Nun«, meinte sie auf dem Weg zurück zu den Wohnwagen, »wir haben's gesehen. Was hält uns hier noch?«

Von Morristown ging es weiter nach Paterson im Nordosten von New Jersey. Die Stadt mochte ja ein hartes Pflaster geworden sein, doch ich war neugierig auf das Zuhause meiner Eltern – auf Moms in der Market und Dads in der Pennington Street. Und auf das Zeughaus, die Feuerwehr, die St. Joseph's Church. Würden sie den Vorstellungen entsprechen, die ich mir von ihnen gemacht hatte? Könnte ein Blick auf die heutigen Geschäfte und Straßen das Bild von Happy Mahoney, dem Eisverkäufer oder von Mr. Cristillo und seinen wöchentlichen Hausbesuchen heraufbeschwören und wieder lebendig werden lassen?

Tony Cristillo – der Hinterhof seines Hauses und der von Moms Elternhaus stießen aneinander – verkaufte Policen der

Metropolitan-Life-Versicherungsgesellschaft. Tom Leonard war einer seiner Kunden. An jedem Donnerstagnachmittag schaute Mr. Cristillo bei den Leonards vorbei, um den wöchentlichen Versicherungsbeitrag abzuholen. Er betrug zwanzig Cents. Tonys Sohn Lou und Toms Sohn Jack freundeten sich an, spielten zusammen Fußball und besuchten gemeinsam Sportveranstaltungen. Lou war ein guter Sportler und ein harter Bursche und außerdem wahnsinnig komisch. Er ging vorzeitig von der Highschool ab, um sich einer Wandertruppe von Komödianten anzuschließen. Anfangs hatte er es schwer. Dann fand er einen Partner, mit dem er durchs Land tingelte. Lou änderte seinen Nachnamen, nannte sich um in »Costello«. Sein Partner behielt seinen alten Namen: Abbott.

Viele Jahre später musste mein Vater – er arbeitete damals für das *Time Magazin* – geschäftlich nach Kalifornien. Der Leiter des Los-Angeles-Büros von *Time* holte Dad mit dem Wagen im Hotel ab. Auf der Fahrt zu dem Termin wollte er wissen, ob Dad jemanden in der Unterhaltungsbranche kenne. Die beiden jungen Töchter des Mannes litten unter einer – tödlichen – Pankreasfibrose. Zu ihrer Aufheiterung suchte er verzweifelt nach Autogrammen von Berühmtheiten. Dad rief bei Lou Costello an. Ein paar Stunden später befanden die zwei Mädchen sich in einem Garten in Beverly Hills, aßen Hotdogs und lachten sich krümelig – über einen der berühmtesten Comedystars aller Zeiten.

Nach dem Mittagessen winkte Lou meinen Vater zu sich ins Haus – da sei jemand am Telefon, der ihn sprechen wolle. Es war ein Ferngespräch – in den 1950er Jahren noch etwas Besonderes. Dad nahm den Hörer, sagte vorsichtig Hallo ... und vernahm über fünftausend Kilometer Entfernung die Stimme seines Vaters. Es war Lous Geschenk an ihn, eine kleine Geste der Freundschaft vom Paterson Kid, das es in der Welt zu was gebracht hatte.

»O mein Gott!«, stieß mein Vater hervor. »Nein!«

Wir fuhren durchs Zentrum von Paterson. Die Stadt seiner Erinnerungen war vom Erdboden verschwunden.

»Machen wir, dass wir hier wegkommen!«, ächzte Mom. »Das ist unerträglich!«

Wir fuhren die schmutzigen Straßen entlang. Sie waren voller Schlaglöcher. Vor den Augen meiner fassungslosen Eltern zog im Zeitlupentempo eine zerstörte Stadt vorbei. Sie hatten natürlich gewusst, dass es mit Paterson bergab gegangen war, was sich ihnen nun jedoch darbot, übertraf alle Befürchtungen. In den engen Seitenstraßen parkte ein Auto nach dem anderen, darunter viele ausgeschlachtete und ausgebrannte Karosserien. Kaputte Flaschen und Scherben überall. Umgestoßene Mülltonnen, aus denen der Abfall quoll. Grüppchen von Menschen, die finster und verdrießlich die beiden seltsamen Wohnwagen anglotzten, welche im Schritttempo zwischen den Reihen zugenagelter Häuser und aufgegebener Grundstücke dahinrollten. Vorbeifliegende Zeitungsteile und Plastiktüten.

»Seht euch das Zeughaus an!«, rief Dad, als ein verwüstetes, mit Brettern vernageltes Gebäude ins Blickfeld rückte, dessen verdreckte Ziegelsteinmauern mit Graffiti beschmiert waren. »Und das Haus der Feuerwehr ... was ist bloß aus ihm geworden?«

»Ist das dort etwa die Josephskirche?«, fragte Mom ungläubig. »Du lieber Himmel!«

Nein, wir würden nicht anhalten, um eine Kerze anzuzünden in der Kirche, wo einst das Loblied auf Annie Smith gesungen worden war, wo meine Eltern geheiratet und mich hatten taufen lassen. Der ramponierte Haupteingang war mit Ketten verschlossen. »Und das war einmal die schönste Kirche von ganz Paterson!«, klagte Dad.

»*War*«, sagte Mom.

»War«, wiederholte Dad kaum hörbar.

Wir bogen um eine Ecke. Gelangten zur Pennington Street.

Eine Gruppe Männer starrte uns böse an, als wir an ihr vorbeifuhren. Einer begann uns etwas hinterherzubrüllen, ein anderer zeigte uns den Vogel. Dad beugte sich näher zum Seitenfenster, strengte sich an zu sehen, was aus dem Haus geworden war, das sein Vater mit so viel Liebe und Mühe instand gehalten hatte.

»Das darf nicht wahr sein!«, flüsterte er. »Das kann doch nicht unser Haus sein!«

Das verwahrloste Gebäude hatte keinerlei Ähnlichkeit mit dem Haus seiner Erinnerung. Die Eingangstür stand offen. Zwei junge Männer verhandelten – es sah nach einem Deal aus. Drogen.

»Oh, Marge! Das ist unglaublich. Es ist eine Schande. Ist es nicht eine Schande, was Menschen so anrichten? Es sind nicht Naturgewalten, die Städte zerstören, sondern die Menschen!«

»Machen wir, dass wir wegkommen!«, wiederholte Mom.

»Aber was ist mit deinem Elternhaus?«, fragte ich. »Jetzt haben wir schon die weite Reise gemacht. Möchtest du es denn nicht sehen?«

»Nein«, antwortete sie. »Warum sollte ich unser Haus im zerstörten Zustand sehen wollen? Das ist ein Schlachtfeld hier. Bloß weg!«

Vom Schlachtfeld in Paterson zog es uns zum stillen Friedhof der Nachbarstadt Totowa. Tom Leonard starb 1968. Als Dad zum Begräbnis seines Vaters in die alte Heimat zurückkehrte und erkannte, was aus Paterson geworden war, beschloss er, dagegen anzugehen – geistig. In den über vierzig Jahren, die seither vergangen waren, hatte Dad seinen Geburtsort wieder aufgebaut, Stein für Stein, das Zeughaus wiederhergestellt, die Straßen neu gepflastert und die Häuser instand gesetzt, insbesondere sein Elternhaus. Alles Zerstörte hatte er ersetzt. Nun musste er noch einmal von vorn beginnen.

»Das Paterson, in dem ich aufwuchs, war eine gutbürgerliche Stadt«, bemerkte Dad, als ich den Holiday Rambler auf die Ausfahrtstraße nach Totowa lenkte. »Saubere, gepflegte Straßen. Anständiger Verkehr. Eine freundliche Stadt. Eine sichere Stadt. Wir haben nie einen Hausschlüssel besessen, nie unsere Haustür abgeschlossen.«

»Es muss aber doch auch in Paterson Verbrecher gegeben haben«, wandte ich ein.

»Bis zu unserem Haus sind sie jedenfalls nicht gekommen«, entgegnete Dad.

»Nein«, bestätigte Mom. »Ich wüsste nicht, wo Verbrecher gewesen sein sollten.«

Wir fuhren durchs Friedhofstor und stellten die Wohnwagen am Rand einer schmalen Gasse ab. Es war ein kalter Tag, das gelbliche Gras hier und da von kleinen Flächen vereisten Schnees bedeckt. Dad war überzeugt, nach kurzer Orientierung vor Ort die Gräber wiederfinden zu können. Während er mit der Suche begann, gesellte ich mich zu Mom, die ein wenig abseits stand.

»Ich mag Friedhöfe nicht«, meinte sie und trat, um warm zu werden, von einem Fuß auf den anderen. »Sie sind so deprimierend. Ich werde hier nicht lang bleiben. Ein paar Minuten nur, dann geh ich … Und du auch!«

Die letzten Worte brüllte sie Dad nach, der sich weiter und weiter entfernte.

»Nein!«, schrie er zurück. »Ich muss das hier sehen!«

Mom schüttelte den Kopf.

»Ich weiß nicht, wo die Gräber von meinem Vater und meinen Schwestern liegen«, sagte sie, während sie sich schon auf den Rückweg machte. »Ich weiß es wirklich nicht … und ich werde auch nicht den ganzen Friedhof abklappern, um es herauszufinden.«

Meine Eltern bewegten sich wieder mal in entgegengesetzter Richtung.

»In welchem Jahr ist dein Vater gestorben?«, fragte ich in der Hoffnung, dass Mom sich durch ein Gespräch davon abhalten ließe, den Friedhof zu verlassen.

»Ich kann mich nicht erinnern«, antwortete sie. »Ich kann mich nicht mal erinnern, dass ich damals auf dem Friedhof gewesen bin ... Ich muss ja aber wohl an seiner Beerdigung teilgenommen haben.«

Mom zuckte mit den Schultern und setzte sich von neuem in Bewegung. Als ich einige Minuten später Dad aufspürte, stand er im Gespräch mit Brendan vor einem einfachen Grabstein, der relativ neu wirkte.

»Hier ruhen meine Mutter Annie, mein Vater Thomas J., meine Schwester Anna, mein Bruder Thomas F. und Mutters Schwester Catherine.«

»Und du warst zuletzt hier, als dein Vater beerdigt wurde?«, fragte ich.

»Jawoll«, sagte er, drehte sich um und betrachtete lange das Grab, bevor er sich wieder uns zuwandte.

»Ich danke euch ... vielen Dank ... habt Dank, dass ihr gekommen seid«, sagte er mit leiser Stimme und abwesender Miene. Er blickte auf die Erde, auf unsere Füße.

»Irgendetwas kommt mir seltsam vor«, bemerkte ich, um das Schweigen zu beenden. »Der Grabstein ... ich weiß nicht ... Er scheint mir irgendwie neu. Hast du nicht erzählt, dein Vater sei in den 1960ern beerdigt worden?«

»Ja doch«, entgegnete Dad und musterte wieder den ein Meter hohen Grabstein.

Der kalte Wind wurde langsam ungemütlich. Ich wollte schon vorschlagen, zum Holiday Rambler zurückzukehren, als mir plötzlich wieder einfiel, was mein jüngerer Bruder Kevin mir vor einiger Zeit berichtet hatte. Kevin hatte den Friedhof von Totowa vor längerem auf einer Autofahrt mit Frau und Kindern durchs östliche Amerika besucht. Auch ihm war das merkwürdige Aussehen des Grabsteins aufgefallen, und er hatte nicht Ruhe gegeben, bis das Rätsel gelöst war.

»Ich weiß, was passiert ist«, sagte ich zu Dad.

Dad schaute mich an. Ich merkte, dass die Kälte inzwischen auch ihm zu schaffen machte. Sein Gesicht war gerötet, die Hände zitterten.

»Ich weiß es von Kevin«, erklärte ich. »Du erinnerst dich doch, dass er mit seiner Familie mal in Totowa gewesen ist? Er hat sich damals ebenfalls über diesen Grabstein gewundert, und – du weißt ja, wie er ist – dafür musste es doch eine Erklärung geben. Kevin hat mit der Friedhofsverwaltung Kontakt aufgenommen, und die Leute haben die Akten überprüft. Es scheint so zu sein, dass dein Onkel Johnny Smith vor seinem Tod im Testament bestimmte, die Leonards sollten einen schöneren Grabstein bekommen. Er wollte deinen Eltern für ihre Gastfreundschaft bei seiner Ankunft aus Irland danken, und für all die anderen Zeiten, als sie ihm Obdach gewährten und ihn durchfütterten. Er ist ja mal Totengräber gewesen. Ich denke, dass er von Berufs wegen ein anderes Verhältnis zu Grabsteinen besaß, und man muss wohl zugeben, dass der größere Gedenkstein ein schönes Geschenk war. Er hat es nicht für sich getan. Als der Stein aufgestellt wurde, war er ja schon tot – es war also das Präsent eines Toten an Tote.«

Dad war tief berührt, sprachlos. Schwieg. Drehte sich um und betrachtete noch einmal den Stein. Dann gingen wir gemeinsam zum Wohnwagen. Das Zittern war, wie ich bemerkte, nun von den Händen auch auf die Lippen übergegangen.

Wir verließen den Friedhof und fuhren zu einem kleinen Campingplatz im Hafengebiet von New Jersey City. Es war später Nachmittag, und von Manhattan trafen die Fährschiffe mit Pendlern ein. Im Hintergrund ragte die Freiheitsstatue empor. Ich stand allein ganz in der Nähe der Anlegestelle, schaute aufs Wasser und dachte nach. Es gab eine Menge zu verdauen: den Sturz meines Vaters im Wohnwagen, den Besuch in Mount St. Mary's, Paterson, den Grabstein; dass meine Mutter gar nicht versucht hatte, die Ruhestätte ihres Vaters zu finden. Sie kam nur kurz zum

Friedhof zurück, nachdem Kerry entdeckt hatte, wo Martin Curley und Bridget O'Halloran lagen.

»Was hast du empfunden, als du von seinem Tod erfuhrst?«

»Nichts.«

Es war spätabends, als ich Mom auf ihren Vater ansprach. Bis dahin war sie meinen Fragen stets ausgewichen, hatte Ausflüchte gesucht, gewitzelt oder einfach das Thema gewechselt. Ich wusste, dass ihr Vater ein Problem gewesen war, dass er um Geld gespielt, getrunken und meiner Großmutter fast nichts hinterlassen hatte; dass er kein freundlicher, kein guter Mensch gewesen war ... aber das waren Gemeinplätze. Moms Benehmen auf dem Friedhof, ihre Weigerung, nach dem Grab ihres Vaters zu suchen, boten mir Gelegenheit, gezieltere Fragen zu stellen. Und zum ersten Mal war sie nun bereit, diese zu beantworten.

»Hast du denn bei seinem Tod gar keine Trauer empfunden?«

»Nein«, sagte sie. »Ist das nicht furchtbar? Aber er war gemein, gemein zu meiner Mutter. Wir lebten ständig in Angst. Um zwei Uhr morgens war ich noch wach, schaute aus dem Fenster und rief meiner Mutter dann zu: ›Er kommt!‹«

Wir befanden uns im Holiday Rambler. Mom und Dad saßen sich am Esstisch gegenüber, Matt und ich hockten auf der Couch. Die anderen hatten sich in den Winnebago zurückgezogen, um eine DVD anzuschauen.

»Einmal, nach einer Nebenhöhlenoperation, war ihre Nase völlig bandagiert«, erzählte Mom und entfernte dabei mit einem Kleenextuch ihr Make-up, »und er kam total besoffen heim und gab ihr einen Schlag auf die Nase. In meiner Anwesenheit.«

»Und deine Mutter war die großartigste, liebenswürdigste und feinste Frau der Welt!«, rief Dad. Er schüttelte den Kopf. »Aber sie konnte nie jemand zu sich nach Hause einladen. Und Marge durfte ihren Vater nie wissen lassen, dass sie Cheerleader bei den Sportveranstaltungen ihrer Schule war. Er hätte es ihr sofort verboten. Sie musste ihr Megaphon im Gartengebüsch verstecken und vorgeben, sie ginge in die Bibliothek. Das Gleiche, was ihren Nebenjob als Fahrstuhlführerin im Warenhaus Quakenbush betraf. Auch das hätte er niemals erlaubt.«

»Wir haben immer nur Angst gehabt«, sagte Mom. »Ich war froh, als er gestorben war. Er hat mir allerdings Taschengeld gegeben …«

»Aber keine Liebe!«, unterbrach sie Dad.

»Hat dir seine Liebe gefehlt?«, fragte ich.

»Damals nicht. Da wusste ich ja noch nicht, was mir fehlte«, antwortete Mom. »Ich habe es erst später im Leben begriffen.«

Meine Mutter hielt inne, nahm einen Schluck Wein. Ich versuchte mir vorzustellen, was es bedeutete, mit solch einer schweren Bürde durchs Leben zu gehen – ohne je darüber zu sprechen oder sich etwas anmerken zu lassen. Jedenfalls nicht in Gegenwart ihrer Kinder.

»Am Morgen des ersten Weihnachtstages war er nie zu Hause«, fuhr Mom fort. »Er war fort. Ich weiß nicht, wo er war.«

»Hast du ihm zu Weihnachten etwas geschenkt?«, fragte ich.

»Natürlich. Er hat es nur nicht aufgemacht. Meine Geschenke blieben ungeöffnet unterm Weihnachtsbaum liegen. Irgendwann hat meine Mutter sie dann auf sein Zimmer getragen, glaub ich. Ich weiß es aber nicht. Er hat nie ein Geschenk von mir geöffnet.«

»Auch nicht, nachdem deine ältere Schwester ausgezogen war?«, fragte ich. »Als du mit deiner Mutter und deinem Vater allein warst?«

Mom schüttelte den Kopf.

»Ich kann nicht begreifen, wie sich jemand weigern kann, das Weihnachtsgeschenk eines kleinen Mädchens zu öffnen!«, rief ich empört. »Warum nur? Was wollte er damit beweisen?«

»Keine Ahnung«, sagte Mom. »Ich war's gewohnt. Ich weiß nicht, was mit ihm los war.«

Der letzte Satz ließ mich aufhorchen. Mom gab mir zu verstehen, dass mit *ihm* etwas nicht stimmte. Kinder, die von ihren Eltern misshandelt werden, zeigen oft mit dem Finger auf sich; sie glauben, dass sie schuld sind. Mom wich von diesem Muster ab.

»Einmal habe ich ihn mit einem Stuhl geschlagen«, erzählte sie mit ruhiger Stimme. »Meine Mutter brauchte für irgendetwas Geld, vielleicht für Lebensmittel, jedenfalls ging es nur um eine Kleinigkeit. Er wollte ihr aber partout kein Geld geben. Ich war etwa neun Jahre alt und klammerte mich an ihr Bein. Ich hatte Angst, meine Mutter loszulassen. Ich wollte nicht, dass sie mit ihm allein war. Ich hatte Angst, er könnte ihr was antun. Sie hat immer wieder versucht, mich ins andere Zimmer zu schicken. Ich wollte aber nicht. Schließlich wurde es mir zu viel. Sie bat ihn weiterhin um Geld, und er lehnte es immer wieder von neuem ab. Da bin ich durch das Zimmer gegangen, habe einen großen, schweren Esszimmerstuhl hochgehoben ... ich weiß gar nicht, wie ich das überhaupt konnte ... und ihn von hinten über seinen Schädel geschlagen. Er ging zu Boden. Ich lief weg, rannte aus dem Haus und suchte mir ein Versteck an der Allee. Ich hatte Angst, dass er mich umbringen würde. Aber er ist nur fortgegangen und hat sich besoffen oder sonst was. Ich weiß es nicht.«

Männer, die im Krieg Tapferkeit beweisen, werden häufig mit Orden und Medaillen ausgezeichnet, und manchmal hält man sogar Paraden für sie ab. Ihre Nachrufe strotzen vor Lob ob ihres Mutes, den sie angesichts des Feindes bewiesen haben. Solche Ruhmesreden werden das Ableben meiner Mutter nicht begleiten. Die Geschichte eines neunjährigen Mädchens, das sich als Waffe eines Esszimmerstuhls bediente, ist nicht der Stoff, aus dem Legenden entste-

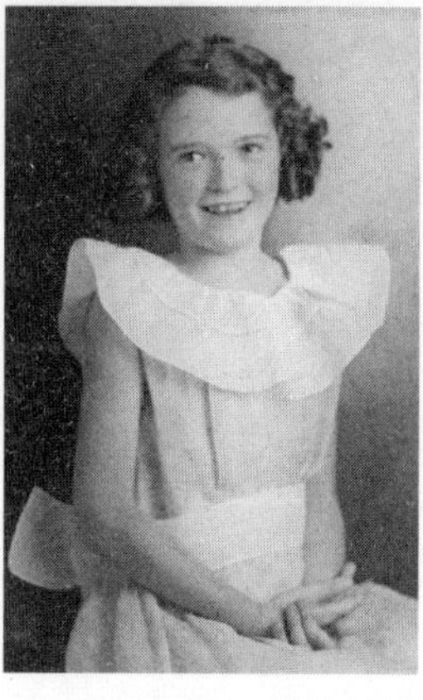
Marge als kleines Mädchen.

hen. Eine Frau, die sich im übertragenen Sinn auf eine Mine wirft, um ihre Kinder vor einer emotionalen Verkrüppelung zu bewahren, wird nicht gefeiert wie Eroberer und Kriegshelden. Sucht man den Horizont nach einem Zeugnis meiner Mutter ab, entdeckt man nichts als eine ebene Fläche. Kein Zeichen ihres Kampfes, keinen Graben oder Trichter. Weil Mom das gähnende Loch, die leere Grube, die tatsächlich existierte, zuschüttete. Darin besteht ihre Ruhmestat.

Die Leonard-Jungen haben ihren Lebensweg ohne psychische Last begonnen. Wir haben uns nicht aus einer Grube des Selbstmitleids befreien müssen. Bei uns gab es kein Auf-Zehenspitzen-Schleichen, um eine übel gelaunte, hasserfüllte Mutter zu schonen, die durch eine unselige Kindheit traumatisiert war. Meine Mutter erkannte die Leere, das abgrundtiefe große Loch, das ihr Vater in ihrer Seele zurückgelassen hatte, und nutzte es als Graben, in den sie alle bösen Erinnerungen verbannte und mit ihrem komischen Verhalten zudeckte. Leicht kann das nicht gewesen sein. Es braucht oft ein ganzes Leben, um eine solche Leere auszufüllen. Das mag die nächtlichen Schlucke aus der Pulle erklären. Hier liegt vielleicht auch die Ursache für ihre große Angst vor körperlichem Leid. Was auch immer – ich kann sie verstehen.

Jetzt kann ich sie verstehen.

13

»Die George-Washington-Brücke!«, rief Dad aufgeregt. »Sie war mal die längste Hängebrücke der Welt!«

Wir schrieben Donnerstag, den 19. Februar. Es war Morgen. Unser Zweierkonvoi näherte sich der riesigen Zwei-Ebenen-Brücke von knapp anderthalb Kilometern Länge mit je zwölf Fahrbahnen, die New Jersey mit New York verband. Achtzig Meter über dem Hudson. Ich hielt am Mauthäuschen an und warf einen Blick nach hinten, um zu sehen, wie es meinem Sorgenkind ging. Mom saß auf der Couch – mit dem Mantel über dem Kopf. Sie hasste Brücken, Höhen und Autobahnen – und mich, weil ich ihr dies nun alles auf einmal zumutete. Aber was sollte ich denn tun? Über den Fluss fliegen? Außerdem ist ihr nichts so verhasst wie das Fliegen.

»Ich kann mich an den Tag erinnern, als die Brücke eröffnet wurde«, erzählte Dad. »Das war 1931, wenn ich mich nicht irre. Um zehn Uhr morgens sagt mein Vater zu mir: ›He, Jack, komm, wir schau'n uns mal die George Washington Bridge an.‹ Und ich sage: ›Au ja‹ – das hatte ich mir nun wirklich gewünscht, bei der Eröffnung dabei zu sein. ›Nee‹, sagt mein Vater, ›das erlebt man nicht bloß so mit, so etwas vergisst man sein Lebtag nicht.‹ Wir sind also über die Brücke und haben in New York einmal die Runde gedreht und dann wieder zurück. Die Mautgebühr betrug fünfzig Cent. Ich glaube, man musste sie nur einmal, auf dem Hinweg, zahlen. Das würde reichen, wie es damals hieß, damit sich die Kosten für die Errichtung der Brücke in zwei oder drei Jahren amortisierten. Danach sollte man sie umsonst benutzen dürfen. Und was hast du heute Morgen bezahlt, Mick? Zwölf Dollar? Das klingt mir nicht nach ›umsonst‹?«

»Ja, schon. Aber unser Wohnwagen ist ja auch eine Art Bus oder Lkw«, gab ich zu bedenken. »Da ist natürlich eine höhere Maut fällig ... die Höhe der Gebühr richtet sich nach der Zahl der Wagenachsen. Für normale Pkws beträgt sie meines Wissens sechs Dollar. Und die weitere Erhebung einer Maut ist doch wohl zur Deckung der Unterhalts- und Sicherheitskosten notwendig. Seit den 1930er Jahren sind eine Menge Verbesserungen vorgenommen worden. Mit der zweiten Ebene und durch strukturelle Dinge.«

Dad schüttelte den Kopf. »Ja, aber ...«

»Du Hundesohn ... wann haben wir die verdammte Sache endlich hinter uns?«, Moms erregte, durch den Stoff des Mantels jedoch gedämpfte Stimme hatte Dads Antwort unterbrochen.

»Wir sind fast da!«, rief ich und meinte damit die andere Seite der Brücke, wo Route 95 erst nord- und dann ostwärts führte, anschließend an der Küste entlang und unserem Ziel entgegen: nach Providence, Rhode Island. Drei Stunden noch bis zum entferntesten Punkt unserer Reise, bevor wir wenden und uns auf den Rückweg machen würden. Wir hatten ursprünglich noch einen Halt in New London einlegen wollen, den Plan aber geändert, weil ich die Eishockeymannschaft von Providence College am Nachmittag noch beim Training beobachten wollte, bevor sie abends für eine Reihe von Spielen nach Maine entschwand. Außerdem hatte Brendan den Wunsch geäußert, Collegefreunde zu treffen, die allesamt einer komischen anthropologischen Bewegung zur Neuordnung des Wochenkalenders angehörten.

»Brendan muss seine Freunde am Abend sehen, weil heute Donnerstag ist«, erklärte ich während einer kurzen Tankpause, als unsere ganze Truppe im Holiday Rambler versammelt war.

»Aber warum am Donnerstag?«, wollte Mom wissen.

»Weil man eben donnerstagabends ausgeht«, entgegnete Brendan.

»Und wieso geht man heute nicht mehr freitagabends aus?«, hakte Mom nach.

»Weil der Donnerstag den Freitag ersetzt hat«, erläuterte Kerry.

Dad kratzte sich am Kopf. »Was redest du da für dummes Zeug!?«, meinte er. »Donnerstag ist Donnerstag.«

»Nicht für Collegestudenten«, widersprach Kerry. »Für sie ist Donnerstag eben Freitag.«

»Und wer, zum Teufel, hat so etwas beschlossen?«, fragte Dad.

»Vermutlich derselbe Trottel, der beschlossen hat, es sei nicht mehr schick, während eines Konzerts zu sitzen«, warf ich ein. »Wenn alle einen Sitzplatz hätten, könnten sie besser sehen, was vorn läuft. Du solltest es mal probieren, Brendan. Außerdem ist sitzen auch bequemer.«

»Mannomann«, meinte Brendan, »klingst du vielleicht alt!«

»Und noch was ...«, fuhr ich fort.

»Auweia«, stöhnte Matt. »Ich ahne schon, was jetzt kommt.«

»Warum geht man heutzutage am Abend eigentlich erst um elf Uhr aus?«, fuhr ich fort. »Was macht ihr eigentlich in der Zwischenzeit? Von sechs bis elf?«

»Ich weiß nicht«, antwortete Brendan. »Rumhängen. Die Zeit totschlagen. Vielleicht ein Nickerchen machen. Nichts.«

»Aber warum geht ihr dann nicht schon um sechs Uhr aus?« Ich ließ nicht locker. »Dann wäre nicht alles so überfüllt oder laut ... und du könntest einen Sitzplatz finden.«

Brendan schüttelte den Kopf.

Wir fuhren durch Stamford, Bridgeport und Milford. Erreichten die Vororte von New Haven. Als Dad, der lange Zeit nicht gesungen hatte, den Wegweiser zur Universität Yale entdeckte, legte er sozusagen wieder eine alte Platte auf:

»Boola Boola, boola boola, boola, boola, boula, boula ...«

Er begann zu kichern. »Man hätte doch meinen können, dass ein Haufen solch übergescheiter Typen für ihr Kampflied einen besseren Text zustande bringen würde«, sagte er. »Das Zeug ergibt ja überhaupt keinen Sinn.«

»Vielleicht hat es ja einen tieferen Sinn«, scherzte ich, »und wir sind einfach nur zu blöd, um ihn zu erkennen.«

»Glaub ich nicht«, sagte Dad.

Wir kamen rechtzeitig im Providence College an, um die Eishockeymannschaft in der letzten halben Stunde des Trainings vom Rand der Eisbahn aus zu beobachten. Die Trainer kannten mich und kamen einer nach dem anderen auf ihren Schlittschuhen zu einer kurzen Begrüßung herübergeflitzt. Ich stellte ihnen meine Eltern vor, spöttelte – wie alt ich mir in Anwesenheit so junger und schneller Eishockeycracks vorkomme.

»Je schneller man spielt, desto schneller lebt's sich«, witzelte Rick Bennett, ein Trainerassistent, der früher in der National Hockey League (NHL) gespielt hatte.

»Klar doch«, scherzte ein anderer namens Dave Berard. »Und in der Erinnerung war man früher stets besser und schneller.«

»Das mag für Sie gelten«, sagte ich, »aber nicht für mich.«

Ich sah 1965 keine rosige Zukunft vor mir. Alle Hoffnungen auf ein Studium an einem College mit einem Eishockeyteam, das in der ersten Uniliga spielte, waren an meinem schlechten Highschoolabschluss und miesen Abschneiden in den Aufnahmeprüfungen zuschanden geworden. Ich hatte mich dank des frühmorgendlichen Trainings und gewiefter Trainer zwar sehr rasch in den Sturm der besten Highschoolmannschaft unseres Bundesstaats emporgearbeitet. Mit Jim McNerney und Dave Gurley als Mitstürmer waren wir ein glänzend eingespieltes Team. Wir versuchten nicht, Stars zu sein, und genau das hat uns zu Stars gemacht – in Illinois.

Mitte der 1960er Jahre bestand bei den führenden, auf Eishockey setzenden Colleges jedoch keinerlei Interesse an Spielern aus dem Mittleren Westen. Der Mangel an Eissporthallen und die schwankenden Wintertemperaturen brachten dort kurze Saisonzeiten mit sich. Die Talente, die sich bewährt hatten, kamen ausnahmslos aus Massachusetts, Rhode Island, Minnesota und natürlich aus Kanada. Warum sollte ein Collegetrainer mit einem Spieler wie mir Risiken eingehen? Schon gar nicht, wenn dieser auch noch eine miserable Gesamtnote hatte. Sämtliche von mir abgeschickten Bewerbungen wurden abgelehnt, einschließlich der Bewerbung am Providence College.

Ich stand an einem Scheideweg. Ein College, an dem kein Eishockeysport betrieben wurde, hatte mich angenommen. Ein Studium dort hätte aber bedeutet, diesen Sport aufzugeben, die einzige Aktivität, die mich zu Hoffnungen berechtigte. Aber stimmte das überhaupt? Nicht nach Meinung der Experten, die es ja wissen mussten; sie brauchten mich nicht einmal in Aktion zu sehen, um sich ein Urteil zu bilden, denn Kids aus Illinois fehlten einfach die nötigen Fähigkeiten – so die vorherrschende Meinung. Doch Jack und Marge waren anderer Ansicht.

»Was wäre mit der Lake Forest Academy?«, schlug Dad vor.

»Was ist denn das?«

»Eine Prep School«, erklärte er.

Über Prep Schools* wusste ich nur so viel, dass John F. Kennedy ein solches Institut besucht hatte, was mich vermuten ließ, dass sie lediglich Klugscheißern aus vornehmen Ostküstenfamilien mit Ziel Universität Harvard als Abschussrampe dienten. Also klärte Dad mich erst einmal auf, dass die Lake Forest Academy ein hoch angesehenes Internat sei, welches auch eine begrenzte Anzahl von Tagesschülern aufnahm. Im Übrigen lag sie nur zwanzig Minuten Autofahrt von unserem Haus in Glencoe entfernt. Und – sie hatte eine Eishockeymannschaft.

* In den USA Internatsschulen mit einer eher kleinen Zahl von Schülern, die durch eine besonders intensive pädagogische Betreuung für die Aufnahmeprüfungen an Elitehochschulen vorbereitet werden. (Anm. d. Übers.)

»Du könntest daheim wohnen«, meinte Dad. »Besuchst die Schule, um deine Noten zu verbessern. Spielst für das Eishockeyteam der Lake Forest Academy und gleichzeitig für deine alte Mannschaft, was bedeutet: Du kriegst eine Menge an zusätzlicher Spielerfahrung. Nächstes Jahr könntest du es noch mal mit Collegebewerbungen versuchen.«

»Es handelt sich dabei also um so was wie ein Juniorcollege*?«, fragte ich.

»Nein. Es ist immer noch eine Highschool. Du würdest einfach dein letztes Highschooljahr wiederholen.«

»Das letzte Highschooljahr wiederholen?«, stotterte ich. »Da denken die Leute doch, ich sei beim ersten Mal durchgefallen!«

»Wen kümmert's?«, meinte Dad. »Hughie Brauer hat mir von der Schule erzählt. Ich habe dort schon angerufen. Am Samstagmorgen findet die Aufnahmeprüfung statt.«

»Eine Aufnahmeprüfung? Großer Gott!«

Die Aufnahmeprüfung habe ich ziemlich vermasselt, doch Mr. McClellan, der Studentenberater, war gnädig. Ein paar Wochen später traf ein Brief mit der Mitteilung ein, ich sei aufgenommen. In gewissen Kreisen an der amerikanischen Ostküste wird, wie ich später erfuhr, ein zusätzliches Jahr auf der Prep School als nichts Ungewöhnliches angesehen. Ein Trost. Ich ging damals mit Cathy. Nein, lassen Sie es mich anders formulieren: Cathy gestattete mir, sie gelegentlich ins Kino auszuführen oder ins Restaurant einzuladen, solange ich nicht versuchte, meinen Arm um ihre Schulter zu legen oder sie anderweitig in Verruf zu bringen. Sie bereitete sich auf das Studium an der Marquette University in Milwaukee vor und war ebenso verwirrt wie alle anderen, als sie hörte, dass ich in die Gegenrichtung marschierte – rückwärts, wieder zur Highschool.

Es war nicht so, dass die Loyola Academy an mir gescheitert

* College für die ersten beiden Studienjahre. (Anm. d. Übers.)

wäre. Vielmehr hatte ich die dort angebotenen Möglichkeiten nicht genutzt, weil ich mich hinter den vielen anderen Schülern versteckte – was in einer großen Schule kein Problem darstellt. In der Lake Forest Academy war ein derartiges Versteckspiel unmöglich. Mit nur sechs oder sieben Schülern pro Klasse fand jedes Wort, jede Handlung Beachtung. Selbst mein geistesabwesendes Kritzeln wurde bemerkt; ein merkwürdig ermunternder Wandel für jemanden, der normalerweise nur seine Schuhe fixierte, wenn er aufgefordert wurde, einen Beitrag zu leisten. Diese Schuhe waren übrigens ein altes Paar hellbraune Stiefel, die durch das exzessive Tragen ganz dunkel geworden waren. Als ich eines Tages im Unterricht abschaltete, malte ich auf beide Schuhe mit dem Füller Linien und Punkte – ein quasikünstlerischer Ausbruch meiner Phantasie, das die abgenutzten Treter in Flügel verwandelte.

»He, Leonard, das ist aber ausgefallenes Schuhwerk, das Sie da tragen.«

»Was? Die Schuhe? Meine Schuhe?«, schreckte ich aus meinen Träumen hoch.

»He, Jungs, schaut euch mal Leonards Schuhe an!«

Hier wurde ein persönlicher Charakterzug, der mir zuvor als Schwäche ausgelegt worden war – mein ständiges Wachträumen –, als Stärke gedeutet.

Dann ging das Eishockeyspielen los.

Mit Mike Hall und Doug Read die Sturmreihe einer Mannschaft zu bilden, die nur ein einziges Mal verlor, tat meinem Ego gut. Umso mehr, als die Lehrer zuschauten und mein Spielen am folgenden Tag im Unterricht lobend erwähnten. Es war für mich ungewohnt, im schulischen Bereich Lob zu hören, und das positive Feedback wirkte sich, obwohl es nur ums Eishockey ging, generell günstig aus. Meine instinktive Neigung, in Deckung zu gehen, ließ nach.

Zur selben Zeit, als ich für die Lake Forest Academy spielte, war ich in einer Mannschaft, die sich aus den besten Spielern der Chicagoer Umgebung zusammensetzte. Hier bildete ich mit Jim McNerney und Dave Gurley wieder eine Sturmreihe. Jim und Dave waren auf der Highschool eine Klasse unter mir gewesen. Die außergewöhnliche Chance, erneut mit begabten und unegoistischen Kameraden ein Team zu bilden, war meinem Spiel sehr förderlich. Gleichzeitig wurden mir noch einmal die Gefahren eines auf Glanz und Gloria ausgelegten Spielstils vor Augen geführt. Chet Stewart, unser Trainer, war ein fanatischer Verfechter der Strategie, die Stellung zu halten, den Puck an den jeweils ungedeckten, frei stehenden Mann weiterzugeben und zum Nutzen der gesamten Mannschaft die weniger glanzvollen Partien des Spiels mitzutragen. Bei Saisonende wurden die Vorteile des Spielens an sieben Tagen die Woche – manchmal zweimal am Tag – offenkundig. Meine schulischen Leistungen und Noten waren noch immer höchst mittelmäßig, doch hatte ich darüber hinaus vieles mehr gelernt, vor allem über mich selbst. Ich war nun, was die Zukunft betraf, recht zuversichtlich und bewarb mich also bei denselben Colleges mit großem Engagement für das Eishockey wie im Frühjahr zuvor.

Und wurde erneut abgewiesen, von allen, durch die Bank.

Was nun?

»Ich hab da eine Idee«, sagte mein Vater.

»Nicht noch ein Wiederholungsjahr«, stöhnte ich.

Aber nein, etwas völlig anderes. Eine Idee, die auf dem Umstand beruhte, dass Providence College – eine der Institutionen übrigens, die mich erneut abgewiesen hatten – vom Dominikanerorden geführt wurde. Das war insofern von Bedeutung, als mein Vater im Zweiten Weltkrieg von der Navy zur Ausbildung nach Florida geschickt wurde und dort auf Empfehlung eines Freundes seiner Eltern 1942 eine Kirche in Miami besuchte – in seiner weißen Paradeuniform. Während er betend in einer Kirchenbank kniete, klopfte ihm der Gemeindepfarrer auf die Schulter. Dieser Monsignore Barry, ein gebürtiger Ire, fragte freundlich, was denn ein Soldat der Kriegsmarine in einem Gottesdienst für Frauen suche. Sie haben sich anschließend länger unterhalten. Monsignore Barry machte meinen Vater mit einem anderen, in Miami auf Besuch weilenden Dominikaner bekannt, mit Pater Burke. Man tauschte Anekdoten und Erinnerungen aus, und so begann eine Freundschaft. Die drei Männer blieben in Kontakt, als mein Vater dann auf hoher See Dienst tat.

Das lag fünfundzwanzig Jahre zurück. Es kam nun darauf an, den freundlichen Pater wiederzufinden. War er noch am Leben, hätte ich Chancen.

Er war noch am Leben!

Mein Vater rief also Pater Burke an. Dieser nahm mit seinem Dominikanerbruder in Providence Kontakt auf, der wiederum mit dem Sportdirektor des Colleges telefonierte. Und der rief mich an. Ich wartete mit McNerney, Gurley und den anderen Spielern meiner Highschoolmannschaft auf dem Chicagoer O'Hare-Flughafen – wir waren auf dem Weg zu einem überregionalen Eishockeyturnier –, als mein Name ausgerufen wurde.

»Hallo, Mike. Hier spricht Pater Begley. Ich bin Sportdirektor im Providence College. Ich weiß, dass Sie zum amerikanischen Highschoolturnier unterwegs sind, und dachte mir, Sie würden vielleicht auf der Eisbahn noch schneller flitzen, wenn Sie wissen, dass wir Sie aufgenommen haben. Willkommen im Providence College!«

Es war, als wenn jemand auf STOP gedrückt hätte. Der Lärm im Flughafen war wie ausgelöscht. Ich sah mich von oben: Schweigend stand ich da, mit dem roten Telefonhörer in der Hand und einem Ausdruck des Staunens im Gesicht.

Pater Begley erklärte mir noch, dass ich während des ersten Jahres auf Probe dort sei. Das war mir egal. Und so traf ich dann im September 1966 mit zwei Sporttaschen aus Sackleinen, in denen all meine Habseligkeiten steckten, auf dem mir völlig fremden Campus ein. Ein reines Männercollege. Die Studentenzimmer waren alphabetisch zugeordnet. Legget, Lenczycki, Leonard – Zimmer 321 in der Aquinas Hall.

Ich wusste nicht, wovor ich mich mehr fürchten sollte, vor dem Unterricht oder der Eisbahn. Ein verfehltes Seminar hieß: Probezeit nicht bestanden, Abgang. Ein paar schlechte Vorstellungen auf der Bahn bedeuteten: kein Sportstipendium. Abgang. Für das College war meine Person ja unwichtig. Ein Akt der Wohltätigkeit. Im Übrigen war der Stand der Dinge folgender: Der Vietnamkrieg war noch in vollem Gange. Alle gesunden, ledigen Männer unter vierundzwanzig waren für den Militärdienst abrufbar. Man brauchte nur bei ein paar Collegetests durchfallen und konnte sich sechs Monate später im Dschungel Südostasiens wiederfinden.

Die akademische Seite stellte für mich eine Herausforderung dar. In den ersten Monaten fanden jedoch keine wichtigen Prüfungen statt, so dass ich nicht wusste, wo ich stand. Mit Eishockey war das etwas völlig anderes. Schwäche auf dem Eis oder eine ängstlich vorsichtige Spielweise lassen sich nicht verheimlichen – ein Gedanke, der mich äußerst nervös machte, als ich zum ersten Mal den Umkleideraum betrat. Über jedem Spind stand auf einem weißen Aufkleber mit schwarzem Filzstift ein Name geschrieben – ein äußerst leicht zu entfernendes Material, das mich prompt daran erinnerte: Hier kann binnen weniger Tage jeder Name verschwinden. Jean Boisland unterhielt sich auf Französisch mit Brian Smiley. Skip Samson nahm gerade seinen Zahnschutz heraus. Jimmie Murphy versuchte sich in einem starken Rhode-Island-Akzent dem Riesenkerl neben ihm verständlich zu machen. Alle waren Erstsemester. Bis in die frühen 1970er durften laut Sportverbandsregeln der Hochschulen (NCAA) Studenten des ersten Jahres nicht in der ersten Mannschaft ihres Colleges spielen. Das würde meine Chancen erhöhen, es sei denn, man spielte dort, wo ich herkam, in Illinois, tatsächlich so schlecht Eishockey, wie allgemein behauptet wurde.

Mike als Collegeboy-on-Ice.

Keineswegs.

In der Mannschaft der Erstjahrstudenten war ich Ende der Saison zweiter Torschützenkönig. Unser Trainer, ein junger Hitzkopf namens Lou Lamoriello, schätzte genau die Taktik, die mir während der Highschoolzeit eingebläut worden war. Tüchtig, kräftig skaten! Die kleinen Schlachten gewinnen! Teamplayer sein! Ein einfaches Rezept. Manche Spieler schienen jedoch außerstande zu begreifen, dass dies auch für sie galt. Sie waren darauf aus, Ruhm zu erlangen. Flitzten showmäßig übers Eis und sicherten sich damit doch nur einen Platz auf der Reservebank. Es waren diese Spieler, die von den Hochburgen des Eishockeys kamen. Eigentlich hätten sie die Stars werden müssen, nicht ich.

Das war eine weitere entscheidende Entdeckung: Wenn ich den Ratschlägen der Experten gefolgt wäre, hätte ich mich selbst aus dem Rennen gebracht. Warum all die Zeit mit Trainieren verschwenden, wenn die Fachleute deine Sache sowieso für verloren halten? Konnten sie sich irren? Natürlich. Nur, wie hättest du das je herausgefunden, wenn du auf sie gehört und aufgegeben hättest?

Ich habe dank einer für mich glücklichen Fügung während meiner ganzen Collegezeit Eishockey gespielt. Das Universitätsteam war leistungsmäßig ins Schleudern geraten. Aufgrund seines Erfolgs mit der Mannschaft der Erstsemester hatte man darum Lou Lamoriello zum Trainer der ersten Mannschaft befördert. Er war streng und unerbittlich, jemand, der unter keinen Umständen aufgab – niemals. Entschuldigungen und Ausflüchte ließ er nicht gelten. Bei ihm hieß es immer nur: Los, marsch, und reißt euch den Arsch auf! Einem Team auf der Verliererseite fällt so etwas schwer, da ist man versucht, sich mit moralischen Siegen zu trösten, sich auf die Schulter zu klopfen, weil man's geschafft hat, nicht noch höher zu verlieren. Mit einer solchen Einstellung kam man bei Lou nicht durch. Schon gar nicht an jenem kalten Dezemberabend in meinem letzten Jahr am College.

Der beste Spieler unserer Mannschaft und Mannschaftskapitän – Rich Pumple, ein großer, taffer Bursche aus Lachine in der kanadischen Provinz Quebec – hatte sich im vorausgegangenen Spiel ein Bein gebrochen. Es war aber hauptsächlich seinetwegen, dass wir überhaupt Chancen hatten, bei den Hochschulmeisterschaften in die Endrunden zu gelangen. Als er auf die Tragbahre gelegt und hinausgebracht wurde, schwanden mit ihm auch unsere Hoffnungen, zumal wir im nächsten Spiel gegen eine weitaus bessere Mannschaft von der Brown University antreten mussten, für die es obendrein ein Heimspiel war. Nach den ersten zwei Spielabschnitten führte Brown mit drei zu eins. Lou ahnte, was uns durch den Kopf ging: Ohne unseren besten Spieler wäre eine knappe Niederlage schon eine Art Sieg.

O nein. Wäre sie nicht. Keinesfalls …

Kurz bevor wir zum letzten Spieldrittel raus sollten, platzte Lou in den Umkleideraum. In grenzenloser Wut schnappte er sich eine große Metallmülltonne und schleuderte sie an die Wand. Dann begann er zu brüllen. Gegen die gängige Einstellung, für Versagen stets eine Erklärung zu finden. Dagegen, anderen Menschen oder den Umständen dafür die Schuld geben zu wollen, dass man selbst etwas nicht erreicht.

Zum Beispiel: Die georderte Ware traf nicht rechtzeitig ein. Der Anruf wurde nicht erwidert. Jemand hatte die Bestellung missverstanden.

Bullshit!

Uns fehlte ein großartiger Spieler. Na schön. Pech. Aber das ganze Leben ist doch voller Wechselfälle.

Von so was darf man sich nicht kleinkriegen lassen!

Für Probleme muss man eine Lösung finden!

Im Eishockeyarchiv des Colleges liegt irgendwo folgendes Ergebnis begraben: *18. Dezember 1969, Providence College 5 – Brown University 3.*

Weltgeschichtlich gesehen ist der vor Jahrzehnten errungene Sieg einer College-Eishockeymannschaft, die nie zu den großen Teams zählte, eine bloße Lappalie. Für ein Mannschaftsmitglied, das an jenem Abend im Umkleideraum dabei war und das anschließende Spiel mitbestimmte, sah die Sache anders aus: Es begriff plötzlich, dass mit ein bisschen mehr Anstrengung vieles möglich ist.

Und was meine angebliche Unfähigkeit betraf, im Unterricht mithalten zu können – nun, auch da hatten die Experten sich geirrt. Ich schnitt prächtig ab, weil ich die akademische Freiheit nutzte, und vorzugsweise geisteswissenschaftliche Kurse besuchte und Mathematik sowie Naturwissenschaften weitestgehend mied.

Wie die meisten meiner Kommilitonen verdiente auch ich mir mit Nebentätigkeiten auf dem Campus etwas Geld. Ich half als Kellner im Speisesaal des Colleges und bei der Pflege des Baseballfelds aus. Die langen Ferien im Sommer verbrachte ich in Chicago, nach dem ersten Studienjahr als Aushilfe für Hausmeisterarbeiten in Marina City, einem Wohnhochhaus, und dann als Teil einer städtischen Arbeitergruppe bei der Anlage eines Bürgersteigs am Lake Shore Drive. Meine Eltern waren nach Scottsdale in Arizona umgezogen und hätten es gern gesehen, wenn ich die Ferien bei ihnen verbracht hätte, doch in Chicago war mehr zu verdienen, selbst unter Abzug der vierzehn Dollar, die wöchentlich als Miete für ein kleines Zimmer im YMCA in Evanston zu entrichten waren. Der wahre Grund für Chicago war jedoch nicht das Geld, sondern Cathy. Sie mochte mich inzwischen. Endlich.

Es war mein größter Traum, das kluge, hübsche Mädchen so weit zu bringen, dass sie mich gern hatte. Wir waren immer gut miteinander ausgekommen, hatten als Teenager zusammen gelacht und diskutiert. Nur entsprach ich eben nicht ihrer Vorstellung von einem festen Freund. Darunter verstand sie etwas anderes, sagen wir: etwas Solideres. Dafür gebe ich John F. Kennedy die Schuld. Cathy war berauscht von der Euphorie der US-Präsidentschaftswahlen im Jahr 1960. Das glamouröse Theater hatte ihren Kompass durcheinander gebracht. Nach der Amtseinführung Kennedys schlug ihr Partnersuchgerät nur bei Typen mit snobistischem Bostoner Akzent, strahlend weißen Zähnen, Segelerfahrung und etwa vierhundert Vettern und Kusinen aus.

Dann jedoch ist etwas passiert, und die Suchnadel pendelte sich wieder ein. Ich hatte Cathy gegen Ende meines zweiten Studienjahrs zur Party eines Kommilitonen eingeladen. Rein äußerlich sah ich wie immer aus. Mein akademisches Standing war nach wie vor wackelig, trotz der in diesem Jahr erreichten höheren Rangstufe. In Lake Forest Academy war ich bis auf den vierundfünfzigsten Platz vorgerückt. Ein beachtlicher Aufstieg, es sei denn, man hätte im Collegejahrbuch nachgeschlagen und die Köpfe auf dem Gruppenfoto gezählt. Mein Jahrgang wies nämlich nur vierundfünfzig Studenten auf.

Ich war noch immer Klassenletzter.

Aber nicht mehr verloren.

Die kleine Schule hatte mir gut getan und auch die verborgensten schöpferischen Anlagen in mir ans Licht befördert. Mit gestiegenem Selbstvertrauen fand ich den Mut, mich in eine ungewöhnliche, zu Hoffnungen berechtigende Richtung zu bewegen. Es war zum Glück eine Richtung, die Cathy zusagte.

Cathy vor dem Eingang ihres Elternhauses in Glencoe, Illinois, 1969.

Im Spätsommer nahm unsere Beziehung ernstere Formen an. Die nächsten drei Jahre schrieben wir uns täglich Briefe, die zwischen Providence und Milwaukee hin- und hergingen. Persönlich gesehen haben wir uns jährlich nur eine Woche im Frühjahr und drei Monate im Sommer. Die Kurzferien über Thanksgiving musste ich ja wegen des Eishockeys auf dem Campus verbringen, ebenso, bis auf fünf Tage, die Weihnachtsferien. Cathy schloss ihr

Studium 1969 ab, ein Jahr vor mir. Am Abend vor meiner Rückkehr nach Providence, in meinem zweiten Studienjahr, hielt ich meinen Wagen auf einer ruhigen Straße unserer kleinen Heimatstadt an und gab Cathy ein Stück Kaugummi. In der Verpackung lag Bridget O'Hallorans Ring.

Wir waren verlobt.

Unsere Hochzeit war auf den 20. Juni 1970 anberaumt. Der Hauptteil des Ersparten, eigentlich für den Bau eines eigenen Nestes gedacht, war für den Kauf einer Filmkamera und für die Flitterwochen auf den Bermudas draufgegangen. Das magere Bankkonto bedrückte uns freilich nicht allzu sehr. Warum für die Zukunft sparen, wenn diese in den Händen von Uncle Sam lag? Es tobte ja noch immer der Vietnamkrieg. Um die Zahl der getürkten Zurückstellungen hauptsächlich junger Männer mit Collegeabschluss vom Militärdienst zu vermindern, hatte das US-Verteidigungsministerium im November 1969 für die Musterungen ein Lotteriesystem eingeführt. Ich hatte die Nummer 174 gezogen. Sie war nicht hoch genug, um meine Freistellung zu garantieren. Darum fuhr ich ins Zentrum von Providence, spazierte in die erste Rekrutierungsstelle, die mir unterkam – es war ein Büro der Air Force –, und meldete mich freiwillig. Es war die Normalprozedur für Zweitsemester des Abschlussjahres. Sie erforderte eine medizinische Gruppenmusterung, die ich bestand.

Von der Kriegssituation war auf dem Campus jeder in der einen oder anderen Weise betroffen. Studenten mit einer hohen Lotterienummer konnten sich der Planung ihrer nächsten Lebensphase widmen. Die übrigen waren entweder zum Militärdienst verpflichtet oder befanden sich in einem Schwebezustand und warteten auf Nachricht von der Musterungskommission. In vielen Fällen, einschließlich meinem, war es während einer solchen Wartezeit völlig zwecklos, sich auf einen Berufsweg vorzubereiten. Unser Schicksal lag in der Hand eines Unbekannten. Und – so unglaublich es auch klingen mag – der Unbekannte, der meinen Pass für die Zukunft ausstellte, zeigte Barmherzigkeit.

Er traf Anfang März während eines Spaziergangs auf dem Campus in mein Leben. John Sanford, ein Eishockeykamerad, begleitete mich am Nachmittag zur Cafeteria. Auf der Hälfte des Weges begegneten wir dem Chef des Reserve Officers' Training Corps (ROTC) an unserem College, einem Offizier mittleren Alters, der sich für Eishockey begeisterte. Er erkundigte sich nach unseren Zukunftsplänen. Als ich meine Dienstverpflichtung bei der Air Force erwähnte, schüttelte John Sanford den Kopf und murmelte, mehr zu sich selbst, ein paar Worte, die seiner Verwunderung Ausdruck verliehen, dass ich überhaupt die medizinische Untersuchung bestanden hatte. Der Offizier bat um Aufklärung. Ich berichtete ihm von meiner Rückenwirbelverkrümmung, die mir seit frühester Kindheit Schmerzen bereitet hatte, aber nicht schlimm genug gewesen sei für eine Freistellung vom Militärdienst, da ich ja stets in der Lage gewesen sei, Eishockey zu spielen.

Der Offizier zog einen Notizblock aus der Tasche, kritzelte Namen und Telefonnummer eines örtlichen Arztes auf einen Zettel, sah mir fest in die Augen und forderte mich auf, einen Termin zu vereinbaren. Es war ein irgendwie verrücktes Zusammentreffen: Ein Berufsoffizier bietet einem jungen Mann, dem er zufällig begegnet, Hilfe an. Ich habe seine Anweisung befolgt. Der Arzt röntgte meinen Rücken, sagte aber kein Wort, bat lediglich um meine Postadresse. Bald danach weiteten die USA den Vietnamkrieg nach Kambodscha aus. Es kam in ganz Amerika zu gewaltsamen Demonstrationen, bei denen an den Universitäten Kent State und Jackson State Studenten erschossen wurden.

Die folgende Entwicklung war surreal. Wie viele andere Schulen hatte auch Providence College den Unterricht für den letzten Monat des akademischen Jahres ausgesetzt. Wir hingen herum. Warteten auf die Abschlusszeremonie. Nahmen vom Studium und voneinander Abschied, ohne zu wissen, was uns die Zukunft bringen würde. Eine Woche vor meiner Hochzeit traf der Brief vom US-Verteidigungsministerium ein. Ich habe den Umschlag nur mit Zögern geöffnet. Die Mitteilung lautete:

Der Kandidat ist für den Militärdienst ungeeignet, 4F.

Und wenn ich dem Offizier vom ROTC nun nicht begegnet wäre? Wenn mein Freund und Mannschaftskamerad sich wegen meines positiven Gesundheitsbescheids nicht laut murmelnd verwundert gezeigt hätte? Zwischen dem Datum meines Ablehnungsbescheids und dem Abzug der US-Truppen aus Vietnam im Jahr 1972 sind in diesem Krieg noch annähernd viertausend amerikanische Soldaten gefallen und weitere fünfunddreißigtausend Mann verwundet worden. Das sind mir bekannte Fakten, den Namen des Offiziers kenne ich leider nicht.

Da kreuzen sich die Wege zweier Menschen, und das Leben des einen nimmt einen anderen Verlauf.

Aber warum widerfuhr so etwas *mir*?

Und warum so oft?

Es waren diese Gedanken, die mich bewegten, als ich den Holiday Rambler an den Toren des Colleges vorbei zum nahegelegenen Highway steuerte, der uns zu unserem Campingplatz bringen würde. Nach der Ankunft nahm ich mein Handy und telefonierte mit Cathy. Es war eine herrliche, klare Nacht. Am Winterhimmel leuchteten die Sterne. Eine halbe Minute lang hielt Cathy tapfer durch. Sie wollte mir Kummer und Sorgen ersparen. Wir kennen einander jedoch viel zu gut. Sie begann zu weinen: Megan hatte gerade die Resultate der letzten Ultraschalluntersuchung erfahren.

Möglicherweise war mit dem Baby etwas nicht in Ordnung.

14

Die Ultraschalluntersuchung ergab, dass Megans Baby im letzten Schwangerschaftsmonat nicht an Gewicht zugenommen hatte; ein Befund, der, wie die Ärzte betonten, auf die Möglichkeit einer Anomalie hindeutete, aber auch völlig bedeutungslos sein konnte. Meg glaubte Letzteres. Sie versuchte, Cathy zu beruhigen: Im Fall einer tatsächlich kritischen Situation hätte ihr Arzt doch wohl eingegriffen. Obwohl ich Megan zustimmte, machten Cathys Sorgen mich unruhig.

Am nächsten Morgen holten wir Brendan ab, der die Nacht in einem der Studentenschlafsäle von Providence College verbracht hatte. Die Weiterfahrt südwärts nach New London verlief problemlos. In der alten Hafenstadt der amerikanischen Kriegsmarine hatten meine Eltern für den größten Teil des Zweiten Weltkriegs ihr Zuhause gehabt. Dort lag auch ihr erstes Kind begraben, weshalb ich ihnen die Neuigkeit über Megans Baby vorenthielt. Wir wollten keine zusätzlichen Kümmernisse bereiten.

Ich wusste nur, dass die erstgeborene Tochter von Mom und Dad vor nunmehr sechzig Jahren gestorben war. Alle Fragen dazu waren unbeantwortet geblieben.

Bis jetzt.

»Ich stellte die Wiege auf«, begann Dad, »und schaffte alles an, was man für ein Neugeborenes eben so braucht. Dass etwas schiefgehen könnte, war mir überhaupt nicht in den Sinn gekommen. Ihr könnt euch gar nicht vorstellen, wie es uns getroffen hat, als es nicht gut ausging!«

»Nein, so was vergisst man nie«, sagte Mom. »Nein. Niemals.

Das Baby hatte es mit dem Herzen. Und in jenen Tagen ließ sich ein Herzfehler nicht einfach so operieren.«

»Das Kind kam nach der vollen Schwangerschaftszeit zur Welt«, fuhr Dad fort. »Darum waren wir sicher, dass es keine Probleme geben würde. Wir hatten alle ärztlichen Vorschriften und Ratschläge beachtet. Und die Ärzte in New London waren hervorragend. Trotzdem ist es passiert. Aber der Marinegeistliche hat uns dann wunderbar beigestanden, und auch die Leute in New London haben uns durch ihr Mitgefühl sehr geholfen. Obwohl wir ja eigentlich kaum jemanden richtig kannten. Verständnis und Mitgefühl ist überhaupt das größte Geschenk, das man anderen Menschen machen kann.«

»Habt ihr das Grab eurer Tochter seither je wieder besucht?«, fragte ich.

»Nein«, antwortete Dad. Mom nickte. »Aber man würde auf dem Friedhof einen Gedenkstein mit dem Namen unseres Kindes finden. Wir hatten ihr den Namen Ann gegeben. Nach meiner Mutter.«

»Darum mach ich mir ja auch solche Sorgen«, fuhr Mom fort. »Weil … ich denke so oft an …, wisst ihr? Gott behüte, aber werde ich froh sein, wenn Megan endlich ihr Baby zur Welt gebracht hat! Wenn das Warten vorbei ist. Es ist doch alles in Ordnung, oder?«

»Natürlich«, antwortete ich. »Alles ist gut.«

Wir verließen die Route 95 kurz vor Mittag und folgten der Ausschilderung nach New London.

»Da ist es!«, rief Mom plötzlich. »Drüben! Das Haus mit dem roten Dach!«, als an der Ocean Avenue, leicht bergan in einer schmalen Meeresenge, ein großes Gebäude in den Blick kam. Ich parkte den Wohnwagen, half Mom und Dad beim Aussteigen. Es war eine enge Straße. Händchen haltend gingen die beiden die wenigen Meter bis zum Bordstein gegenüber und schauten schweigend zu dem hohen Eckhaus auf.

»Man hätte sich keine netteren Mitbewohner wünschen können«, sagte Dad seufzend.

»O ja«, pflichtete ihm Mom bei. »Wundervolle Menschen!«

»Allen voran Dave Connole!«, sagte Dad. »Ein U-Boot-Kapitän. Bevor Dave in See stach, hat er mir seinen Morgenmantel von

Marineoffizier Jack.

der Marineakademie geschenkt. Zwanzig Jahre lang hab ich ihn getragen.«

»Etwa zwei Wochen nach der Geburt seines ersten Kindes musste Dave in den Krieg«, sagte Mom. »Es war ein Junge. Ich bin dann mit Vida in New London spazieren gegangen. Da sind uns Admiräle begegnet, die mit ihren Schiffen gerade in den Hafen zurückgekehrt waren, und Vida fragte, ob sie Neuigkeiten hätten von ›The Trigger‹, dem U-Boot ihres Mannes. Es war als vermisst gemeldet. Ich war zu Hause, hatte aber niemanden kommen sehen, als ich eine Etage höher, wo die Connoles wohnten, lautes Weinen vernahm, mir dachte, dass da doch etwas nicht stimmt, und auf den Flur hinauslief. Da sehe ich oben den Militärgeistlichen der Marine aus der Tür kommen. Ich bin sofort die Treppe hinauf zu Vida. Es war schrecklich. Ich glaube, ein japanischer Kamikazeflieger hatte das Schiff voll erwischt. Die ganze Mannschaft war tot.«

Von den vier Seeleuten der US-Marine, die in dem Gebäude gewohnt hatten, ist nur Dad lebend heimgekehrt.

Es war ein kalter, wolkenverhangener Tag. Wir fuhren weiter zum Strand, wo Mom damals viele Tage den Horizont nach heimkehrenden Schiffen abgesucht hatte. Wir stiegen aus. Vom Ozean blies ein eisiger Wind. Meine Eltern entfernten sich ein Stück weit von uns, blieben dann stehen und blickten, Hand in Hand, hinaus aufs Meer.

Nachmittags richteten wir uns auf dem nahen Campingplatz ein. Ich absolvierte mein Gymnastikprogramm. Die anderen kümmerten sich um die Wäsche oder schrieben Postkarten. Brendan gönnte sich ein Nickerchen, um den Schlaf vom Donnerstag nachzuholen. Die Sonne ging schon unter, als ich Dad bei seinem Solitär-Spiel unterbrach und nach den anderen Seeleuten in dem Haus an der Ocean Avenue, nach dem Krieg, vor allem aber nach seinen Erlebnissen auf See befragte.

»Die meiste Zeit war ich Kapitän eines kleinen Geleitschiffs«, begann er zu erzählen. »Unsere Versorgungsschiffe waren ständig von deutschen U-Booten bedroht, und wir hatten die Aufgabe, sie vor einer Versenkung zu bewahren.«

»Ist an Bord deines Schiffs jemand ums Leben gekommen?«, fragte ich.

»Von unserer Mannschaft auf dem Schiff selbst niemand«, erwiderte Dad. »Doch ringsum wütete der Tod. Es war schlimm.

Einmal haben wir einen Mann aufgefischt. Er muss über Bord gespült worden sein. Oder ein Sturm hat ihn von seinem Schiff gerissen. Ohne Ausweispapiere ... ein junger Mann ... kein Amerikaner. Starb unmittelbar, nachdem wir ihn aus dem Wasser zogen. Ich kann mich noch erinnern, wie ich nach achtern ging. Dort nähte der Schiffsarzt den Toten in einen Segelsack aus Leintuch mit irgendeinem Zusatzmaterial, um ihm mehr Gewicht zu verleihen. Der Arzt sang dabei ein Abendlied. Hat keinerlei Betroffenheit gezeigt. Ganz so, als würde er ein zerrissenes Hemd flicken. Ich hab ein Gebet über dem Toten im Sack gesprochen. Wir haben ihn auf eine Planke gelegt, gekippt und ihn dann ins Meer gleiten lassen. Seine Mutter hat wahrscheinlich jahrelang um die Heimkehr ihres Sohnes gebetet und nie erfahren, warum er nicht kam ... ob und wie er gestorben ist ... oder wo.

Einmal gehörte mein Schiff einem riesigen Geleitzug aus mindestens zweihundert Schiffen an«, fuhr er fort, »als eines der Schiffe wegen eines Maschinenschadens hinter den Konvoi zurückfiel. Ich bekam Befehl, ihm Begleitschutz zu geben, bis der Maschinenschaden repariert war. Als die Sonne unterging, war der Schaden noch immer nicht behoben. Es wurde dunkel. Wir wurden per Funk aufgefordert, das andere Schiff zurückzulassen und uns wieder dem Konvoi anzuschließen. Genauso wie es die Richtlinien der Marine verlangen. Ein Konvoi darf niemals Kurs und Fahrt ändern. Es wäre zu gefährlich. Wir wurden von den deutschen U-Booten beobachtet. Falls der Konvoi seine Geschwindigkeit verlangsamt oder sich seine Formation aufgelöst hätte, wären unsere Versorgungs- und Munitionsschiffe deutschen U-Booten zum Opfer gefallen. Ich hatte also keine andere Wahl und musste mein Schiff abziehen!«

Mein Vater nahm seinen Hut ab und strich sich durchs weiße Haar. Er schwieg eine Weile, bevor er weitererzählte.

»Ungefähr eine halbe Stunde später hörten wir eine heftige Detonation. Ein deutscher Torpedo hatte das Schiff unserer Kameraden getroffen. Wir konnten den Feuerschein sehen. Und nun stellt euch mal vor, ihr wärt auf so einem Schiff; es beginnt zu sinken, und ihr springt über Bord, weil ihr euch denkt, also, da kreuzen doch zwei- oder dreihundert von unseren Schiffen ganz in der Nähe ... eines wird doch gewiss zu unserer Rettung kommen ... Und ihr wartet. Und niemand kommt euch zu Hilfe. Ihr treibt im Meer, und euch geht durch den Kopf: Mein Gott, vor nur einer halben Stunde war aber doch noch eins unserer Geleitschiffe da. Das kommt doch jetzt bestimmt zurück. Es muss doch zurückkommen! Aber es kommt nicht zurück. Und plötzlich wird euch klar: Ihr treibt mitten im Atlantischen Ozean und müsst sterben ... junge Männer ... Männer im Alter von Brendan und Matt.«

Dad wandte sich ab und schaute durchs Seitenfenster des Wohnwagens. Ihm versagte die Stimme. Dad, dessen Credo es war, anderen zu helfen, war außerstande gewesen, anderen zu Hilfe zu kommen, als sie ihrer am dringendsten bedurften.

Ich verließ den Holiday Rambler und begab mich auf die andere Seite des Campingplatzes, zum Winnebago, wo Matt, Margarita, Kerry und Brendan sich bis zum Abendessen die Zeit vertrieben. Kerry hatte inzwischen mit Cathy telefoniert. Also wussten wir nun alle Bescheid. Wir kamen überein, meinen Eltern nichts zu sagen – in Anbetracht der nahezu unheimlichen Spürnase meiner Mutter ein nicht eben leichtes Unterfangen.

»Sie ist eine fabelhafte Schauspielerin«, meinte Kerry. »Sie spielt die Unbedarfte, tut so, als ob sie überhaupt nichts mitkriegt. Doch hinter der Fassade läuft ihr Verstand auf Hochtouren.«

»Dad weiß ebenfalls genauestens über alles Bescheid«, sagte ich. »Nur dass er auf das, was er weiß, dann nichts gibt. Er handelt so, dass er am Ende immer Prügel bezieht. Und – plumps – geht er zu Boden ... ist aber gleich wieder auf den Beinen ... fällt wieder hin und kommt sofort wieder hoch. Und so weiter. Unterdessen sucht Mom mit dem Feldstecher die vor ihr liegende Strecke nach allen möglichen Risiken ab ... Sie weiß genau, von wo Gefahr droht ... und wer Gefahr mit sich bringt. Mom hat den Durchblick, Dad das Durchhaltevermögen.«

»Die beiden sind wie Yin und Yang«, meinte Kerry. »Und irgendwie haben sie es geschafft, als solche in Verbindung zu bleiben.«

»Nach unserem Besuch in Paterson ist etwas Interessantes passiert«, erzählte nun Margarita. »Ich saß beim Abendessen neben deiner Mutter«, sagte sie, zu mir gewandt, »als sie auf ihren Vater zu sprechen kam. Nichts Besonderes. Eigentlich lief's nur darauf hinaus, dass er ein schwieriger Mensch gewesen sei. ›Kein Wunder, dass ich verrückt bin‹, meinte sie. Da hab ich sie gebeten, mal einen Blick in die versammelte Runde zu werfen. ›Du magst ja eine schwere Kindheit gehabt haben‹, sagte ich. ›Nun guck dich aber doch mal um und frag dich, wie's heute für dich aussieht.‹ Darauf hat sie ein Kleenextuch aus der Handtasche gezogen. Ich glaube, sie hat geweint.«

»Wirklich?«, fragte ich überrascht. »Meine Mutter weint eigentlich nie in Anwesenheit anderer Menschen. Jedenfalls nicht in meiner.«

Wir ließen unsere Reise Revue passieren. Erinnerten uns, wie unmöglich uns die Idee zunächst vorgekommen war. An den Unfall gleich zu Beginn. An die schönen Landschaften und Begebenheiten unterwegs. An die grauslichen Szenen. An die lustigen Erlebnisse und die ärgerlichen Erfahrungen. Und kamen zu dem Schluss, dass meine Eltern trotz aller Höhen und Tiefen doch wohl eine schöne Zeit, eine Reise voll wertvoller Eindrücke erlebt hatten.

»Ist es nicht merkwürdig«, sagte ich. »Mom und Dad sind wirklich starke Persönlichkeiten ... ziemlich verrückt, wenn ihr so wollt, aber sie haben ein wahrlich bemerkenswertes Leben geführt. Doch wer wird sich außerhalb unserer Familie, von ein paar Freunden mal abgesehen, noch an sie erinnern, wenn sie einmal abtreten?«

»Wohl wahr«, bemerkte Matt. »Weltgeschichtlich betrachtet werden sie keine Fußspuren hinterlassen, für uns aber sind ihre Lebensspuren riesig – und werden es immer bleiben.«

Brendan unterbrach sein Gitarrengeklimpere. »Napoleon hat mir nie was bedeutet«, erklärte er. »Was hat Napoleon mit mir zu schaffen? Ähnliches gilt für alle Menschen. Und wenn man sich mal fragt: Was bin ich der Welt wert?, wird man zugeben müssen, dass man selbst der Welt recht wenig bedeutet. Wäre es da nicht besser, alles zu tun, damit man den Menschen in der unmittelbaren Umgebung etwas bedeutet? Auch wenn's blöd klingen mag: Jack und Marge werden schneller von der Bühne des Lebens abtreten, als ich denke. Wenn ich dann zurückblicke, werde ich mir wünschen, mehr Zeit mit ihnen verbracht zu haben. Seit dieser Reise leide ich weniger unter solchen Schuldgefühlen. Und ich spüre, dass ich sie inzwischen besser kenne, weniger im Sinne von Großeltern als allgemein menschlich gesehen. Allein deshalb hat diese Reise sich gelohnt. Wie ihr wisst, fängt Spoose seine Geschichten fast immer mit den Worten an: ›Soundso ist der netteste, liebste, beste Mensch, der je gelebt hat.‹ Zwanzig- oder dreißigmal habe ich ihn das sagen hören, über die unterschiedlichsten Leute. Im Lauf der Reise ist mir gedämmert, dass Spoose sich bei all diesen Leuten geirrt hat. Sie sind gar nicht die liebsten, nettesten, besten Menschen, denen ich je begegnen könnte, weil nämlich, und das ist meine ehrliche Meinung, mein Opa von allen Menschen, die ich kennen lernen werde, der liebste, netteste und beste ist und bleibt. Einfach wegen seiner Einstellung und seinem Verhalten anderen gegenüber. Wegen seiner Offenheit und seiner Bereitschaft, Menschen bei sich daheim und in seinem Herzen aufzunehmen. Es hat mir irgendwie die Augen geöffnet zu erleben, wie freundlich und lieb mein Opa Spoose ist.«

Am nächsten Morgen machten wir – Matt, Kerry, Brendan und ich – uns in aller Frühe mit dem Winnebago auf den Weg. Margarita blieb mit Mom und Dad im Holiday Rambler zurück. Wir hatten beschlossen, nach Anns Grab zu suchen, meinen Eltern davon aber nichts zu sagen. Wir fanden auf dem Friedhof einen Bereich mit den Gräbern von Kleinkindern – winzige Gräber ohne Gedenksteine, nur mit kleinen Metallplatten. Viele waren von Erde oder Gras bedeckt.

Ich holte einen Schraubenzieher aus dem Werkzeugkasten und arbeitete mich auf Knien von Grab zu Grab, ohne eine Platte mit Anns Namen zu entdecken. Nach einer Stunde des Suchens hielten wir einen auf seinem Fahrzeug vorbeikommenden Friedhofsarbeiter an, der Anns Namen auf einer Gräberskizze entdeckte, die Platte dann allerdings auch nicht fand.

»Davon geh'n viele verloren«, erklärte er in seinem starken New-England-Akzent. »Wenn sie zu hoch stehen, werden sie nämlich vom Mäher abrasiert.«

Der Arbeiter hatte einen langen Metallstock dabei, mit dem er die Umrisse eines Kästchens im gefrorenen gelblichen Gras freikratzte.

»Ist das Baby wirklich da begraben?«, fragte ich.

»Ganz bestimmt«, entgegnete er.

Der Mann ging davon. Wir betrachteten das nackte Fleckchen Erde. An das kurze Dasein Ann Leonards erinnerte nichts auf Erden. Es war, als ob sie nie gelebt hätte.

Zwei Tage später rückte die Silhouette Chicagos in den Blick. Im Nu war die große Reise eines Lebens vergangen. Wir näherten uns ihrem Ende … und einem Neubeginn. In einer Woche sollte Megans Baby zur Welt kommen, es konnte aber auch jeden Tag passieren. Von den Sorgen nach der letzten Ultraschalluntersuchung wussten meine Eltern noch immer nichts, obwohl Moms Verhalten darauf hinwies, dass sie etwas ahnte. Waren unsere Sorgen begründet? Laut Megan nicht. Sie hatte während der letzten Tage am Telefon fröhlich und zuversichtlich geklungen.

Eine solch hoffnungsfrohe Erwartung wie Megan hatten sechzig Jahre zuvor auch meine Eltern gehegt. Aber es war anders gekommen.

Und wenn Ann Leonard nun überlebt hätte? Wenn meine Mutter auch ein Mädchen hätte aufziehen müssen? Wenn meine Brüder und ich eine ältere Schwester gehabt hätten? Dann hätten wir uns gewiss völlig anders entwickelt. Es hätte bloß *eines* einzigen anderen Menschenlebens, eines einzigen anderen Faktums in unserem Leben bedurft – und *unser* Leben wäre völlig anders verlaufen. Die komplexe Gleichung des Lebens besteht aus einer überwältigenden Anzahl menschlicher Beziehungen, und doch braucht es nur einen Menschen mehr oder weniger, um die Ausrichtung und Bilanz eines Menschen auf unvorhersehbare Weise zu verändern.

Solche Gedanken bewegten mich während der Fahrt von New London nach Chicago. Erschreckende, ernüchternde Gedanken. Man subtrahiere nur eine von den Personen, die mir im Leben weitergeholfen haben, und ich wäre gestolpert. Wie wäre mein Leben ohne das Geschenk des Rings meiner Großmutter wohl verlaufen? Ohne den Priester, der meinem Vater in der Kirche von Miami auf die Schulter klopfte? Ohne den Offizier, der sich nach meinem Rücken erkundigte? Ohne den Freund in Phoenix, der mir den guten Rat erteilte, mich beruflich neu zu orientieren?

Dass ich unmittelbar nach der Hochzeit mit Cathy nach Phoenix, Arizona, übersiedelte, war die Laune des Augenblicks infolge meiner unerwarteten Freistellung vom Militärdienst. Neun Monate später kam Matt zur Welt, zweieinhalb Jahre nach Matt wurde Megan geboren. Cathy kümmerte sich um die beiden, während ich mich nach einem neuen Beruf umsah. Die Suche ging wiederum auf eine Sehnsucht zurück, mich persönlich einzubringen; das wurde mir erstmals bei dem zufälligen Besuch eines Konzerts von Bob Dylan bewusst. Dass es eines eisernen Willens bedurfte, um etwas zu erreichen, erfuhr ich durch die anstrengende

Eishockeykarriere und den damit verbundenen Kampf ums Collegestudium. Wer einen Beruf anstrebt, der den eigenen Stärken gerecht wird, muss zunächst einmal Aufgaben bewältigen, die ihn die eigenen Schwächen und Unzulänglichkeiten erkennen lassen. Dazu aber bedarf es großen Durchhaltevermögens.

Ich habe acht Jahre gebraucht, bis ich meinen Weg fand, nach Fehlstarts im Profisport und Immobiliengeschäft, in der Bauindustrie, als Handelsvertreter, im Einzelhandel und Sportmanagement, um nur die wichtigsten beruflichen Stationen zu nennen, von denen keine zu mir passte. Im Grunde gelang mir nur, was ich auch gern tat: das Filmen meines Familienlebens mit der Super-8-Kamera.

»Du solltest das zu deinem Beruf machen«, riet mein Freund Matt Sampson, ein New Yorker, den es ebenfalls nach Phoenix verschlagen hatte.

Ich war völlig perplex. »Wie kommst du darauf, dass ich imstande sein könnte, Kinofilme zu machen?«

»Aber doch keine Kinofilme«, erklärte er. »Ich meine Filme fürs Fernsehen. Du bist ein Geschichtenerzähler. Du solltest deine Geschichten im Fernsehen erzählen. Feature-Reporter – das ist dein Beruf.«

Warum sollte ausgerechnet ich für diesen Beruf geeignet sein? Bei dem grässlichen Kolben in meinem Gesicht – während meiner Collegezeit war meine Nase weitere dreimal gebrochen! Bei meinem wüsten Haarschopf? Bei meinen »Ohs« und »Ahs« und »Ähs« und »Ähems«? Ich würde doch nie einen anständigen Satz zustande bringen. Außerdem war ich auf dem Gebiet von Nachrichtenshows ohne Erfahrung, und obendrein fehlte mir eine journalistische Ausbildung.

Die Einwände ließen meinen Freund Matt völlig kalt.

»Du kannst es schaffen. Da wärst du einfach prima«, sagte er.

Ich habe ihm geglaubt. Ich habe auf ihn gehört, obwohl er selbst nicht im Fernsehen tätig war. Obwohl er selbst keinen Job hatte. Er war arbeitslos. Ein paar Tage später war ich's auch. Der zeitraubenden Aufgabe, eine Anstellung beim Fernsehen zu finden, konnte ich ja nur nachgehen, wenn ich meinen bisherigen Job an den Nagel hängte; zumal ich auch noch Pflichten als Babysitter hatte. Cathy sah nämlich ihrer dritten Niederkunft entgegen. Am 8. April 1978 wurde Kerry geboren. Matt und Megan, die sich riesig auf Cathys Rückkehr und das Schwesterchen freuten, musste ich mit der Möglichkeit einer gewissen Verzögerung vertraut machen. Aufgrund meiner beruflichen Neuorientierung waren wir zu der Zeit nicht krankenversichert, weshalb ich die Krankenhausrechnung für Cathys Entbindung privat zu begleichen hatte, ohne allerdings über die dafür notwendigen fünfhundert Dollar zu verfügen. Das Hospital aber stellte sich stur: Es wollte das Geld, bevor es unser Baby »herausrückte«.

Als ich an jenem Abend nach Hause kam, war ich sehr niedergeschlagen und beschämt, meine Familie in solch eine Situation gebracht zu haben. Der Briefkasten war leer, bis auf einen kleinen unfrankierten Umschlag. Als ich ihn öffnete, fiel mir die Kinnlade herunter. Er enthielt fünfhundert Dollar in bar, plus einige Worte der Ermutigung von meinem Freund Matt – von meinem arbeitslosen Freund Matt, der sich, wie ich erst sehr viel später erfuhr, die Summe geborgt hatte, um uns aus der Patsche zu helfen.

Als Cathy sich kräftig genug fühlte, die Betreuung unserer Kinder wieder zu übernehmen, begab ich mich auf die Suche nach Arbeit im Fernsehen. Und erhielt bei allen lokalen Zweigfirmen der drei großen amerikanischen Sender und beim unabhängigen Regionalsender eine Absage. Aus eben den Gründen, die ich mir hatte ausrechnen können.

Blieb nur mehr eine Chance: Mark Nykanen anrufen, einen unkonventionellen Nachrichtenredakteur, der etwas in mir sah, was anderen verborgen blieb, als er beim regionalen Rock-Rundfunksender und ich dort sein Praktikant gewesen war. Dieses Praktikum wiederum verdankte ich der mehr oder weniger zufäl-

Vier Generationen – Margaret, Marge, Matt und Cathy.

Matt, Megan, Cathy und Kerry erholen sich von der Hitze in Phoenix.

Mike, Cathy und Kerry.

Mike und Brendan.

ligen Begegnung mit Eric Hauenstein, einem Mitgesellschafter des Rocksenders. Mark Nykanen war eben vom Rundfunk zum Fernsehen gewechselt und Moderator des Nachrichtenmagazins einer öffentlich-rechtlichen Anstalt (PBS) auf dem nahegelegenen Campus der Arizona State University geworden. Ich versuchte es also mit einem Anruf bei ihm. Wenige Tage später stand ich im Büro seines Chefs, nahm dort die Bilder von der Wand und schaltete meinen Projektor an, um ein paar meiner Heimvideos vorzuführen. Ich glaube, dass Marks Chef – Jim West – außer einem gewissen Potenzial vor allem meine Verzweiflung spürte und Mitleid empfand. Er gab mir einen Probeauftrag.

Ich bekam einen Tag Zeit, um mit einem Kameramann und einem Redakteur einen vierminütigen Beitrag über Ron Lee zu drehen, einen hyperoffensiven Verteidiger der Basketballmannschaft Phoenix Suns. »Machen Sie uns erst mal eine tolle Geschichte«, sagte Mr. West, »dann seh'n wir weiter.« Mir wurde weder mitgeteilt, was ich tun müsste, um diesen Spieler für ein Interview zu gewinnen, noch, was für Fragen ich ihm zu stellen hätte, und schon gar nicht, wie ich das für solch eine Sendung erforderliche Erzähltalent aufbringen könnte. Doch es war ein Lichtstreif am Horizont, den ich bestmöglich zu nutzen gedachte. Um einen Film nach den üblichen Standards zu drehen, fehlten mir die Ausbildung, die Erfahrung und das Aussehen. Ich hatte gar keine andere Wahl, als einen eigenen, ganz persönlichen Stil zu entwickeln, einen Beitrag zu liefern, wie Mr. West noch keinen gesehen hatte. Einzigartig zu sein.

Und es hat geklappt. Jim West bot mir einen Job an, mit der Verpflichtung zu zwei Features pro Woche. Der Haken an der Sache: Meine Position war im Budget des Senders nicht vorgesehen. Dank des persönlichen Engagements von Jim bekam ich das Geld aus der Handkasse, das Ende der Woche in einem Umschlag eintraf und vierzig Dollar betrug.

Vierzig Dollar für fünfzig Arbeitsstunden die Woche – selbst meinem minderbemittelten mathematischen Verstand war klar, was das hieß, nämlich: Ich hatte einen Job im Fernsehen, falls ich bereit war, für weniger als einen Dollar die Stunde zu arbeiten. Wie hätte ich mit Frau und drei Kindern, einer Hypothek, einem auf Raten gekauften Auto sowie etlichen weiteren regelmäßig zu begleichenden Rechnungen solch ein Angebot ablehnen können?

Cathy war fantastisch. Sie war für die Familienfinanzen zuständig und hat uns vor dem Armenhaus bewahrt. Sie sorgte dafür, dass jede Rabattmarke gesammelt und jeder Gutschein aus Zeitungen und Zeitschriften geschnippelt wurde. Ihr war es zu verdanken, dass wir eine zweite Hypothek aufnehmen konnten. Als mitten im Sommer unsere Klimaanlage den Geist aufgab, lieh Al McLeod, ein Freund und Eishockeyfan, uns das Geld für die Reparatur. Unsere einzige eigene Quelle für zusätzliche Einkünfte war der Flohmarkt auf dem Stadion-Parkplatz. Ich zahlte die fünf Dollar Zulassungsgebühr, öffnete die Hecktür unseres Kombis und versuchte, alles zu verscherbeln, was wir aus unserem schrumpfenden Bestand an Besitztümern erübrigen konnten.

Nur ein einziges Mal hat Cathy gefragt, ob ich schon mal daran gedacht hätte, mich nach einer besser dotierten Stelle umzusehen. Meine spontane Antwort auf diese Frage hat mich schon damals gewundert: Wenn wir unsere Situation sozusagen aus der Vogelperspektive sehen könnten, würde klar erkennbar sein, dass der Lohn für all unsere Mühen schon hinter der nächsten Ecke auf uns wartete. Er sei in Reichweite; wir dürften jetzt auf keinen Fall aufgeben.

Nur wenige Wochen später wurde ich von der lokalen CBS-Station auf Teilzeitbasis als Sportreporter angeheuert. Dem für Neueinstellungen verantwortlichen Manager bei Chanel 10, Bill Close, gefielen meine Videoproben und mein unkonventioneller Stil. Die Faktoren, an denen ich drei Monate zuvor gescheitert war – fehlender Besuch einer Journalistenschule, Mangel an Erfahrung, zu alt –, kamen bei ihm überhaupt nicht zur Sprache.

Bill Close war eine lokale Fernsehlegende, der Nachrichtenchef und Chefmoderator seines Senders, der auch mit Kritik nicht hinterm Berg hielt. Mir sagte das zu. Als Spätstarter musste ich im Fernsehen, wie früher im Eishockey, schneller lernen und besser werden als andere; und so wie einst mein Eishockeytrainer Lou Lamoriello erteilte mir nun Bill Close im Eiltempo die nötigen Lektionen.

Als Teilzeitreporter brachte ich es auf grandiose fünfundsiebzig Dollar pro Woche, mit der Zusage eines höheren Verdienstes bei Vollanstellung. Sie kam einen Monat später. Das Jahresgehalt – rund zehntausend Dollar – war jedoch immer noch gering. Wir kamen gerade so über die Runden. Und nur aus diesem Grund bat ich um Berücksichtigung, als Mitte des Jahres der Posten des Moderators für die Wochenendsportsendungen vakant wurde. Der Gedanke, beim »Probesingen« den Text eines alten Manuskripts aus nächster Nähe in eine Studiokamera sprechen zu müssen, jagte mir Angst ein. Aber ich nahm die Tortur auf mich. Ein paar Tage später rief Bill Close mich in sein Büro.

»Wir schätzen Sie als Reporter«, begann er. »Wir glauben an Ihre Zukunft – als Reporter, aber ein Moderator werden Sie nie. Dafür sind Sie einfach zu verdammt hässlich.« (Er gebrauchte ein schlimmeres Wort als »verdammt«.)

»Geht schon in Ordnung«, meinte ich lachend. »Ich hatte mich ja auch nur beworben, weil ich gern mehr verdienen wollte.«

Ein paar Wochen später – unser alter Wochenendmoderator war gegangen, ein neuer noch immer nicht in Sicht – rief Bill Close mich zu sich: Ob ich für den Samstagabend einspringen könne.

»Klar«, erwiderte ich. »Soll ich mir vor der Kamera eine Plastiktüte über den Kopf ziehen?«

Diesmal lachte er.

Da es sich lediglich um einen Abend handelte, hatte ich nichts zu verlieren. Das gab mir Mut, Neues zu wagen. Daran, was es dann war, kann ich mich nicht mehr erinnern, wohl aber an die Folgen. Die Telefonleitungen des Senders begannen heiß zu laufen. Wer dieser Typ mit dem unordentlichen, langen Haar sei, wollten Zuschauer wissen; der Kerl mit der gebrochenen Nase und der undeutlichen Aussprache. Und – könnten wir ihn häufiger auf dem Bildschirm sehen? Bald wurde ich zu Tom Chauncey, dem Besitzer des Senders, bestellt.

Ich wusste, um was es ging. Man würde mir die Position des Sportmoderators für die Wochensendungen anbieten. Cathy hoffte, dass diese Stelle ein Gehalt von 25 000 Dollar mit sich brächte. Mr. Chauncey bot mir 22 000 Dollar. Er muss einen gewissen Ausdruck der Enttäuschung in meiner Miene entdeckt haben.

»Besonders glücklich kommen Sie mir aber nicht vor«, meinte er.

»Meine Frau hatte auf 25 000 Dollar gehofft«, erläuterte ich. »Dann könnten wir den Leuten zurückzahlen, was wir ihnen schuldig sind.«

»Welchen Leuten?«, fragte er.

»Ach ... ich meine die zweite Hypothek«, erwiderte ich, »und dann noch ein paar Darlehen von Freunden. Alles in allem rund achttausend Dollar.«

»Kommen Sie heute Nachmittag noch einmal vorbei«, sagte er.

Als ich nachmittags erschien, schloss er die Tür, ging zu seinem Schreibtisch, öffnete die oberste Schublade und nahm einen Umschlag heraus.

»Es bleibt bei den 22 000 Dollar Gehalt«, sagte er. »Ich möchte vermeiden, dass die Gehaltsstruktur unseres Senders aus den Fugen gerät. Aber ich gebe Ihnen einen Scheck, damit Sie Ihre Schulden bezahlen können. Er ist auf zehntausend Dollar ausgestellt. Das Ganze ist eine Sache nur zwischen uns beiden. Versprechen Sie mir dafür, dass Sie zwei Jahre bei uns bleiben. Und nun setzen Sie Ihren Hintern in Bewegung, laufen Sie zum Herrenausstatter Hanny's und kaufen Sie sich was Anständiges zum Anziehen. Fünf Teile: Anzüge, Sportmantel, egal, was. Auf meine Rechnung. 's wird Zeit, dass Sie sich ein bisschen herausputzen.«

Mir wurde schwindlig vor Augen. Ich war Hauptmoderator fürs Sportprogramm! Beim führenden Lokalfernsehsender! Und wir hatten keine Schulden mehr! Nicht lange danach hat ein Hals-Nasen- und Ohrenfacharzt meine verunstaltete Nase operiert: Atem und Luftwege wurden frei, die klobigen Nasenteile entfernt, schließlich ein paar Härchen aus den Augenbrauen gezupft – und schon war meine Visage irgendwie vorzeigbar. He – ich war Fernseh-Anchorman!

Das Team der KOOLNews: (v.l.n.r.) Joe Doherty, Mary Jo West, Mike Leonard und Bill Close.

Aber nicht für lange.

Ein Anruf zu Hause. Von Mr. Chauncey – ich möge unverzüglich zu ihm ins Büro kommen. Es war neun Uhr morgens. Als ich eintrat, stand Mr. Chauncey neben einem älteren Herrn, der mir die Hand entgegenstreckte.

»Hallo, Mike«, sagte er, »ich bin Dick Salant.«

Der Name war mir wohl bekannt. Richard Salant war zwanzig Jahre lang CBS-Nachrichtenchef gewesen und vor kurzem als stellvertretender Vorstandsvorsitzender zu NBC gewechselt. Er hatte sich – auf Urlaub in Phoenix – in seinem Hotelzimmer durch die TV-Sender gezappt, bis er in einem Sportprogramm einen Kerl sah, wie er noch keinen gesehen und gehört hatte.

»Würde es Ihnen gefallen, für NBC zu arbeiten, Mike?«

»Nun ja«, stotterte ich. »Ich arbeite aber doch für Mr. Chauncey ... und laut Absprache muss ich noch über ein Jahr hier bleiben ...«

»Hören Sie auf den Mann«, meinte Mr. Chauncey. »Nicht dass ich Sie loswerden wollte. Aber so eine Chance kommt nur einmal.«

»Aber unsere Vereinbarung ... das Geld ...!«

Mr. Chauncey hob die Hand.

»Vergessen Sie das Geld. Nehmen Sie das Angebot an. Sie haben es sich verdient.«

Und so kam ich zu meiner Position bei NBC – in einem Zeitraum von weniger als zwei Jahren, nachdem mein Freund Matt die Bemerkung machte, dass jemand wie ich beim Fernsehen Karriere machen könnte.

Und fünfundzwanzig Jahre später willigten meine Chefs bei NBC ein, als ich sie darum bat, mir einen Monat lang frei zu geben, damit ich meine Eltern auf einer letzten Reise durch die Vereinigten Staaten begleiten könnte. In diesem Augenblick steuerte ich den riesigen Wohnwagen auf einen Parkplatz in der Nähe unserer Heimatstadt Winnetka, Illinois. Cathy, Megan und Jamie erwarteten uns schon mit strahlenden Gesichtern. Wir hatten es geschafft, vor der Geburt des Babys zurückzusein! Jetzt mussten wir nur noch warten, bis es geboren würde.

Und beten.

Am vierten März wurde Megan ins Chicagoer Northwestern Memorial Hospital eingeliefert, am planmäßigen für die Geburt errechneten Termin. Da die Ultraschalluntersuchung bei dem Fötus für den letzten Schwangerschaftsmonat kaum eine Zunahme an Gewicht ergeben hatte, wollte Megans Arzt kein Risiko eingehen. Um acht Uhr wurden die Wehen eingeleitet. Mit der Niederkunft wurde am Nachmittag gerechnet.

Um fünfzehn Uhr rief Jamie an, um mitzuteilen, dass Meg noch immer in den Wehen lag.

Es wurde sechzehn Uhr. Keine Neuigkeiten.

Es schlug siebzehn Uhr.

Jamie rief erneut an: Die Wehen zogen sich hin.

Achtzehn Uhr.

Kein Anruf.

Als das Telefon das nächste Mal läutete, war's Mom, die von Kevins Wohnung aus anrief. »Habt ihr schon was gehört?«, wollte sie wissen.

»Nichts«, sagte ich.

»Ach du lieber Gott«, seufzte sie.

Um neunzehn Uhr stiegen Cathy, Kerry, Brendan und ich ins Auto und machten uns auf den Weg nach Chicago, das dreißig Autominuten von uns entfernt lag. Es regnete. Wir fuhren im Schneckentempo. Alle schwiegen. In der Stille stieg in mir eine Erinnerung auf. Ich sah vor mir die achtjährige Megan mit unendlich traurigen Augen. Wochenlang hatte sie um einen Regenschirm gebettelt, einen durchsichtigen Hello-Kitty-Schirm aus Kunststoff. Als wir ihn schließlich gekauft hatten, begann Megan um Regen zu beten. Als es dann tatsächlich regnete, lief sie mit dem Regenschirm nach draußen. Ich ihr nach: Ich wollte ihre Freude miterleben. Als ich den Vorgarten erreichte, war sie auf dem regennassen Rasen ausgerutscht und hingefallen. Ihr Händchen umklammerte den Schirm. Er war verbogen, umgekippt, kaputt. Geweint hat Megan nicht, aber ihre Enttäuschung und Niedergeschlagenheit blieben mir unvergesslich. Und damals ging es nur um einen Regenschirm.

Wir erreichten das Krankenhaus eine Stunde später und begaben uns in ein nahegelegenes Restaurant, um etwas zu essen und zu warten. Noch immer keine Neuigkeiten. Um 21.30 Uhr zogen wir in den Warteraum der gynäkologischen Abteilung des Krankenhauses um. Was mochte bloß los sein? Warum hatten wir noch nichts gehört? Die Qual währte eine weitere Stunde. Dann – endlich! – erschien Jamie. Er wirkte erschöpft, wie erschlagen, aber er lächelte.

»Es ist ein Mädchen«, sagte er leise. »Und es ist wohlauf. Nur ein bisschen zu leicht.«

Cathy und Kerry schrien vor Freude auf. Jamie verkündete: »Es wiegt sechs Pfund und sechzehn Gramm und ist zweiundfünfzig Zentimeter groß. Es heißt Josephine.«

Er führte uns bis an die Tür zu Megans Zimmer und schaute erst einmal nach, ob sie bereit war, Besucher zu empfangen. Ich ging als Erster hinein. Mir traten Tränen in die Augen, so dass ich Mühe hatte, die Videokamera scharf einzustellen. Meg lächelte, als ich mich über sie beugte, um ihr einen Kuss auf die Stirn zu drücken und das Baby, das sie, in eine Decke gehüllt, in ihren Armen hielt, aus nächster Nähe zu betrachten. Wenige Sekunden nach mir traten Cathy und Kerry ein und hielten sich verlegen die Hand vor den Mund, um ihre Tränen zu verbergen. Es folgten dann Brendan, Matt und Margarita, sprachlos vor Freude und Erleichterung.

Es quietschte wieder. Die Tür öffnete sich erneut. Schlurfende Schritte. Ein Kopf lugte in die abgetrennte Ecke des Zimmers. Der Kopf meiner Mutter. Ihre Augen suchten nach dem Baby. Als sie es entdeckte, hob sie die Hand an die Lippen und begann zu weinen: zum ersten Mal seit sechzig Jahren. Hinter ihr schob Dad sich ins Bild, kopfschüttelnd, schweigend, lächelnd: All seine Gebete waren erhört worden.

»Wir haben ihr den Namen Josephine nach Jamies Oma gegeben«, erläuterte Megan. »Wir werden sie Josie rufen.«

»Ihr zweiter Vorname«, antwortete Megan, »ist Ann.«

Dad legte einen Arm um Moms Schulter. Die beiden alten Menschen stützten sich gegenseitig, als sie aus tränennassen Augen auf ein schlafendes Baby herabblickten: auf ihr erstes Urenkelkind.

Ein Monat im Leben einer Familie. Nicht mehr und nicht weniger. Wir waren über dreizehntausend Kilometer gefahren, durch achtzehn Bundesstaaten gekommen und, ohne nach etwas Besonderem zu suchen, mit einem unbezahlbaren Schatz beschenkt worden.

Tags drauf versammelten wir uns in Frank & Betsie's. Es bot das Ambiente, um auf das Ende einer Reise und den Anfang eines neuen Lebens anzustoßen: ein kleines, gutes Restaurant mit intimer Atmosphäre in einem benachbarten Ort. Von unserem Tisch am Fenster konnte ich die Autos auf der Hauptstraße vorbeifahren sehen. Was wir gerade erlebt hatten, berührte keinen dieser Menschen da draußen. Eine Familienfeier anlässlich der Geburt eines Babys ist welthistorisch gesehen ohne Belang. Und doch: Wenn man alle diese welthistorischen Belanglosigkeiten addiert und die Linien verfolgt, die ein winziges Menschenleben mit anderen verbindet, kommt dabei oft ein Resultat heraus, das die kühnsten Erwartungen übertrifft. Am besten hat Kerry es ausgedrückt, als das Gespräch beim Essen sich wieder der neugeborenen Josie zuwandte: »Es ist einfach wunderbar«, sagte Kerry mit Tränen in den Augen, »dass solch ein kleines Wesen so viel bedeuten kann.«

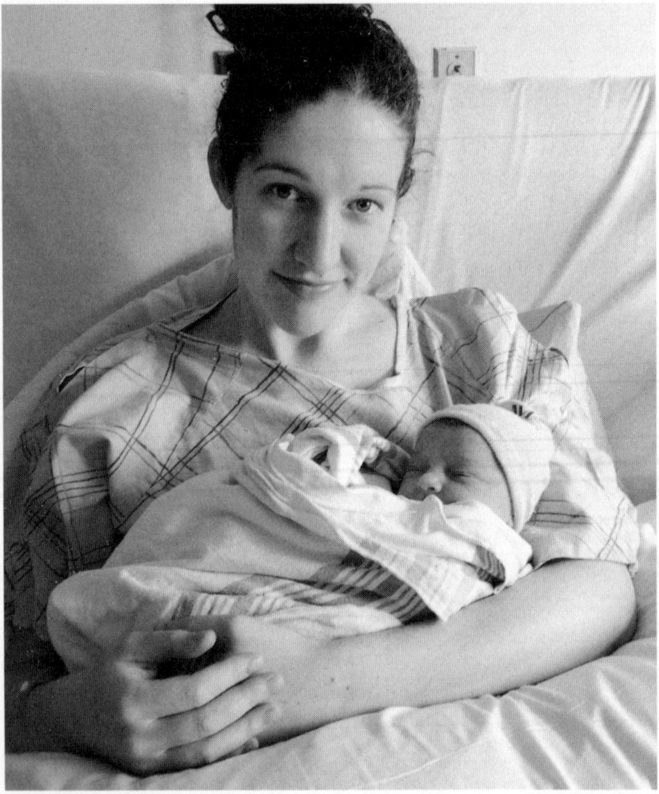

Megan und Josie.

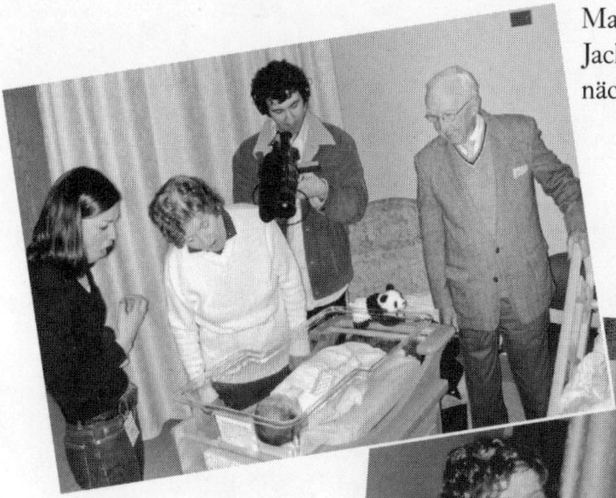

Margarita, Marge, Matt und Jack beim ersten Blick aus nächster Nähe.

Die Urgroßeltern feiern.

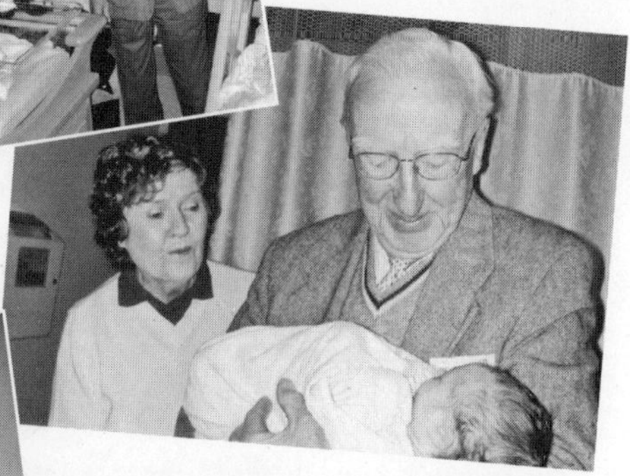

Mike und Josie.

Der stolze Vater – Jamie und Josie ein Jahr später.

Dank

Auf die Idee zu diesem Buch bin nicht ich gekommen. Diese Schuld trägt Jane Dystel, eine in New York City tätige Literaturagentin. Sie rief bei mir an, um zu fragen, ob ich daran interessiert sei, meine in der *Today*-Show geäußerten Beobachtungen und Reflexionen in ein Buch zu fassen. Der Anruf liegt zwanzig Jahre zurück. Die meisten Agenten hätten die Sache dann wohl vergessen. Jane aber hielt Kontakt. Sie schickte Jahr um Jahr Weihnachtsgrüße. Im Dezember 2004 erwähnte ich in Erwiderung dieser Weihnachtsgrüße die bevorstehende Wohnwagenreise mit meinen Eltern. Darauf rief Jane mich erneut an.

»Das wird Ihr Buch!«, verkündete sie.

Und so wurde ich zum Schriftsteller. Das hätte wohl niemand für möglich gehalten. Meine Schwächen sind leider allzu offenkundig. Jane sah Stärken in mir, wo sie sonst kein Mensch vermutet hätte. Das werde ich ihr nie vergessen. In meinem Buch werden viele Menschen erwähnt, die gerade im richtigen Moment in mein Leben traten, um mir zu helfen und mich zu motivieren. Hier möchte ich einige davon nennen.

Linda Marrow, meine kluge und witzige Lektorin im Verlag Ballantine, hatte den Mut, einen Anfänger seine ersten Gehversuche machen zu lassen.

Betsy Alexander vom Sender NBC, die stets auf meiner Seite stand, unterstützte mich auch, als ich sie anrief und ihr erklärte, dass meine Eltern einen Chauffeur bräuchten. Sie schenkte mir freie Zeit und unterstützte meinen anfangs noch vagen Plan, Videos von der Reise für eine vierteilige Serie innerhalb der *Today*-

Show zu verarbeiten. Solch ein Vertrauen ist im Fernsehgeschäft selten. Kati, Matt, Ann, Al und Lester waren großzügig in ihrem Lob auf meine Eltern – ein Geschenk, das ich nie werde zurückzahlen können.

Hilfreich waren bei NBC Steve Friedman, der mir die Freiheit einräumte, »anders« zu sein, Jeff Zucker, der mich antrieb, immer besser zu werden, und all die anderen Produzenten, die Verständnis für meinen Wunsch hatten, abseits der ausgetretenen Pfade zu wandern. Amy Wasserstrom, eine Kollegin bei NBC, wurde zum Resonanzboden für viele Geschichten, die in dieses Buch Eingang gefunden haben.

Mein Fernsehagent Stu Witt verdient allein deswegen schon Erwähnung, weil er mich während der vergangenen zwanzig Jahre so wunderbar unterhalten hat. Er ist einer der humorvollsten Menschen, die ich kenne, und eine gute Seele.

Und dann sind da noch meine Freunde, Eishockeyteamkollegen, Nachbarn und Sportsfreunde, die mich bei diesem verrückten Projekt unterstützten, indem sie mir zuhörten oder Teile des Manuskripts lasen. Ihr Feedback war von unschätzbarem Wert.

Und last not least gebührt meiner Familie Dank. Sie ist ein verrückter Haufen, aber auch ein Quell der Inspiration, und jede(r) von ihnen besser als ich. Vor meinen Eltern, meinen Brüdern, meinen Kindern, meiner Schwiegertochter, meinem Schwiegersohn, meiner Enkeltochter und insbesondere vor meiner Frau verbeuge ich mich im Dank für ihre Liebe und Unterstützung.

Das Folgende stellt eine Erweiterung der Angaben auf der Impressum-Seite dar.